A PROPOS DE " PHILOSOPHIE DE L'ARGENT " DE GEORG SIMMEL

Fidèle à sa volonté de maintenir vivant l'ensemble du catalogue et de continuer à rendre accessible à tous la richesse de son contenu, Les marques du groupe L'Harmattan proposent les ouvrages, même s'ils sont épuisés dans leur premier tirage, et les impriment à la demande.
Au vu de l'ancienneté de ce titre, un exemplaire original a été numérisé pour être réimprimé, ce qui pourrait altérer légèrement la qualité de certains passages.

ISBN : 2-7384-1652-7

A PROPOS DE " PHILOSOPHIE DE L'ARGENT " DE GEORG SIMMEL

Jean-Yves GRENIER, Alain GUERY,
Martine GRINBERG, Jean-Marie BALDNER,
Philippe SIMONNOT, Martin GORIN,
Laurence SCIALOM, Bruno THERET, Lucien GILLARD

Editions L'Harmattan
5-7, rue de l'Ecole Polytechnique
75005 Paris

SOMMAIRE

PRESENTATION

Pourquoi lire la *Philosophie de l'argent* de Georg Simmel aujourd'hui ? En quoi intéresse-t-elle les sciences sociales ?

Ce livre tente de répondre à ces questions. Il est l'aboutissement d'une réflexion menée en commun par des historiens, des économistes, des sociologues et des psychologues autour du thème de l'échange dans la relation sociale examinée à travers la *Philosophie de l'argent* de Simmel. Chacun des auteurs y a cherché et trouvé son compte, chacun y a puisé de quoi alimenter sa propre démarche, de quoi penser ses objets de recherche, mais plus encore sa discipline. La question n'a cessé d'être posée : peut-on utiliser cet ouvrage en économiste, en historien, en anthropologue ? La réponse est négative, sauf à la poser autrement : soit globalement pour l'ensemble des sciences sociales, et il faut alors, comme Simmel, prendre de traverse tous les champs disciplinaires ; soit en modifiant les paradigmes hégémoniques propres à chaque discipline, et il convient de mettre à l'oeuvre des catégories d'analyse spécifiques, et de placer ces catégories sous un faisceau optique qui les déformerait à l'extrême, sous le prisme aussi de la subjectivité de la pensée.

L'argent sert de moyen d'investigation ; mais est-il seulement un concept opératoire ou bien un concept limite, formel et sans contenu historique ? Simmel cherche-t-il d'abord une théorie de la connaissance ou bien l'argent lui permet-il d'élaborer une théorie économique, une théorie de l'histoire, de répondre à des enjeux contemporains (socialisme, libéralisme, féminisme) ? Situe-t-il son époque à l'apogée des effets libérateurs de la monétarisation généralisée ? Au début de ses effets négatifs ? Car l'argent est libérateur pour les individus soumis à leurs désirs, comme agent d'objectivation de la valeur. Mais il est aussi destructeur des liens communautaires et des personnalités individuelles. Entre le désir des sujets, la valeur, l'objet, il y a l'échange. Dans sa circularité, l'échange ne cesse de modifier les places : question de poule et d'oeuf. La valeur et le prix s'inscrivent dans un va-et-vient continuel qui entraîne dans son mouvement les oppositions du sujet et de l'objet, de l'individu et du social. L'objectivation a des effets en retour sur l'avoir et sur l'être, sur l'économie, les comportements, et les institutions.

Y a-t-il des objets pourvus d'une valeur objective et d'autres tellement investis de valeur subjective qu'ils n'entrent plus dans la dimension monétaire ? Ainsi la terre serait-elle comme le négatif de l'argent. Jusqu'où les objets peuvent-ils être possédés ? Leur forme monétaire les rend-elle plus dociles ? Simmel suggère de ne pas circonscrire l'étude de la monnaie au champ de l'économie, et de sortir l'étude de la valeur du champ de la subjectivité individuelle. Pour lui la valeur naît de l'intersubjectivité. Celle-ci, par la relativité générale des valeurs qu'elle introduit, les objectivise ; les valeurs apparaissent supra-individuelles. Contrairement à ce qu'on a pu lui reprocher, Simmel ne propose pas une stricte analogie entre la psychologie individuelle et le fonctionnement de la société, même si parfois demeure problématique le jeu incessant entre les deux.

Cette histoire philosophique de l'argent est celle de la distance croissante entre les objets et les signes, distance qui construit le sujet et le lien social. La monnaie est un agent double, agent de liaison et de dissolution, de liberté et d'asservissement.

Signe et représentation de la valeur, l'argent suppose la confiance dans l'ordre social, un langage commun, toute une chaîne de croyances... Comment s'opère le consensus ? Qu'est-ce qui fonde l'espace de la mesure, de la valeur et la reconnaissance du signe ? Quels liens se sont tissés dans l'histoire entre monnaie et mesure, entre monnaie et institutions, droit et Etat ? Qui sont les garants du compte, de la monnaie et de l'échange ? Comment la garantie de l'Etat joue-t-elle sur la définition même de l'économie monétaire ? Si la monnaie est intermédiaire entre l'Etat et les individus n'y a-t-il pas alors nécessité d'une médiation du politique pour garantir l'échange ?

Les interrogations multiples qui naissent à la lecture de Simmel conduisent à mettre en question le cadre monodisciplinaire. Plus fondamentalement encore, elles obligent à réfléchir sur le degré de cohérence qui résulte de la pluridisciplinarité entendue au sens d'une simple juxtaposition de discours spécialisés. L'oeuvre de Simmel disqualifie ainsi les positions épistémologiques qui dominent aujourd'hui en sciences sociales ; exemples à l'appui, elle montre de façon lumineuse l'impossibilité de séparer la réflexion sur l'objet et les conditions de cette réflexion. En bref, elle nous invite à l'*indisciplinarité*.

Simmel semble opposer au fait historique perçu comme totalisation (addition d'aspects divers mais complémentaires) le fait stylisé, construit comme repère interprétatif de tous les événements possibles. A quelles conditions peut-on penser l'histoire, dès lors que l'identification des "faits" les place déjà du côté des représentations ? Dès lors aussi que la pensée définit la forme. Mais si la forme fixe des limites, elle impose aussi des normes : forme formante, et non pas seulement formelle. Aucune norme supérieure ne saurait cependant imposer l'inscription des normes dans le social. Que de comportements déviants pour animer la machine et que d'opacité résiduelle tout aussi nécessaire...

Le social est capté comme l'ensemble des relations réciproques et mouvantes ; la pensée sur le social en est une des composantes : relationnisme social et relativisme des connaissances. Ainsi l'argent est un condensé de sens et de matière qui ordonne le social et la pensée sur le social relativement à leur point d'aboutissement. La preuve en sciences sociales ne serait que l'agencement de présupposés et la réalité ne serait pas en mesure d'infirmer une interprétation ? On comprend l'inconfort de la méthode simmelienne. Laissons donc jouer les charmes de la fiction. Car le seul jugement que l'on puisse porter sur le monde n'est-il pas finalement de nature esthétique, et le seul agent de l'histoire ne serait-il pas la culture ?

Caricaturons un peu. La vie combinerait des volontés et des représentations, la société résulterait d'un ensemble d'interactions et la culture serait la somme des formes en mouvement. On définirait les formes par des schémas symboliques structurant les représentations, la monnaie comme une somme de créances qu'une institution garantit, et la valeur comme un mélange de finalités individuelles et de causalités sociales. Et la connaissance donc ? Un plaisir et un jeu. Mais où sont passés les échanges internationaux, l'argent public, le salariat ? Des fictions sans forme opératoire peut-être ? La *Philosophie de l'argent* n'implose-t-elle pas aujourd'hui sous les discours du généticien, du linguiste, ou du psychanalyste ?

L'actualité de Simmel, nous l'avons pensée collectivement sur trois plans séquence différents. Le premier concerne l'interprétation générale qu'on peut faire de son projet ; le deuxième propose quelques illustrations thématiques de sa démarche relativiste ; le troisième tente une utilisation partielle de ses analyses dans des problématiques différentes. Pour faire image, on pourrait dire qu'il s'agira d'abord du scénario Simmel à la fois bâtisseur d'une sociologie générale, épistémologue de l'histoire et philosophe du lien social. Puis, au stade du montage, la focalisation se fera sur quelques figures-types (l'esthète, la femme, l'avare) qui sont révélatrices des formes en mouvement (entre sujet et objet, entre fluidité et fécondité, entre aliénation et libération). On terminera par une projection de Simmel sur quelques écrans de couleur différente. Et la vision qu'on aura finalement de la société monétaire laissera, au choix, une impression de centralisation institutionnelle ou de médiations symboliques ou encore de stratification hiérarchique.

A travers une lecture parallèle de la *Philosophie de l'argent* et de la *Philosophie de l'histoire*, Jean-Yves Grenier étudie au chapitre 1 la méthode historique de Simmel. Elle comprend à la fois une philosophie, qui s'interroge sur la finalité d'une recherche historique, une épistémologie qui établit les conditions d'accès à la connaissance historique, et une analyse proprement dite de l'objet historique. Ces trois dimensions sont essentielles et aucune d'elles n'a de validité autonome, indépendamment des deux autres. Des similitudes ou des homologies permettent de transposer certains éléments d'analyse d'un champ vers l'autre et de produire par circularité une cohérence de l'ensemble. On illustre cette circularité par quelques exemples typiques : la relation téléologique, le rapport présent-passé, la construction en série des a priori, la notion de forme. Il apparaît au total que Simmel ne construit pas seulement une philosophie relativiste de l'histoire. Car il établit pour la première fois les conditions d'une connaissance légitime de l'histoire, qui précise bien le partage entre l'explication et la compréhension. Mais on peut s'interroger sur les déperditions que sa problématique implique : par exemple, sur la capacité d'analyser le changement historique.

Alain Guéry explique dans le chapitre 2 qu'écrire une *Philosophie de l'argent*, une philosophie du moyen d'échange par excellence, suppose de multiples appels aux apports des diverses sciences sociales. Georg Simmel ne procède pas pour autant, pas seulement en tout cas, par confrontation entre ces différentes disciplines et en y puisant les données nécessaires à son oeuvre. Il refuse la répartition des tâches et des sujets selon un cloisonnement des sciences, parce qu'il ne croit pas à l'étanchéité de celui-ci. La philosophie de l'échange se plaide parce que la philosophie est la seule discipline permettant d'organiser les échanges entre les disciplines. A la lisière de chacune d'entre elles, la philosophie intervient nécessairement , comme elle intervient - et le mieux est de le rendre explicite - dès qu'on entre dans une interprétation ou une vérification. La *Philosophie de l'argent* de Simmel illustre cette forme du travail des sciences sociales qui réduit l'écart entre la recherche qui permet de comprendre un phénomène et la vie prise comme un tout. Elle génère aussi une sociologie qui opère par le biais de la forme et non par celui de la structure, à partir de la description et de l'ordonnancement du contenu. Il en résulte une philosophie de la vie qui n'oublie jamais la question fondamentale du sociologue: "Comment la société est-elle possible"?

Le chapitre 3, rédigé par Martine Grinberg, expose comment, au-delà de l'argent, Simmel semble chercher des réponses à une interrogation fondamentale sur la nature et la formation du lien social. Pour cela, Simmel prend le prétexte de l'argent où se mêlent valeurs subjectives et valeurs objectives, et démontre la nécessité de traverser l'ensemble des champs disciplinaires. Tentant de dépasser la dichotomie individu/société, il propose de travailler sur l'échange comme processus créateur de formes. Ce chapitre évoque deux échos possibles de la *Philosophie de l'argent*. Le premier, dans la psychanalyse, de Freud à Lacan et Legendre, où l'on voit comment les interrogations de Simmel y trouveront des prolongements, voire des réponses ; le second, dans la pratique historienne, où les propositions de Simmel sont mises à l'épreuve pour repenser certains objets d'histoire.

Philippe Simonnot, dans le chapitre 4, montre que dans *Philosophie de l'argent*, l'art et l'argent ont le même statut au moins en trois occurrences : dans la relation du sujet à l'objet , dans les séries téléologiques , et enfin dans l'essence même de la propriété. A chaque fois, l'art et l'argent se trouvent à l'extrême limite du processus d'objectivation, objets pour ainsi dire purs et parfaits, "objet-objet". Simmel trace ainsi d'intéressants parallèles entre l'avare et le collectionneur, qu'il relie à un troisième personnage encore moins attendu : le voyeur. Désinfectant les rapports sociaux de toute affec(ta)tion, l'art et l'argent font parvenir leurs servants au comble de la jouissance, qui "s'enveloppe du charme subtil de la résignation". Il n'est pas besoin de dire que se trouve pulvérisée l'antinomie vulgaire entre l'art et l'argent. On est invité, au contraire, à éclairer, étudier l'un par l'autre.

Le chapitre 5 est dû à Martin Gorin. Il remarque d'abord que Simmel, incontestablement féministe, tient un discours sur la femme qui est tributaire de sa méthode radicalement interactionniste (Wechselwirkung). L'application de cette méthode dans la *Philosophie de l'Argent,* pourrait se résumer par la formule VIE ↔ ARGENT. La confrontation avec des travaux anthropologiques et philologiques, anciens et récents, aboutit à accorder à Simmel le statut de pionnier inspiré de l'élucidation, parfois inconsciente, du processus par lequel l'argent a été représenté (parlé, pensé, échangé, rêvé) dans une grande proximité avec la femme. D'abord à partir de l'idée de fécondité et ensuite autour de la figure centrale de la fluidité, terme qui décrit à la fois le mouvement de la vie sociale et une certaine façon de le penser, celle de Simmel.

Dans le chapitre 6, Jean-Marie Baldner montre comment le processus de connaissance historique développé dans la

Philosophie de l'argent accorde une place particulière à la figure de l'avare relevant à la fois de la corticalisation des interactions psychiques et de la jouissance limite de l'individu, repérable dans la structure même de l'ouvrage à l'articulation entre la partie analytique et la partie synthétique. Celle-ci rend-elle pourtant légitime une interprétation du type de l'avare dans l'intelligibilité de l'émergence et du développement téléologique d'une économie monétaire moderne ?

Dans le chapitre 7, Laurence Scialom opte pour une lecture ciblée de *Philosophie de l'argent*, en ce sens qu'elle exploite une grille de lecture économique étroitement circonscrite. Il s'agit, en effet, de centrer l'analyse sur les points saillants de la pensée de Simmel susceptibles de fonder une approche alternative à la théorie économique orthodoxe, et d'alimenter une meilleure compréhension de la cohésion des société marchandes non planifiées où n'existe pas de mécanisme de pré-conciliation des choix individuels. Or, présentant une économie d'emblée monétaire, caractérisée par la simultanéité de la formation des prix monétaires et de l'échange où les individus doivent être condidérés comme "faiseurs de prix" et non comme "preneurs de prix", Simmel apparaît comme un auteur incontournable au regard de cette problématique.

Le propos du chapitre 8 réalisé par Bruno Théret consiste à utiliser *Philosophie de l'argent* pour penser le rapport entre l'économique et le politique. Simmel élabore une théorie de la valeur où la monnaie sert de médiation symbolique entre les pratiques économiques (rapports des hommes aux choses) et les pratiques politiques (rapports des hommes entre eux). Historiquement, l'apparition de cette médiation va de pair avec un mouvement de séparation entre une sphère marchande et d'autres "provinces de vie", où les intérêts et les finalités des individus sont différents. Cependant, Simmel ne pose pas le problème de la coexistence de ces diverses sphères d'activités individuelles, ni donc de la cohésion d'une société ainsi différenciée. Un détour par Marx est ici proposé afin d'expliquer pourquoi ce problème crucial reste insoluble chez Simmel, en raison notamment de son traitement du travail et du salariat. La référence à Marx permet aussi de mieux caractériser le type d'utopie sociale qui est à l'oeuvre dans la construction simmelienne.

Dans le chapitre 9, Lucien Gillard soutient que la philosophie de l'argent de Simmel présente un intérêt pour les économistes, y compris pour les adeptes d'un strict compartimentage disciplinaire. Simmel ne fait certes pas oeuvre d'économiste, mais on peut lire son ouvrage en économiste, sans que cette lecture soit plus arbitraire que celle de la société par les économistes. La logique de ce qu'on pourrait appeler le discours économique de Simmel s'articule autour de deux propositions. La formation des valeurs dépend des hiérarchies sociales et s'analyse donc au niveau de la répartition des richesses. Tandis que la formation des prix s'opère dans la circulation des richesses et dépend du degré de préférence pour la liquidité. La monnaie opère le lien entre ces deux propositions, sans que l'analyse de marché soit requise. La cohérence du discours économique ainsi autonomisé ne requiert qu'une condition assez faible. Il faut donner une portée sociale globale à des phénomènes repérés seulement par Simmel au niveau des comportements individuels (privilèges de l'acheteur, rentes de situations). Bien qu'en l'occurrence il ne soit pas fait par Simmel, ce saut est totalement cohérent avec sa problématique générale. Car pour lui, les phénomènes sociaux ont des fondements subjectifs qui se cristalisent aussitôt dans des formes supra-individuelles, disqualifiant du même coup l'individualisme méthodologique.

Cet ouvrage est le fruit d'un travail mené collectivement durant deux années au sein du Centre de Recherches Historiques. Les auteurs sont respectivement : Jean-Yves Grenier, historien, C.N.R.S. ; Alain Guery, historien, C.N.R.S. ; Martine Grinberg, historienne, C.N.R.S. ; Philippe Simonnot, économiste, essayiste ; Martin Gorin, psycho-sociologue, E.H.E.S.S. ; Jean-Marie Baldner, historien, I.U.F.M. de Créteil ; Laurence Scialom, économiste, Université de Paris X ; Bruno Théret, économiste, C.N.R.S. ; Lucien Gillard, économiste, C.N.R.S.

Chapitre 1

LA METHODE HISTORIQUE DE GEORG SIMMEL

Jean-Yves GRENIER

Cette étude a pour point de départ une interrogation d'historien sur le statut de l'exemple historique dans l'ouvrage le plus riche, le plus dense mais aussi le plus complexe de Simmel, la *Philosophie de l'argent.* L'histoire y est toujours présente, indispensable aux démonstrations, mais elle est aussi : éparpillée, morcelée, soumise à des raccourcis cavaliers. Pourtant, les analyses historiques sont toujours fortement structurées et elles offrent une cohérence en apparence sans faille grâce à une articulation d'une remarquable précision avec les autres dimensions du discours. Aussi, l'approche la plus immédiate, celle qui considère l'ensemble de ces segments d'histoire pour en examiner la légitimité et la pertinence, semblait dès le départ vouée à l'échec. La profondeur de la méthodologie historique de Simmel ne se laisse pas percevoir par un procédé de ce type. Qui plus est, elle faisait courir le risque de chercher une cohérence particulière à des notions ou des concepts qui ne trouvent leur sens que dans l'intégralité de la démarche. Les lectures historienne, économiste, anthropologique, bref extérieures de la *Philosophie* supposent l'hypothèse forte que les interrogations disciplinaires ont une signification dans la pensée du philosophe allemand. Le refus de cette hypothèse au profit du postulat que l'intérêt majeur de la *Philosophie,* en particulier pour un lecteur contemporain, réside dans la construction de l'oeuvre, incite à explorer une autre voie.

Comprendre de l'intérieur l'architecture des démonstrations historiques de Simmel - puisque telle est désormais notre ambition - est une tâche difficile tant s'entrecroisent les manières de faire et se juxtaposent les pratiques. Par bien des aspects, la méthode historique de la *Philosophie* resterait peu compréhensible si elle n'était pas considérée à la lumière d'un autre ouvrage essentiel de Simmel: *Les problèmes de la philosophie de l'histoire. Une étude d'épistémologie.* Cette lecture parallèle, car la lecture de la première oeuvre facilite aussi celle de la seconde, semble justifiée du point de vue chronologique. La première édition des *Problèmes* date de 1892 mais c'est avec la troisième édition, en 1907, que le texte est fixé, la *Philosophie* remonte pour sa version initiale à 1900 mais c'est également en 1907 que paraît le texte définitif. Les deux oeuvres ont donc été pensées et écrites au cours d'une même période de la vie intellectuelle de leur auteur. Le traitement de l'histoire dans la *Philosophie* ne peut pas être indépendant des réflexions longuement élaborées dans les *Problèmes*. Il s'agit cependant de deux oeuvres totalement différentes. La première est une réflexion sur un objet particulier qui intègre, à des fins démonstratives, de multiples considérations sur le passé. La seconde est un traité d'épistémologie dans lesquelles les réflexions théoriques prédominent. Certains exemples se retrouvent de l'une à l'autre de même que quelques développements méthodologiques, mais la *Philosophie* n'est pas un livre d'histoire qui mettrait en pratique les préceptes exposés dans les *Problèmes*. Bien au contraire, cette juxtaposition semble impossible dès la lecture de ce dernier puisqu'il y est démontré qu'une réflexion historique autonome est sans fondement. En ce sens, la *Philosophie* doit être lue comme une illustration de la manière d'articuler une pratique historique sur les autres formes de réflexion sur le monde. Si une lecture parallèle est donc possible, elle ne va pas cependant sans risques. La plus grande difficulté vient du fait qu'une certaine distance, voire des dissonances, existe entre l'épistémologie critique, la théorie positive de la connaissance historique et la pratique de Simmel. Ces décalages sont toujours limités car la cohérence théorique de l'approche est forte mais la grande inventivité du philosophe allemand, en particulier du point de vue conceptuel, rend difficile une absolue rigueur méthodologique.

Cette étude cherche à reconstruire la méthodologie historique de Simmel, tant dans ses fondements qui la rendent possible qu'à travers sa manière de faire qui seule permet de l'entrevoir dans sa globalité. Pour les différentes raisons invoquées, cette reconstruction se heurte, si elle veut être fidèle, aux risques de l'incohérence et de la contradiction. C'est donc moins la méthode historique dans sa réalité qui est présentée - comment pourrait-on prétendre le faire ? - qu'une reconstruction située à un niveau d'abstraction tel, par rapport à la pratique et à la théorie de la pratique de Simmel, qu'une cohérence d'ensemble est accessible. N'est-ce pas d'ailleurs Simmel qui incite à cette manière de faire puisque sa reconstruction du réel repose également sur la recherche d'une cohérence dans le passé grâce à un processus d'abstraction ?

Une pratique relativiste de l'histoire

L'oeuvre de Simmel appartient à cette vaste réflexion menée par la philosophie historique allemande à la fin du XIXe siècle qui cherche à élucider la nature des sciences historiques. D'un côté, elle doit d'abord l'affranchir des philosophies traditionnelles de l'histoire, en particulier l'approche hégélienne, largement discréditées. "Une distance impossible à déterminer nous sépare de toute possibilité de formuler une théorie générale du déroulement de l'histoire: nous verrons avec quelle modestie il convient de parler d'une telle théorie" écrit Dilthey (1). Cette "critique de la raison historique", selon la célèbre formule que Dilthey a placée au début de son *Introduction à l'étude des sciences humaines* (1883)(2) veut étudier quelles sont les conditions pour substituer une connaissance historique positive à l'approche métaphysique. D'un autre côté, les universités allemandes sont alors dominées par un positivisme inspiré des sciences de la nature au sein duquel la psychologie, en particulier, tend à remplacer ou à recouvrir les réflexions

---

(1) Dilthey: 1883, p.123.

(2) Elle apparaît dans la dédicace au comte de Wartenburg (p.VII) et Dilthey définit plus précisément la notion de critique de la raison historique au chapitre 19, 1° livre (p.150).

proprement hitoriques ou philosophiques. C'est aussi en réaction contre ce démarquage simpliste des sciences naturelles que se situe la philosophie critique. Elle veut intégrer sur des bases nouvelles, en partie philosophiques mais non métaphysiques, l'ensemble des sciences morales en plein développement. Ainsi la psychologie ne doit plus tendre à devenir une pratique autonome à la recherche de ses fondements, mais contribuer à l'édification des sciences de l'esprit. Contre la métaphysique de l'histoire d'un côté et le positivisme des sciences morales autonomisées de l'autre, Dilthey et ses émules veulent trouver dans une réflexion d'ensemble les éléments pour élaborer une conscience historique nouvelle.

Cette dimension synthétique de la critique de la raison historique explique qu'elle se soit poursuivie dans trois directions. La première est l'élucidation du rapport que doit entretenir la réflexion historique avec la philosophie. Cette relation est nécessaire car la philosophie seule est capable de donner une signification à l'exploration du passé, de l'inscrire dans une représentation globale du monde et de son devenir. Cette interrogation est centrale du fait de la rupture d'avec le modèle des sciences de la nature qui, elles, trouvent dans les moyens de la connaissance les éléments nécessaires pour rendre adéquates les questions et les réponses. La spécificité de l'interrogation historique est que la pertinence des problèmes évoqués autant que l'élaboration des outils utilisés dépendent d'une axiologie et d'une épistémologie qui doivent pour leur part être pensées avant et non après que se fasse le travail de l'historien. D'emblée, philosophie et histoire sont indissociables.

La seconde direction est l'exploration du caractère particulier de la connaissance historique. Le souci commun de ces philosophes historiens est d'élargir le domaine d'utilisation de la théorie de la connaissance de Kant au-delà des sciences naturelles. Il s'agit ainsi moins de fonder les sciences de l'esprit sur un contenu précis que de les comprendre, comme le suggère Windelband, par la méthode qu'elles utilisent. Puisque l'histoire plus que tout autre discipline idiographique appréhende le singulier, la logique de sa connaissance est à définir de manière originale. Concilier les a priori kantiens et le réel individualisé est l'une des grandes ambitions de la critique de la raison historique.

La dernière direction n'est pas indépendante des précédentes. La nature particulière du réel étudié par les sciences humaines oblige en effet à le penser simultanément avec la théorie de la connaissance. "Il fauda alors qu'on voit exactement, écrit Dilthey, ce que la connaissance et ses outils arrivent à dominer, les faits indécomposables qui leur résistent et forment un reliquat où ils n'ont point de prise"(3). Cet examen porte donc sur les outils de la connaissance mais il concerne également à la fois la nature du réel historique en tant que tel et la nature du fait historique que l'observateur veut comprendre. L'élucidation de ce dernier est en fait crucial; c'est elle qui définit l'originalité positive, mal entendue, de la philosophie critique de l'histoire.

Ces trois directions se retrouvent chez Dilthey, Rickest, Windelband ou Weber. Mais chacun de ces philosophes privilégie tel ou tel aspect. L'originalité de Simmel est au contraire de prendre en considération, à part égale, ces trois dimensions. Non seulement, on le verra, aucune d'entre elles ne peut être étudiée de manière autonome mais en plus c'est dans les facteurs d'unité qui les relient que l'approche trouve sa cohérence nécessaire. Quand Dilthey, par hostilité à la métaphysique, tend par exemple à élaborer la conscience historique contre la philosophie, Simmel à l'inverse ne peut véritablement penser l'un sans l'autre. Celle-ci constitue donc à la fois une philosophie de l'histoire, une théorie de la connaissance et une analyse du réel (ou d'un certain réel) historique. En opérant de cette manière, il prête le flanc à la critique de la circularité puisqu'il étudie en sociologue ou en historien un objet qu'il a lui-même construit en philosophe. Le risque d'"effet-théorie" n'est pas mince, symétrique en quelque sorte à celui couru par l'historien qui procède par théorisation implicite, ce que Simmel d'ailleurs ne manque pas de remarquer dans l'introduction des *Problèmes*. Le paradoxe est que c'est précisément pour échapper à la circularité inhérente à la connaissance dans les sciences humaines que Simmel développe cette méthodologie unitaire qui garantit également contre tout déterminisme, en particulier celui de l'histoire ou de la métaphysique. L'une des conséquences importantes pour notre propos est que la place qu'il réserve à l'étude du passé n'est pas centrale, comme elle peut l'être chez Dilthey ou Ranke

(3) Dilthey: 1883, p.122.

pour lesquels elle s'occupe de problèmes universels alors que les autres sciences de l'esprit n'ont que des objets particuliers. Simmel, au contraire, montre dans son traité d'épistémologie que l'histoire, loin d'être centrale, prend place sur un mode mineur dans la circularité des connaissances. Sa contribution indispensable pour comprendre le présent ne peut ainsi apparaître qu'à travers l'articulation entre les trois interrogations définies plus haut. Examinons donc cette dernière qui semble bien être la clef de la méthode historique de Simmel, si du moins cette expression peut avoir un sens.

La philosophie de l'histoire :

Il y a une philosophie de l'histoire dans la réflexion de Simmel. Son identification s'impose car elle est indispensable à son élaboration de la compréhension du monde. Les quelques pages qu'il consacre aux métaphysiques de l'histoire -la philosophie idéaliste de Hegel et le matérialisme historique de Marx, explicitement critiquées dans les *Problèmes* - sont à cet égard riches d'enseignements. Elles contiennent une virulente critique mais également certaines approbations non moins remarquables, point de départ pour reconstruire sa propre philosophie historique, jamais explicitée de manière unifiée mais toujours présente.

Le reproche majeur que Simmel leur adresse est que l'une et l'autre suppriment les difficultés inhérentes à la compréhension des individualités et réduisent les données historiques aux seuls éléments qu'elles ont en commun. L'objectivité de leurs analyses provient donc de la place accordée au "général". Elles ne reposent pas sur l'inévitable subjectivité attachée à chaque individu particulier, point de départ nécessaire de toute analyse historique pour Simmel. De ce fait, la multiplicité des devenirs possibles, inscrite dans la complexité des lois psychologiques qui gouvernent les comportements individuels, se transforme en un cheminement unique et nécessaire (4). Ce n'est pas au nom de la liberté individuelle qu'il récuse ce déterminisme, à la différence par exemple de Dilthey qui en fait dans son *Introduction* la caractéristique distinctive des sciences de l'esprit par rapport aux sciences de la nature. Au contraire, un certain

(4) *Problèmes de la philosophie de l'histoire* (PPH), pp.130-131

déterminisme apparaît dans ses analyses et il semble même l'une des conditions du savoir historique. Par contre, il estime que ce déterminisme est mal fondé car il est posé comme une condition a priori ancrée dans le réel alors qu'il en fait seulement l'une des composantes de sa méthode d'investigation. De même ne leur reproche-t-il pas la recherche d'une objectivité que lui-même poursuit mais il l'appuie sur des bases différentes qui incluent au départ la notion de subjectivité de toute connaissance. Abstraction faite des contenus idéologiques qui ne sont pas pris en compte par Simmel, la critique essentielle porte donc sur la théorie de la connaissance, enjeu central dont les implications dépassent la seule épistémologie entendue comme l'étude logique des règles utilisées par l'historien. D'ailleurs, dans les critiques qu'il adresse tout au long de son oeuvre à ces derniers, les discussions autour de la théorie de la connaissance ont toujours des conséquences de première importance sur l'approche philosophique de l'histoire. On l'a dit et on le redira, la circularité est fondatrice chez Simmel. Ce lien puissant entre la compréhension philosophique de l'histoire et les choix opérés pour la théorie de la connaissance est tel qu'à plusieurs reprises il désigne l'une par l'autre, sans pour autant qu'ils ne confondent les deux [5].

Les éléments d'approbation, qui concernent plus particulièrement le matérialisme historique, sont moins fréquents, plus dispersés mais très révélateurs. Citons-en deux. D'abord, ces philosophies ont un caractère hypothétique. Elles ne s'appuient pas en effet sur l'exploration empirique du réel, quoiqu'elles en disent, mais sur des hypothèses psychologiques qui ne sont pas fondées sur l'examen des faits mais dont la légitimité provient au contraire de ce qu'elles permettent de les mettre en forme. Caractéristique qui, précise Simmel, "renforce l'importance du matérialisme historique plutôt qu'elle ne l'atténue"[6]. Ensuite, elles proposent une réalisation nouvelle, bien que critiquable, de l'idée a priori de l'unité de l'histoire, condition nécessaire pour que l'étude de cette dernière puisse

---

(5) Par exemple dans **PPH**: p.118: "Un problème de philosophie de l'histoire, dans la mesure où cette expression désigne la théorie de la connaissance historique...".

(6) **PPH**: p.228.

produire du sens (7). Il s'agit bien là d'a priori philosophiques, en particulier la seconde, que Simmel accepte dans leur principe car il les considère comme indispensables pour entreprendre sa propre exploration du passé, même s'il en fait un emploi tout différent. Il existe donc bien au départ de ses analyses des choix essentiels qui esquissent une philosophie de l'histoire. Ce sont d'une part ceux qui se rapportent à la théorie de la connaissance, exposées dans la prochaine section. D'autre part, ceux qui relèvent des intérêts philosophiques de l'auteur. Ils sont indispensables pour rendre à la fois possible et intéressante la connaissance de l'histoire; ils sont, de ce fait, extérieurs (ou antérieurs) à l'exploration méthodique du passé. Examinons-les.

L'importance de ces intérêts philosophiques provient du fait que pour Simmel la connaissance du passé pour elle-même n'a pas de sens. D'une part, elle est impossible, ce qu'il montre dans son approche détaillée des problèmes que pose l'appréhension du fait historique, étudiée plus loin. Elle est d'autre part sans intérêt véritable, ce qu'expliquent deux raisons essentielles.

En premier lieu, seule la formulation d'un questionnaire de nature philosophique, extérieur à toute problématique endogène, est capable de susciter des enseignements de nature générale. L'objectif n'est pas d'exhumer la réalité ancienne opaque ou de faire revivre des événements mais plutôt de retrouver la signification universelle de ces événements. La relation particulière qu'entretient l'histoire avec le particulier n'a plus lieu d'être en tant que telle puisque la connaissance ne commence qu'au moment où elle accède à l'universel. Remarquons à nouveau qu'entre la métaphysique généralisante, située d'emblée au sein de ce dernier, et l'histoire particularisante qui le nie, Simmel définit une voie étroite qui justifie a posteriori la complexité de sa méthodologie qui doit concilier le singulier et l'universel. Ce dernier provient donc d'une interrogation philosophique extérieure que la seule étude du passé ne peut pas provoquer. Ainsi, la *Philosophie* se donne pour objectif de "chercher le sens philosophique de l'argent"(8) ou doit pouvoir déterminer "dans quelle mesure l'économie monétaire est capable d'augmenter la somme globale de liberté

---

(7) **PPH**: p.228-229.

(8) *Philosophie de l'argent* (PA), p.84. Voir également p.122.

individuelle"[9]. Bien d'autres exemples pourraient être donnés: l'essentiel de l'ouvrage est structuré par ce type d'intérêts philosophiques. Ce sont eux qui permettent la formulation de conjectures abstraites, équivalent simmelien des formulations hypothétiques des approches idéalistes. De là sont déterminés des contenus sélectionnés "en fonction de leur importance et de leur signification"[10]. Leur réalisation historique en tant que processus réintroduit alors le passé. A ce stade de notre investigation, la matière historique n'a donc de sens qu'au service de la philosophie.

Ce questionnaire a aussi un autre rôle méthodologique. Il définit des objectifs abstraits mais précis qui permettent de désigner ce que Simmel, dans son article de définition du domaine de la sociologie, appelle des "buts particuliers de la connaissance"[11]. Ils définissent le degré de distanciation entre la réalité et l'abstraction, variable essentielle pour la théorie de la connaissance qui est incapable par elle-même de déterminer la profondeur des paramètres cognitifs qu'elle met en oeuvre dans son analyse du passé.

En second lieu, la connaissance historique ne peut pas avoir d'objectifs autonomes parce qu'elle doit être un rapport au présent. L'orientation générale de la *Philosophie* vise en effet à comprendre la signification de l'argent dans le cadre du "plein développement de l'économie monétaire". Le choix de l'objet et du moment est donc tout à fait concerté. Il suppose que Simmel considère son époque - la fin du XIXe siècle - comme celle où l'argent a terminé son évolution, ou du moins atteint un stade terminal, et où la forme monétaire a marqué la société de toute son empreinte. Le découpage du passé ne résulte pas d'une logique interne propre à la matière historique comme le sont les grandes périodes classiques qui ont pour l'historien à la fois cohérence et autonomie. Au contraire, la profondeur du passé étudié par Simmel dépend toujours d'une caractéristique présente de la forme ou de l'économie monétaire. C'est le temps historique pris pour le "complet développement" de chacune de ces caractéristiques qui détermine les périodes d'investigation. Il

---

(9) **PA**: p.360.

(10) **PPH**: p.61.

(11) Sociologie et épistémologie, Paris, 1981, p. 88. Simmel emploie l'expression d'"objectifs de la connaissance" dans PPH, 117.

s'en suit donc un éclatement de l'histoire. En effet, des régularités verticales, produites in abstracto par des intérêts philosophiques et sans cohérence nécessaire entre elles puisque leur point de convergence qui définit une société monétaire dans son ensemble se situe par construction dans le présent de l'observateur, se substituent à la succession de moments historiques (l'Athènes de Périclès, le siècle de Louis XIV) dont la cohérence horizontale est indépendante d'un rapport au présent.

Cette considération rétrospective du passé constitue bien l'un des aspects d'une philosophie de l'histoire. Examinons pourquoi. D'abord, elle pose l'existence d'une fin de l'histoire puisque le passé n'apparaît que si le processus qu'il déploie contient son propre achèvement. Le parallèle avec les philosophies idéalistes s'impose même si les fins que Simmel propose sont théoriquement multiples et dépendent de l'objet étudié. De plus les métaphysiques de l'histoire assignent un terme unique et nécessaire à une évolution qui est en cours alors que Simmel se donne une fin parmi d'autres en choisissant son objet d'étude. Sa nécessité est ainsi l'effet d'une construction et peut n'être en somme qu'une simple tautologie. Cependant, si cette fin n'est pas le produit d'une interprétation idéaliste, ce qui la distingue des approches métaphysiques, et si sa fonction est en apparence surtout méthodologique, ses fondements n'en sont pas moins réels. Il est ainsi loisible de lui donner une base substantielle et réaliste en considérant que cette finitude posée par Simmel traduit un jugement philosophique sur son temps, attitude fréquente en cette fin de siècle, particulièrement dans le domaine germanique et dans la Vienne des Habsbourg. Or ce jugement de valeur suppose de conférer un sens philosophique au temps, bref une philosophie de l'histoire. Toute la *Philosophie,* et surtout son chapitre terminal sur le style de vie, peut être lue comme la recherche d'éléments d'appréciation, positive ou négative, sur les transformations imposées par l'argent aux comportements individuels et collectifs, sans que pour autant l'auteur n'exprime ses propres sentiments.

Ensuite, il existe un lien étroit entre le questionnement philosophique et la méthode historique régressive car la seconde est l'expression naturelle du premier. En effet, comprendre philosophiquement un phénomène suppose de pouvoir étudier le concept qui en est l'essence. Or, Simmel estime que nous ne pouvons saisir ce concept à travers l'expression la plus élémentaire, la moins évoluée de ce phénomène mais seulement à travers ses réalisations réitérées(12). Sa pratique montre même que seul le "plein développement" conceptuel d'un phénomène, arrivé donc à son terme, permet d'abstraire de celui-ci la conjecture dont est issu le processus de sa réalisation progressive. En d'autres termes, un questionnement philosophique ne peut être associé qu'à une méthodologie régressive qui renverse l'ordre du temps. Ainsi, la méthode particulière de Simmel n'a pas de raison d'être si elle n'est pas associée à une approche philosophique de l'histoire. Enfin, conséquence des remarques précédentes, toutes les analyses de Simmel issues de ses intérêts philosophiques, conduisent à une relation qui va du présent vers le passé. En apparence, un rapprochement avec les métaphysiques de l'histoire semble ici pertinent puisqu'elles s'appuient sur une même relation pensée comme unilatérale sur laquelle repose le caractère général de leurs hypothèses et donc leur objectivité. La méthode de Simmel est pourtant là encore très différente car si la question intéressante va du présent au passé, sa résolution suppose des aller-retours. Il expose cette question dans un passage essentiel du premier chapitre de la *Philosophie*(13). Qui veut comprendre le présent sous quelque aspect que ce soit doit recourir à l'approche historique. Mais ce passé, lui-même obscur et impénétrable, n'est compréhensible qu'à la lumière des expériences du présent immédiat. La boucle se referme et se trouve introduite l'inévitable circularité de toute connaissance liée au passé, subjectivité qui distingue radicalement ses analyses de celles des métaphysiques de l'histoire. En conséquence, la nécessité d'une philosophie de l'histoire se fait sentir puisque l'introduction des notions de rapport aux valeurs et d'objectifs de la connaissance permet de déplacer la valeur de l'objectivité et de donner une signification aux vérités partielles et subjectives. L'originalité mais aussi la difficulté de l'entreprise de Simmel sont ici très sensibles. Il refuse d'un côté l'objectivité a priori de la métaphysique de l'histoire et d'un autre côté l'objectivité a posteriori de l'histoire positiviste qui suppose la reproduction des caractéristiques intrinsèques de l'objet, pour construire sa propre objectivité sur la subjectivité

(12) **PA**: p.123.

(13) **PA**: p.99.

des comportements individuels et celle de la connaissance. Dans cette construction, la notion d'intérêts philosophiques est indispensable.

Une relation dominante qui va du présent au passé, le développement temporel progressif d'un concept sous forme de processus, voilà les deux conditions réunies pour parler du caractère téléologique de l'investigation historique. Cette notion est essentielle chez Simmel même s'il l'emploie presque exclusivement à propos de la nature des faits psychiques. Elle convient pourtant parfaitement à sa philosophie de l'histoire et cette parenté, on le verra, est fondatrice de la cohérence de sa démarche. Soulignons que le caractère téléologique de cette dernière lui fournit une idée a priori de l'unité de l'histoire, unité qu'il juge nécessaire dans ses considérations sur les métaphysiques historiques mais qu'il fonde sur des bases largement différentes. Elle n'est cependant qu'interne, propre au développement en séries de chaque processus. Puisque le passé n'est pensable que sur le mode téléologique, la connaissance historique se trouve fragmentée mais l'unité de chacun de ces "faisceaux d'histoire" est fortement assurée.

L'expression de philosophie de l'histoire s'impose donc pour caractériser, partiellement, la démarche de Simmel. Non seulement sa méthodologie comporte beaucoup d'implications sur le statut philosophique de l'histoire en tant que concept et comme discipline, mais en plus la philosophie seule "a la capacité de construire une image du monde en utilisant des catégories qui n'ont rien à faire avec celles du savoir empirique"(14) inapte selon lui à des démonstrations logiques.

La théorie de la connaissance historique :

Que le rapport à l'histoire de Simmel s'appuie sur une théorie de la connaissance est une proposition qui n'a guère besoin d'être démontrée. La question qui se pose est moins d'en rendre compte que d'examiner comment elle s'articule avec les deux autres axes de sa méthodologie pour produire des

---

(14) **PPH**: p.179.

démonstrations de caractère historique. Son originalité provient en effet du fait qu'elle n'est guère compréhensible et efficace par elle-même, abstraction faite de ses conditions d'emploi. On a vu comment la philosophie de l'histoire peut dépendre de la théorie de la connaissance: la relation inverse est également vraie. Il est en ce sens peu surprenant que les deux concepts essentiels qui guideront cette reconstruction soient ceux de téléologie et de circularité.

Simmel a recours à la théorie néo-kantienne de la connaissance. L'esprit est ainsi doté de la capacité de mettre en forme les données de la représentation grâce à l'entendement qui construit le savoir en y apportant ses catégories a priori. Kant n'a cependant décrit cette fonction que pour le domaine des sciences de la nature. La question est de savoir comment l'élargir aux sciences de l'esprit et à la connaissance de l'histoire. La transformation fondatrice concerne les a priori kantiens qui, au lieu d'être limités aux catégories très générales de l'entendement, s'étendent à une multiplicité d'entre elles. "Il est beaucoup plus important de remarquer que l'a priori kantien, qui est le fondement de la possibilité de l'expérience en tant que telle, n'est que le terme le plus abstrait d'une série de termes qui, pris ensemble, pénètrent tous les domaines particuliers de l'expérience"(15). Autrement dit, la ligne de partage entre a priori et expérience au sein des sciences de l'esprit n'est pas immuable. Au contraire, la spécificité de la connaissance historique est que chaque proposition qui offre en apparence un caractère d'observation empirique peut fonctionner comme un a priori pour un autre domaine de la connaissance. Les notions d'expérience et d'a priori deviennent ainsi relatives. "De même que l'expérience s'élève aujourd'hui à des hauteurs que Kant n'envisageait pas, de même l'a priori descend à de plus grandes profondeurs"(16). La connaissance se trouve ainsi hiérarchisée, gouvernée par la construction des a priori constitués en séries. Chaque niveau de connaissance traduit un partage entre ce qui est considéré comme un domaine empirique et ce qui est posé comme a priori nécessaires pour l'interpréter. Mais, comme chaque donnée empirique ne peut être observée qu'en utilisant d'autres a priori plus lointains dans l'ordre de la connaissance, la

(15) **PPH**: p.62.

(16) **PPH**: p.63.

modification du partage dans un sens ou dans l'autre permet de particulariser ou au contraire de généraliser cette dernière. Cette construction en série d'a priori qui sont comme emboîtés relève d'une conception téléologique de la connaissance. Un rapprochement avec la téléologie de la philosophie de l'histoire peut être partiellement esquissé de la façon suivante. La compréhension intiale et immédiate d'un concept résulte du partage entre d'un côté ce concept posé comme a priori et d'un autre côté l'ensemble de ses développements téléologiques considérés comme une proposition empirique. Une connaissance plus approfondie de ce processus s'opère par un déplacement de la ligne de partage et la constitution progressive des a priori en série. La connaissance, comme le développement d'une conjecture, relève de la même notion de processus. Le rapport le plus immédiat à une philosophie de l'histoire est cependant ailleurs. La série des a priori peut en effet se développer sans fin car la connaissance est infinie et son processus n'a pas de limite en lui-même. Pour lui fixer un terme intervient la notion de distance, envisagée précédemment. Ce sont les objectifs de la connaissance déterminés par les intérêts philosophiques qui décident de l'écart pertinent entre le sujet connaissant et l'objet qu'il étudie, de la même manière que le choix du concept détermine la profondeur de la dépendance téléologique et donc le temps historique pris en compte par la philosophie de l'histoire.

Cette construction en série pose cependant une difficulté majeure, celle de la circularité, plus précisément abordée dans la *Philosophie*. Dans cet ouvrage, le problème de la relativité des principes de la connaissance tend à prendre le pas sur la méthodologie kantienne, plus pratiquée qu'exposée.

La première difficulté est que l'enchaînement des a priori fait reposer la légitimité de chacun sur celle du précédent. En d'autres termes, la démonstration par ce raisonnement régressif reste toujours conditionnelle ce qui fait courir le risque d'une validité circulaire, d'autant moins perceptible que la chaîne du raisonnement s'allonge. "Veut-on bien réfléchir au nombre immense de présupposés accumulés les uns sur les autres jusqu'à se perdre à l'infini, présupposés dont dépend toute connaissance définie quant à son contenu, alors il ne paraît nullement exclu que nous prouvions une proposition A par la B, mais que la B, à travers la vérité de C,D,E etc., ne soit finalement démontrable que par la vérité de la proposition

A"[17]. L'observateur est alors confronté à une cohérence circulaire, voire une cohérence factice mais qu'il croit vraie car nombreux sont les a priori implicites ou inconscients. Ce problème de l'ancrage de la reconstruction est général à la connaissance de tout objet dans les sciences de l'esprit mais la connaissance historique dispose cependant ici d'un atout particulier. La compréhension en profondeur d'un objet ou d'un concept qui ne se déploie pas dans le temps doit se contenter d'un nombre d'expériences limitées puisque l'apparition de cet objet se fait sous un aspect unique, ce qui rend plus difficile le contrôle des emboîtements. Par contre, un objet ou un concept historique se donne à voir sous de multiples formes qui peuvent constituer autant d'expériences qui facilitent l'analyse des enchaînements d'a priori. La série de ces derniers recouvre une profondeur temporelle. Le choix par Simmel de la méthode génétique trouve ici l'un de ses fondements essentiels.

La seconde difficulté, au contraire, est propre à la connaissance historique. Rappelons la problématique philosophique du rapport présent-passé. Le présent n'est déchiffrable que par l'intermédiaire du passé qui, lui-même, doit répondre aux intérêts philosophiques de l'observateur. Cette téléologie du rapport aux valeurs a sa traduction dans l'ordre de la connaissance. La compréhension du présent repose sur la connaissance du passé qui s'appuie sur des a priori formulés par les historiens. Une dépendance réciproque et sans fin s'instaure avec une mise en abîme de toute représentation historique. Autant d'observateurs, autant de chaînes d'a priori, autant de reconstructions différentes du passé. Cette difficulté n'apparaît pas si l'objet n'a pas de dimension temporelle puisque les a priori ne sont pas alors soumis à cette double détermination. Le savoir historique prend donc une dimension relativiste particulière qui le singularise par rapport aux autres sciences de l'esprit. "Les images historiques s'engendrent toutes en vertu de la réciprocité des éléments interprétatifs, aucun ne laissant de trêve à l'autre: la clôture du savoir est rejetée à l'infini puisque chaque point atteint dans la première série renvoie à la seconde pour être compris"[18].

---

(17) **PA**: p.90.

(18) **PA**: p.99.

"La connaissance flotte librement", écrit Simmel, ou plus exactement une multiplicité de reconstructions est possible pour chaque objet particulier. Et pour tout objet général qui contient plusieurs de ces derniers, la connaissance est confrontée à un ensemble de multiples séries logiquement valides. Là encore, c'est le recours au questionnement pertinent qui permet de réduire cette envahissante relativité, de même que ce sont les objectifs de connaissance qui fixent un terme à la construction infinie de séries d'a priori. Puisque la vérité de chaque objet ou concept élémentaire reconstruit est inatteignable, c'est la cohérence des représentations fournies par plusieurs séries qui permet d'atteindre une vérité relative. Simmel développe la métaphore suggestive de l'oeuvre d'art. L'artiste est libre dans l'emploi des éléments premiers à partir desquels elle s'élabore mais son achèvement doit montrer un style, une harmonie d'ensemble qui désignent la construction réussie. En d'autres termes, "la vérité est un concept relationnel"(19) et c'est la vérité de l'objet dans sa globalité qui décide de celle des éléments particuliers. Cette cohérence nécessaire ne peut pas bien sûr appartenir à l'objet lui-même. Elle répond aux seuls intérêts philosophiques de l'observateur, vraie clef de voûte de l'investigation historique. Au delà, c'est une notion d'efficacité qui intervient. Or, l'efficience d'un discours historique ne se mesure pas au contenu de ses hypothèses ou à la qualité de la reconstruction des objets mais à sa double capacité à rendre compte d'unités partielles de l'histoire et à répondre aux interrogations en termes de valeur.

La nature du réel historique :

Dès les premières pages des *Problèmes,* Simmel définit la nature profonde du réel historique. Dans le même mouvement, il délimite le type d'objets qu'il entend investiguer. "La théorie de la connaissance historique se caractérise par le fait qu'elle s'intéresse aux représentations et aux sentiments des acteurs historiques et que ses objets sont des êtres psychiques. Les processus observables, qu'ils soient politiques ou sociaux, économiques ou religieux, juridiques ou techniques, ne nous paraissent intéressants et compréhensibles que parce qu'ils sont

---

(19) **PA**: p.95.

les effets et les causes de processus psychiques"(20). Cette identification de la connaissance de l'histoire et de l'élucidation des processus psychiques est fondamentale car elle est l'une des conditions pour construire sur des bases communes le réel historique et la théorie de sa connaissance. Or, c'est cette homologie qui rend possible la méthodologie historique de Simmel et qui lui permet de donner un sens philosophique aux objets étudiés. Son étude préliminaire de la valeur économique (chapitre 1), dont l'objectivité provient de la mise en rapport de deux séries subjectives, constitue pour la *Philosophie* le modèle d'une réalité psychique conçue à l'image du processus mental qu'est la connaissance. L'impératif méthodologique est sans ambiguité: "Il convient de situer cette notion de valeur économique elle-même dans une image du monde théoriquement définie, afin de mesurer en regard le sens philosophique de l'argent. Car il faut d'abord qu'il y ait parallélisme entre la formule de la valeur économique et une certaine formule du monde pour que la suprême réalisation de la première puisse prétendre (...) contribuer à l'interprétation de l'existence"(21).

La place réservée à la psychologie peut sembler considérable au détriment de la science de l'histoire, impression que conforterait une tendance similaire, à la même époque, dans les sciences de l'esprit allemandes. Il n'en est rien cependant. Simmel introduit en effet une distinction radicale qui exclut toute substitution. La psychologie ne s'intéresse à un processus psychique que dans la mesure où il révèle le fonctionnement du psychisme, indépendamment des contenus de conscience et de leur substance. L'histoire au contraire étudie moins "le développement des contenus psychologiques" que le "développement psychologique de ces contenus"(22). Deux différences distinguent donc radicalement ces deux processus. Le second est complexe et tire sa substance réelle de la synthèse de multiples dimensions quand le premier n'est qu'un outil de connaissance. Celui-ci n'intègre pas la dimension temporelle et n'a donc pas de caractère historique alors que celui-là est conçu

(20) **PPH:** p.57.

(21) **PA:** p.84.

(22) **PPH:** p.60 sq.

comme un développement dans le temps, ce qui particularise absolument sa compréhension.

Caractériser ainsi la notion centrale de processus historique, c'est attribuer au réel une définition dynamique ou, dit autrement, considérer que seul ce qui est dynamique peut recevoir le statut épistémologique d'objet connaissable. Ce processus n'est jamais décrit en détail dans les deux livres étudiés mais il est en permanence à l'oeuvre. Il se compose de deux éléments: le premier est le concept ou la conjecture initiale, assimilable à l'hypothèse dans un raisonnement hypothético-déductif (l'expression se trouve dans les *Problèmes*, p.164), dont le contenu abstrait est toujours dynamique. Ainsi, le concept opératoire de propriété tel qu'il apparaît dans la *Philosophie* refuse la notion immédiate de "repos substantiel" au profit de celle de façon d'agir et d'anticipation idéelle de futurs possibles[23]. Le second est le mécanisme des interactions psychiques qui permet de développer dans le temps le contenu des concepts de départ. Ces interactions introduisent le domaine de ce que Simmel appelle le mode de production sociale: tous les phénomènes intéressants, historiques ou non, sont le produit de la vie sociale autrement dit d'interactions psychiques. C'est pourquoi la méthode sociologique s'impose non pas comme simple perspective interdisciplinaire pour étudier certains objets sociaux particuliers, mais, de manière plus universelle, comme "principe de rcherche" valable pour toutes les disciplines, de même que l'induction s'est introduite dans toutes les sphères possibles de problèmes[24]. Il s'établit là une confusion entre la théorie de la connaissance et la définition du réel puisque cette généralité de la méthode provient précisément de ce que le réel historique est compris comme un ensemble de phénomènes de la vie sociale résultant d'interactions psychiques. Que le réel soit ainsi défini pour répondre à la théorie de la connaissance voulue par Simmel ou que cette dernière résulte du choix opéré par rapport à la nature du réel, peu importe: les deux sont posés d'emblée comme congruents.

---

(23) **PA**: p.374.

(24) Voir en particulier les développements de Simmel dans son important article: "Le domaine de la sociologie", repris dans Sociologie et épistémologie, 1981, pp.83-105.

Une autre caractéristique de ces processus historiques, c'est leur dimension téléologique. L'univers tel que se le représente Simmel est celui de l'action finalisée. Ce qui distingue l'individu, être naturel, des autres éléments naturels, c'est que ses énergies psychiques lui permettent de différencier entre la fin et les moyens. Une série téléologique se constitue dont le terme est l'objectif poursuivi et dont les éléments intermédiaires sont les moyens imaginés et utilisés pour atteindre ce but(25). L'exemple le plus probant est fourni par les institutions, comme l'Etat ou l'argent, qui sont autant de moyens nécessaires pour des objectifs inatteignables autrement. La parenté est ici avec la philosophie de l'histoire; elle est essentielle. D'un côté, le réel historique est conçu à partir de processus téléologiques dont la signification est à voir dans le devenir de leur complet développement. D'un autre côté le philosophe-historien ausculte le présent pour y voir le devenir de passés anciens. La dynamique du réel se constitue donc à partir du développement de séries historiques téléologiques sous la direction chaque fois d'un concept déterminé. C'est parce qu'il est ainsi construit que le passé est d'une part connaissable et d'autre part susceptible de répondre à des intérêts philosophiques. Simmel peut alors montrer dans la *Philosophie* que les cultures supérieures se distinguent des inférieures par l'allongement de leurs séries téléologiques, réalité historique qui explique que c'est dans les cultures supérieures que pourra surgir la question de la fin dernière, absolu qui donne sa rationalité à tous ces mouvements, "soit la question du pourquoi du pourquoi"(26); analyse historique et philosophie de l'histoire se confondent.

Dans cette construction du réel, l'argent a un statut particulier car il autorise une réalisation parfaite des processus psychiques. Il est en effet un processus téléologique idéal sans finalité puisqu'il est le moyen le plus pur, "le moyen concret coïncidant très exactement avec son concept abstrait, le moyen en soi"(27). A l'origine, la série est presque inexistante car la fonction de l'argent se distingue à peine de celle du troc dans lequel la fin est l'objet direct de l'échange. L'autonomie

---

(25) Sur la notion d'un monde de l'action finalisée, voir **PA**: pp.237 sq. La notion de série téléologique est exposée dans le chapitre 3.

(26) **PA**: p.452.

(27) **PA**: p.245.

progressive de la fonction monétaire accroît son rôle dans les échanges et ces détours par l'outil augmentent la longueur du processus téléologique. Dans sa forme terminale, "dans ses formes achevées"(28) - autrement dit à la fin du XIXe siècle, époque que Simmel estime être celle du plein développement de l'économie monétaire- l'argent est un moyen absolu. Il reçoit alors un contenu purement téléologique et il rejette toute détermination provenant de séries différentes puisque l'absence de fin fixée à la série des moyens élimine toute relation à une substance matérielle ou psychique.

Ce passage à la limite est crucial car il met en évidence le double statut de l'argent: il est objet de connaissance mais aussi instrument, moyen de connaissance à tous les stades intermédiaires de la construction du fait historique. C'est cette acceptation particulière de l'argent comme moyen de connaissance, processus sans contenu propre, qui explique que Simmel puisse dire de lui qu'il ne s'agit pas d'un concept. Ce dernier statut a deux aspects. D'abord il permet la mise en relation de plusieurs séries. C'est parce que l'argent met en relation qu'il est lui-même connaissable à travers les métamorphoses de son action sur les autres séries, et, inversement, que les séries issues de processus psychiques différents deviennent compréhensibles les unes à travers les autres grâce à la réalisation de ces unités partielles. Ensuite, les faits historiques monétaires, les seuls qui retiennent Simmel dans la *Philosophie,* font intervenir l'argent comme un processus psychique qui se greffe sur la réalisation en série du fait historique. Sa nature parfaitement téléologique fait de lui l'élément déterminant du processus, ce qui rend ce dernier, par effet de construction, compréhensible. L'analyse aboutit ainsi à la mise en évidence de cas-limite qui achève le développement du phénomène étudié. Toutes les séries historiques élaborées par Simmel n'atteignent pas cet achèvement mais les cas-limites sont nombreux car ce sont eux qui permettent, par leur abstraction, de déchiffrer par analogie ce qui peut être considéré comme un réel paroxysmique, celui de la fin partielle de l'histoire vécue à l'époque de Simmel. L'étude du processus de la distinction de la personnalité dans un groupe telle qu'elle est menée au chapitre 5, est un exemple de cette manière de faire

---

(28) **PA:** p.244.

car il est le plus radical des critères au regard du système monétaire. L'échelonnement quantitatif des biens en argent efface progressivement la définition formelle des classes distinguées qui ne peuvent subsister sans frontières solides. De même, l'objet estimé en monnaie perd sa distinction car la possibilité d'échange généralisé induit la comparabilité absolue. Le cas limite de l'évolution est symbolisé par "le bazar à 50 pfennigs" où le centre d'intérêt n'est plus la marchandise mais son prix(29). L'économie monétaire moderne trouve ainsi dans ce principe de valorisation l'une de ses expressions intégrales. Cette conception de l'argent comme moyen de connaissance trouve un prolongement dans le parallèle que Simmel effectue avec l'intellect qui est lui aussi un pur moyen dénué de toute substance(30). La société contemporaine apparaît donc là encore comme un terme singulier de l'histoire puisqu'elle est dominée à la fois par l'argent et par l'intellect. Elle est de ce fait la seule qui soit réellement pensable avec un questionnement orienté vers la signification philosophique de l'argent. A l'inverse, la compréhension des stades intermédiaires du développement monétaire est exclue s'il ne s'appuie pas sur des interrogations précises au stade terminal.

L'argent présente donc une triple figure. C'est une réalité du passé qui aide à comprendre le présent; c'est un outil de connaissance qui permet de mettre en évidence le contenu des séries téléologiques historiques; c'est un moyen pour "comprendre les motifs fondamentaux de l'existence"(31). En somme, à lui seul, il recouvre les trois axes de la méthodologie simmelienne.

La méthode de Simmel est par excellence relativiste. Chacune des trois dimensions repose sur une approche subjective et aucune ne permet d'objectiver le rapport au réel. Au niveau supérieur, il existe une circularité entre les trois dimensions puisqu'aucune n'a de validité par elle-même et chacune repose sur des principes définis par l'une des deux autres. Cette construction produit donc un ensemble de connaissances qui, prises individuellement, sont de nature

---

(29) **PA**: p.491 sq. Voir, comme autre exemple expressif de ce type de développement, les pages que Simmel consacre à la liberté (**PA**: p.400 sq.).
(30) **PA**: pp.545 et 549.
(31) **PA**: p.245.

subjective. Mais ce relativisme n'est pas sceptique car il ne résulte pas de la certitude de l'impossibilité de connaître le monde. L'épistémologie qui s'en déduit n'est pas qu'un pis-aller, une mise en forme de la subjectivité, faute de pouvoir accéder à une connaissance plus solide. Au contraire, la mise en évidence de ces subjectivités partielles est la condition pour accéder à un savoir objectif. En effet, un principe essentiel de la philosophie de Simmel est que l'objectivité du réel lui-même est le produit de la mise en relation d'éléments subjectifs. Les développements précédents en fournissent des exemples. C'est ainsi la relativité qui crée la valeur des objets dans le sens objectif puisque seule elle les met à distance du sujet. De même les institutions sociales objectives sont produites par l'interaction de volontés individuelles subjectives. Ce principe, c'est précisément l'argent qui en est à la fois la meilleure illustration et l'outil nécessaire pour l'établir. "C'est la signification philosophique de l'argent que de fournir au sein du monde pratique la manifestation la plus visible et la réalisation la plus claire de la formule de l'être universel d'après laquelle les choses prennent sens les unes au contact des autres et doivent leur être et leur être-ainsi à la réciprocité des relations dans quoi elles baignent"(32). L'objectivité posée a priori par des philosophies idéalistes ne peut qu'être rejetée sans pour autant que le risque de subjectivité, induit pour les sciences de l'esprit par leur démarcation des sciences naturelles, ne reste sans réponse.

La pertinence de la circularité entre les trois dimensions apparaît désormais sans ambiguité. C'est bien parce qu'elles contiennent des références réciproques et qu'elles sont construites sur des bases similaires, comme le sont en premier lieu les séries téléologiques, qu'une mise en relation de leur savoir subjectif est possible. La vérité de la connaissance historique est un concept relationnel et relatif pour Simmel; elle provient de ce seul rapprochement. Aussi la qualité des démonstrations ne dépend que de l'intensité et de la cohérence des rapports établis entre ces trois dimensions. Le savoir absolu est sans fondement. Seule la réciprocité des concepts historiques, des outils de connaissance et des questions philosophiques adressées au passé peut fonder un savoir

---

(32) **PA**: p.122.

historique, c'est à dire conscient de la méthode qui lui a donné naissance. Ce dernier acquis est considérable car il donne à l'objectivité des fondements nouveaux. Elle ne repose plus désormais sur la qualité de la relation au réel mais sur la compréhension, au sens épistémologique du terme, des interactions cognitives. Simmel répond ainisi à Dilthey car il satisfait l'une des exigences qu'il a imposées à la philosophie critique de l'histoire: contrôler le processus de connaissance, condition pour donner un sens à cette dernière. "Une fois que s'est manifestée la conscience critique (...) seul est désormais parfait, au point de vue logique, le concept qui enclôt en lui-même une conscience de son origine (...). Du point de vue critique, un concept ne répondra aux exigences de la logique que si, dans l'ensemble des connaissances où il se présente, se manifeste une conscience du processus qui a permis à ce concept de se former et si cette conscience lui désigne sans équivoque sa place dans le système des signes qui se rapportent à la réalité"(33). Il reste désormais à comprendre comment, dans ce cadre, peut être construite une démonstration fondée sur le passé.

La nature du fait historique et la construction d'une histoire philosophique.

La première partie de cette étude a abordé le problème de la méthodologie simmelienne par rapport à son relativisme philosophique. Son objectif était de définir le cadre implicite nécessaire pour établir une connaissance historique ou une relation au passé objectivement valable. La seconde est consacrée à la construction du fait historique. L'interrogation n'est plus conduite à partir du statut relativiste de la connaissance mais elle débute avec la critique de la méthode historique traditionnelle. C'est en effet sur cette base que Simmel poursuit son investigation car cette critique est une voie privilégiée pour construire une méthodologie et la rendre cohérente avc ce qu'implique le relativisme philosophique. Dans cette perspective, la notion de fait ou de phénomène historique occupe une place privilégiée. Simmel doit en effet compléter et approfondir ses analyses générales pour les rendre

(33) Dilthey: 1883, p.151.

applicables à l'étude du passé et détailler les étapes de ses démonstrations. Or, il est ici surtout confronté aux problèmes de l'élaboration de la matière historique pour la rendre interprétable, terrain sur lequel il affronte les conceptions historiques dominantes. La question du statut du fait historique dans sa singularité est donc primordiale. Simmel ne l'aborde pas directement mais par le double biais de l'étude de la spécificité de l'événement dans les sciences de l'esprit d'une part, et de la critique du fait historique conçu par l'école positiviste d'autre part.

Le fait historique n'est pas qu'un simple moyen pour découvrir des lois historiques grâce à leur mise en perspective sous la forme de régularités. Il n'est donc pas appelé à disparaître une fois ces lois découvertes comme c'est le cas avec les sciences de la nature. La répétition d'une pierre qui tombe, par exemple, est sans importance par rapport à la loi de la pesanteur qui résume la réitération de tous ces événements. C'est au contraire le singulier dans sa dynamique qui est le centre d'intérêt de l'histoire, la loi n'étant qu'un procédé pour aider à la constitution de séries significatives historiquement. Cet ordre de la démonstration, établi pour préserver l'identité du fait individuel, est déjà un critère pour affirmer l'historicité profonde des analyses de Simmel même si, par ailleurs, d'autres aspects paraissent la contredire. L'épistémologie de Dilthey ou de Weber partage cette même exigence puisque l'idéal-type du second n'est pas une moyenne mais le cas idéal à partir duquel sont compris les faits singuliers et que la notion d'ensemble du premier repose sur une conceptualisation antérieure à la considération des cas particuliers. "La conceptualisation n'est donc pas ici une simple généralisation qui tire l'élément commun à partir de la série des cas particuliers"(34). Cette similitude est un élément commun à la philosophie critique de l'histoire. Cependant, les analyses de Dilthey et de Weber procèdent ensuite avec une méthode comparative alors que Simmel développe une construction complexe, plus radicale quant à la nature du réel historique considéré.

La critique de Simmel à propos du fait historique vise explicitement l'histoire réaliste quand elle cherche à reproduire

---

(34) Dilthey: L'édification du monde historique dans les sciences de l'esprit, trad. S. Mesure, Paris, 1988, p. 136.

les événements tels qu'ils ont été. On connait la célèbre formule de Ranke: il faut reconstruire le passé "wie es wirklich gewesen ist". Simmel y fait une allusion directe dès la préface de ses *Problèmes* (il la cite page 99); elle constitue sans nul doute le point de départ de sa réflexion. Cependant, cet aspect de sa critique est secondaire; elle est en fait achevée quelques lignes plus bas quand il fait observer que le réalisme en histoire commet la même erreur que le réalisme en art, ne comprenant pas qu'au lieu d'une copie de la réalité il s'agit déjà d'une stylisation. Ce qui concerne l'analyse de la méthode implicite des historiens est beaucoup plus important. D'une part, elle lui permet d'élaborer progressivement son propre concept du fait historique, et, d'autre part, elle disqualifie toute approche de caractère positif ou empirique, appuyée sur l'observation d'un événement passé dans sa complexité. En d'autres termes, ce sont les fondements de la pratique historique, ancienne et actuelle, qui sont mis en question puisque Simmel, après avoir suivi la logique de sa critique jusqu'à son terme, en vient à refuser l'existence d'un objet théorique autonome qui serait l'histoire.

Cette critique est d'autant plus destructrice qu'elle porte sur un point unique: l'histoire travaille sur des "faits bruts" alors qu'ils ne sont pas connaissables. Ce sont en effet des réalités composites, jamais reproductibles à l'identique, dont il est impossible de comprendre les enchaînements nécessaires. Entre la collection d'événements singuliers dont la structure est inconnue et la connaissance historique qui suppose des mises en relation et des rapprochements, la distance est infranchissable. Cette aporie propre à la réflexion historique est bien connue mais elle permet à Simmel, dès ce stade, de disqualifier les diverses notions de lois historiques.

(1) Dans le cas de l'histoire positive, la loi exprime la succession d'événements qui ne se répètent jamais à l'identique. La nécessité est donc absente puisque, en toute rigueur, la loi a une validité unique, limitée à chaque situation particulière. Sa fonction est donc au mieux descriptive et elle n'autorise qu'une simple mise en perspective temporelle, sans effet de démonstration. Cet état primitif de la connaissance historique permet à Simmel d'élaborer un postulat épistémologique essentiel pour ses propres analyses: les lois qui prétendent énoncer le comportement des phénomènes complexes ont un contenu très simplifié; celles qui, au contraire, expriment l'effet

des forces primaires sont les seuls à pouvoir prétendre à l'universalité(35).

(2) Par extension, l'approche exactement contraire - celle qui postulerait des lois historiques de fonctionnement afin d'être vérifiées ou validées empiriquement - se trouve aussi contredite. En effet, une loi de ce type prédit un certain nombre de régularités dont il est en fait impossible de repérer avec certitude le développement dans un ensemble de faits complexes dont seuls les enchaînements d'ensemble peuvent être repérés. Cette critique n'appartient pas au registre du philosophe allemand mais ce prolongement permet de distinguer nettement sa méthodologie de l'approche hypothético-déductive stricte, ou celle dite des "covering laws" que son principal auteur, C.Hempel, définit ainsi: "La loi générale est un traitement d'une forme conditionnelle universelle qu'il est possible de confirmer ou d'infirmer par des découvertes empiriques convenables (suitable)"(36). Simmel n'aurait sans doute pas refusé le caractère hypothétique de la méthode mais il n'accepterait pas le dernier mot de cette citation.

(3) Par ailleurs, la loi historique des philosophies idéalistes se trouve également rejetée car le fait dans sa singularité au lieu d'être objet de connaissance - condition que l'on a vu plus haut être indispensable - ne devient "vrai" que s'il est conforme à la vie de l'ensemble, autrement dit quand seule la connaissance du tout acquiert une signification.

A ce point de l'argumentation, Simmel a fait table rase. D'un côté, il a disqualifié aussi bien les méthodes qui veulent saisir l'histoire en ce qu'elle a d'unique que celles qui la suppose a priori constituée de régularités repérables. D'un autre côté, il a opéré une critique radicale de tous les types de lois historiques. La voie est ouverte, bien qu'étroite, pour une fondation différente appuyée sur la philosophie historique présentée dans la première partie.

Cette élaboration repose encore, dans un premier temps, sur une critique du fait historique brut comme objet de connaissance: il ne peut pas être pris en compte dans une

---

(35) **PPH**: p.157.

(36) C. Hempel: "The function of general laws in history" (1942), repris dans P.Gardiner: *Theories of history*, 1959, p.345.

analyse causale car il est impossible de repérer avec certitude des causalités régulières. En effet, un fait complexe se compose d'un ensemble d'éléments simples sur lesquels portent des causalités élémentaires. Les effets portant sur un événement réel sont donc agrégés. Il est dès lors exclu d'observer des régularités certaines dans la relation entre deux événements, car les causalités élémentaires sont à chaque fois regroupées différemment selon la structure unique de chaque fait brut. Aussi des régularités causales entre composantes élémentaires peuvent produire des irrégularités au niveau des faits complexes. Hormis les cas très particuliers, et très hypothétiques, où le changement dans la composition d'un événement - c'est à dire la grille des distinctions entre événements - serait repérable, ce qui est déjà en partie contradictoire avec le postulat de l'irréductibilité du réel, aucune conclusion rigoureuse en terme de relation de cause à effet n'est envisageable. "Confrontés à un événement unique dont le contenu est incomparable à celui d'aucun autre événement, nous n'avons aucun moyen de séparer celles de ses composantes qui sont déterminées par telle ou telle cause de celles qui n'entretiennent avec des événements qui les précédent qu'une relation contingente d'antériorité-postériorité"[37]. Dans ces conditions, une loi historique ne peut être autre chose qu'une conjecture imprécise au service d'une réthorique descriptive.

Une bifurcation apparaît à ce stade du raisonnement car deux alternatives s'offrent à Simmel. La première est de rejeter toute pratique historique appuyée sur le raisonnement causal comme non fondée par principe, et de privilégier la compréhension, de type herméneutique par exemple, au détriment d'une explication inatteignable quant à la connaissance du passé. La seconde est au contraire d'adapter le fait historique pour le rendre accessible à l'usage de l'analyse causale. C'est la deuxième voie qui est retenue, pour une raison essentielle: le raisonnement causal n'est pas considéré par Simmel comme une simple possibilité heuristique parmi d'autres mais comme une condition indispensable à la formation d'un savoir historique. Deux éléments peuvent éclairer ce choix. D'abord, de tous ceux qui ont contribué à élaborer une philosophie critique de l'histoire, Simmel est sans doute celui qui est resté le plus proche dans ses

---

(37) **PPH**: p.138.

intentions du projet kantien. Dans sa préface aux *Problèmes,* il définit son essai comme l'étude des conditions nécessaires pour utiliser l'épistémologie de Kant dans la connaissance du passé. Il est conduit à établir avec celle-ci des différences radicales qui fondent sa propre définition des scienes de l'esprit - on en a déjà vu plusieurs - mais les conditions essentielles quant à la possibilité du savoir restent les mêmes. Or, pour Kant, le concept de causalité est indispensable à la réalisation d'un objet connaissable. "Le concept qui implique une nécessité de l'unité synthétique ne peut être qu'un concept pur de l'entendement qui n'est pas dans la perception et c'est ici le concept du rapport de la cause et de l'effet (...). Ce n'est donc que parce que nous soumettons la succession des phénomènes, et, par suite, tout changement, à la loi de la causalité qu'est possible l'expérience même, c'est à dire la connaissance empirique de ces phénomènes; par conséquent, ils ne sont eux-mêmes possibles, comme objet de l'expérience, que suivant cette loi"(38). Ce caractère de nécessité de la dimension causale est moins perceptible chez Dilthey pour qui l'objectif est d'abord d'établir les sciences de l'esprit contre la métaphysique et les philosophies idéalistes, ce qui le conduit à mettre en avant la dimension herméneutique dans la connaissance de l'histoire. D'un autre côté, l'historisme qui prétend mettre en évidence des causalités à partir de faits bruts peut être soumis par Simmel à une critique kantienne du même type que celle de Kant lui-même contre le naturalisme.

Ensuite, l'analyse causale permet à Simmel d'introduire dans une méthodologie qu'il a élaborée d'un côté autour des conjectures hypothétiques et des perceptions subjectives de phénomènes historiques psychiques, et d'un autre côté par des questionnements de type philosophique, des éléments de raisonnement objectif appuyés sur des causalités intermédiaires. De fait, ces dernières occupent une place centrale dans les démonstrations de la *Philosophie.* En ce sens, elles contribuent à la formulation de ce que le penseur allemand voudrait être une explication philosophique du passé.

L'analyse causale exige des faits simplifiés. L'opportunité la plus immédiate serait de déconstruire le fait complexe en ses

---

(38) Kant: *Critique de la raison pure*, trad. A. Tremesaygues et B. Pacaud, Paris, 1990, p.183.

éléments simples. La nature du réel l'interdit cependant. En effet, sa construction en série exclut de pouvoir identifier un élément comme étant l'ultime. L'extension du réel est infinie et aucun fait aussi désagrégé qu'il soit peut être considéré comme susceptible de ne porter que des causalités simples. De même, à l'autre extrémité, la notion de fait complexe comme entité significative en soi est tout aussi arbitraire. Comment être certain que la cohérence du fait singulier considéré n'est pas à rechercher dans une complexité toujours supérieure, intégrant d'autres éléments ? Le réel est infini dans les deux directions, de l'infiniment désagrégé jusqu'à l'universel, et la cohérence empirique ne peut être qu'arbitraire. Toute forme d'histoire expérimentale est donc d'emblée condamnée. Si celle-ci part en effet du même constat que le fait brut agrégé est trop complexe pour être connaissable, elle opère ensuite par déconstruction. L'hypothèse que la mise en situation de faits bruts autorise sous certaines conditions leur identification, leur contrôle et donc une confrontation expérimentale valide serait jugée trop forte par Simmel. Le principe de "toutes choses égales par ailleurs", acceptable dans l'approche kantienne de l'expérience pour les faits naturels, est invalidé par la spécificité du réel historique.

La critique radicale s'achève ici, quand, in fine, toute approche empirique quels que soient ses procédés se trouve disqualifiée. C'est bien en effet parce que leur rapport au réel comprend une dimension empirique que ces méthodes sont rejetées. Cette radicalité démontre en fait que l' analyse de Simmel procède moins d'une élaboration progressive et non déterminée que d'un finalisme marqué par le scepticisme. Simmel est rempli de méfiance par rapport au réel historique dont l'étrangeté et l'absolue singularité de toutes les dimensions excluent selon lui toute connaissance directe. Il ne faut donc plus partir du réel et s'efforcer de le rendre connaissable mais élaborer une construction capable de le simuler, de s'en approcher et de lui donner un sens qui soit contrôlable. Le statut exact de cette méthode, la discussion autour de son degré d'efficience et d'éventuelles comparaisons avec d'autres approches ne sont désormais plus de mise : par sa critique, Simmel a montré qu'elle était la seule possible. La difficulté qui s'annonce est que plusieurs arguments indispensables pour cette négation des approches empiriques excluent logiquement toute reconstruction rigoureuse. La rigueur abstraite qui a conduit la critique ne permet plus une pratique constructive, contradiction qui traduit l'écart entre deux ordres de la réflexion, celui de la philosophie critique de la connaissance et celui de la pratique historique. Des compromis seront nécessaires, certaines imprécisions conceptuelles apparaîtront, contrastant avec la logique du propos critique. Cette discontinuité l'incitera à reprendre les éléments élaborés dans la première partie qui relèvent de la même ambition intellectuelle : comment construire un savoir historique valable.

Le coeur de la méthode historique de Simmel s'appuie donc d'une part sur une critique du fait historique brut comme empiriquement connaissable et d'autre part sur les obligations nées de la recherche d'une cohérence entre la théorie de la connaissance et la nature du réel historique, telles qu'elles ont été analysées au début. Sa structure, organisée autour de la mise en place d'un fait historique connaissable, peut être présentée de la façon suivante :

1) Trois composantes essentielles dont l'intervention est simultanée permettent d'amorcer la démonstration;

- Une conjecture initiale, qui répond à l'interrogation philosophique motivant l'investigation, fournit le cadre de la problématique. "Toute science sélectionne dans la totalité ou l'immédiateté vécue des phénomènes une série ou un aspect, sous la direction chaque fois d'un concept déterminé", écrit Simmel(39). Cela peut être la formulation d'une hypothèse ou, plus souvent, l'énoncé d'un concept qui recouvre un contenu philosophique ; il s'agit, par exemple, dans la *Philosophie* de la propriété, de la liberté, de la distinction ou de l'idée de valeur personnelle.

- Une donnée historique initiale, nécessaire pour fixer le point de départ à la constitution d'une série. Puisque la démonstration repose sur le passage d'un état à un autre, elle suppose que la matière originelle ne soit pas totalement indifférenciée. Une première mise en forme s'impose qui ne peut, bien sûr, être la conséquence d'aucune loi particulière ou générale. C'est ce que Simmel appelle "la donnée initiale"(40). Ce point de départ contingent est indispensable pour éviter la

---

(39) "Le domaine de la sociologie", dans *Sociologie et épistémologie*, 1981, p.91.

(40) **PPH**: p.162.

régression à l'infini, ce dont il est bien conscient: "Si on accorde de réalité authentique qu'aux véritables unités ultimes et non aux phénomènes par lesquels elles trouvent une forme (...) il n'y a pas de doute que la réalité à connaître deviendrait totalement incompréhensible"(41). Il pose cependant problème car il est en contradiction avec les analyses précédentes sur la nature du fait complexe. Le philosophe allemand fait alors intervenir une notion appelée à être centrale dans toute son oeuvre - toujours aux prises avec cette aporie - celle de forme. Il la définit comme le cadre dans lequel un matériau doit être coulé pour se transformer en histoire scientifique(42). La forme est donc moins la conséquence d'un développement logique que d'une contrainte méthodologique. Cela explique sa difficulté à en déterminer rigoureusement l'origine, l'obligeant à revenir à de nombreuses reprises sur sa nature, et ses justifications - parfois contradictoires - ne sont pas toujours convaincantes eu égard aux exigences méthodologiques initiales.

La première justification est que la perception psychologique des faits historiques est guidée par un sentiment de cohérence qui suggère une compréhension d'ensemble des processus historiques. Cette intuition conduit à une "synthèse tout à fait remarquable entre les catégories de l'universel et du nécessaire d'une part, et de l'individuel de l'autre"(43). L'alternative impossible posée par la double infinité du réel se trouve d'emblée résolue par cet ordonnancement propre aux processus mentaux. Simmel se réfère ici à la notion d'objet kantien, défini comme une unité synthétique de l'aperception cohérente et structurée. La notion de forme des a priori grâce auxquelles l'esprit peut exercer l'activité de mise en relation qui lui est propre - il y fait une allusion au début des *Problèmes* (p.62) - explicite dans le domaine de la connaissance le mode d'obtention de ces unités cohérentes. Cette justification relève donc de la seule théorie de la connaissance.

Il donne par ailleurs un contenu plus empirique à la forme avec la notion de "seuil historique" qui permet à l'observateur de juger à partir de ses intérêts - conçus plus comme une "réaction affective spécifique" que comme un principe général

---

(41) "Le domaine de la sociologie", p.87.

(42) **PPH**: p.114.

(43) **PPH**: p.93.

de la connaissance - quels sont les faits, personnes, ou relations significatives. Ce seuil "subjectif" franchi, il est possible de synthétiser ces derniers et de leur donner une "forme historique"(44). Une troisième définition apparaît avec la notion de "type", liée à la problématique propre de l'histoire(45). Simmel est très bref sur cette justification d'ordre méthodologique mais ce qu'il en dit rappelle assez précisément la notion de type weberien ou celle d'ensemble de Dilthey, plus en tout cas qu'elle ne correspond à sa propre philosophie de la connaissance. En effet, les propriétés d'un type ne sont pas déterminées à partir de la connaissance des cas qu'il permet de subsumer mais au contraire il faut, pour définir un type, déduire les catégories abstraites des cas qu'il recouvre. Cette approche est peu compréhensible si elle ne s'accompagne, comme dans le cas des deux philosophes cités, d'un procédé comparatif. Or Simmel n'en fait guère usage (mis à part dans sa sociologie, bien sûr), si ce n'est au titre d'une élaboration a posteriori, puisque c'est sur la constitution des séries individuelles qu'il fonde le fait historique significatif. Peut-être faut-il voir ici une tentative mal fondée de rapprochement, au moins allusif, avec des travaux contemporains à propos d'un problème délicat à surmonter, signe d'une difficulté certaine. Une dernière justification, plus empirique, est tentée quand il fait référence aux lois de l'histoire, par ailleurs critiquées. Celles-ci, en effet, malgré leur caractère incertain, peuvent permettre une "mise en forme préscientifique" de la réalité, préalable à une construction scientifique réservée à la méthodologie simmelienne.

Ces multiples tentatives, par leur variété même, sont peu convaincantes. Simmel ne réussit pas à résoudre le problème de la détermination du niveau pertinent d'analyse du réel, sauf à recourir à des critères empiriques justifiés par des principes très généraux. Il existe pourtant une voie possible, liée à l'insistance de Simmel sur le lien qui existe entre le concept de forme et les intérêts de la connaissance historique. Ces derniers définissent les objectifs pour la compréhension du présent. Il suffirait donc de remonter régressivement les séries téléologiques historiques pour déterminer à quel niveau intéressant de la réalité se situent dans le passé les phénomènes qui expliquent, par leur

---

(44) **PPH**: p.208.

(45) **PPH**: p.176.

développement, le présent. C'est en fait ainsi que procède Simmel intuitivement dans la *Philosophie* où seuls sont sélectionnés les événements qui conduisent à des enseignements significatifs. Mais cette procédure n'est pas aisée à justifier théoriquement. Si la relation réversible présent-passé est facile à admettre pour la théorie de la connaissance ou le rapport aux valeurs, la remontée vers les événements originels suppose, elle, une réversibilité de la flèche du temps plus difficile à accepter. La nature téléologique des séries historiques se constate a posteriori mais leur construction doit s'appuyer sur d'autres principes.

L'interaction entre le fait historique intial et l'expression conceptuelle détermine des contenus de conscience particuliers, générant des processus qui reçoivent ainsi une signification historique abstraite. Dans le chapitre consacré à la liberté individuelle, par exemple, Simmel introduit plusieurs contenus pour le concept de liberté associés à différentes situations historiques, ce qui conduit à l'élaboration d'un certain nombre de configurations abstraites mais historiquement situées.

- Des lois psychologiques interviennent enfin pour expliquer les processus d'interaction psychique. Il ne s'agit pas de lois historiques: leur origine est extérieure à la connaissance du passé et leur validité ne peut être appréciée par une épistémologie de l'histoire. Si, pour la philosophie critique, en particulier celle de Dilthey, les lois psychologiques ont un contenu scientifique qui leur permet de contribuer à une explication du monde, du point de vue de l'analyse historique elles relèvent de la subjectivité de l'observateur. Le niveau de complexité du fait historique initial guide cependant le choix des lois psychologiques de la même façon que le degré d'agrégation de l'objet étudié conduit à la typologie des lois. Les lois de Képler résultent ainsi de l'observation des planètes alors que la loi de Newton est découverte à partir de l'étude de phénomènes beaucoup moins agrégés(46). Mais si le choix d'un fait initial est un facteur objectif dans la formulation des lois de la nature, c'est parce que des régularités empiriques peuvent être observées. C'est le cas inverse dans les sciences de l'esprit où les lois constitutives du fait historique doivent être connues antérieurement. Le rôle de ces lois est considérable car elles

(46) **PPH**: p.145.

permettent d'élucider les processus psychiques en action et donc de développer les contenus de conscience.

2) Ces trois composantes créent une dynamique, celle de la constitution du fait historique en série. Chaque forme renferme une dynamique potentielle liée aux différents types d'interaction psychique: entre l'individu et la nature, entre individus, entre l'individu et une collectivité, trois circonstances qui apparaissent tour à tour dans la *Philosophie*. Dans le processus de connaissance, la forme fait office d'expérience et la loi fournit les a priori nécessaires pour l'analyse des interactions en jeu. Un raisonnement causal permet alors de faire évoluer la forme du premier état vers un second qui constitue une nouvelle expérience. Le même motif peut alors être reproduit. Ainsi, grâce à la série des a priori et au mécanisme causal à chaque fois répété, le fait historique dans son extension est constitué en série et il prend l'apparence d'une "structure sérielle"(47). Au sens de Simmel, il s'agit bien d'un fait singulier car ses caractéristiques ne sont pas le produit d'une réduction au général pour faire apparaître des causalités mais elles résultent d'une détermination unique, résultat particulier de la combinaison des trois composantes. Si les lois de développement des séries étaient parfaitement connues, la méthode se suffirait à elle-même. Il n'en est rien car, dans de nombreux cas, les a priori psychiques sont indéterminés. Le recours au fait brut est dès lors indispensable. "Plus notre connaissance des lois est fragmentaire, plus nous devons compléter les aspects hypothético-déductifs de nos analyses par l'observation des faits pour parvenir à une connaissance du réel. La réalité, dans la mesure où elle nous est accessible sur le mode historique, nous fait apercevoir les limites des régularités nomologiques"(48). Il faut donc poser le réel complexe indépendamment de la reconstruction historique pour décider des a priori efficients. En aucun cas, cependant, la relation au fait brut fonctionne comme test de vraisemblance ou comme critère de vérification. La validité de la méthode est interne et repose sur la seule cohérence entre les différentes propositions abstraites. En ce sens, le fait singulier n'est pas comparé à un

---

(47) **PA**: p.108.

(48) **PPH**: p.164.

fait complexe - ce qui poserait d'ailleurs un problème théorique - mais le réel historique doit fournir des indices capables de décider quelle régularité nomologique est pertinente. Beaucoup d'exemples concrets se rencontrent dans la *Philosophie*. Ainsi, le monde rural russe après l'abolition du servage peut suivre deux évolutions: fournir un travail de mauvaise qualité en réponse à l'insécurité de l'emploi et à l'émergence d'une relation salariale, ou améliorer la qualité du travail car il devient une prestation échangeable dans le cadre d'un contrat librement négocié(49). Les motivations psychiques sont indécidables: ce qui fait pencher pour la première alternative, c'est que le monde rural régresse après 1864. La détermination du fait historique en série reste donc extérieure à l'histoire empirique qui ne contribue en aucune manière au développement explicatif de la démonstration. "Ce n'est pas le fait brut qui détermine le caractère compréhensible d'une conséquence. Ce sont au contraire les propositions psychologiques majeures qui, accompagnées de la mineure représentée par le fait brut, font apparaître l'événement consécutif à ce fait comme possible et comme compréhensible"(50).

3) La démonstration trouve son aboutissement dans la mise en évidence d'enseignements significatifs par rapport aux interrogations philosophiques initiales. Ils prennent deux formes qui définissent autant de rapports à l'histoire. La poursuite jusqu'à son terme d'une série unique conduit à des cas-limites, au contenu paroxysmique, où l'argent tient le rôle central, qui servent de référence idéale pour une analyse le plus souvent implicite du présent. Simmel démontre par exemple que l'économie monétaire permet une forme particulière d'interdépendance qui ouvre un espace de liberté maximale. L'évolution limite aboutit à une interdépendance complètement objectivée qui exclut tous les moments personnels: "...et ainsi les formes de l'activité humaine se tiendraient au-dessus de toute la réalité psychique de l'homme comme l'empire des idées platoniciennes au-dessus du monde réel"(51). L'utilisation historique du développement à leur terme de ce type de séries

---

(49) **PA**: p.499 sq. L'exemple est également donné dans **PPH**: pp.69-71.

(50) **PPH**: p.71.

(51) **PA**: p.363.

conçues à partir d'une conjecture particulière sur la liberté, peut prendre deux formes. Il permet d'interpréter dans un sens idéal certains moments historiques qui correspondent donc à l'achèvement d'une série. Avec l'exemple cité plus haut, Simmel donne ainsi une dimension compréhensible donc universelle, trans-historique, à l'émergence de la philosophie en Grèce ancienne et de la perspective au Quattrocento florentin. Mais le recouvrement le plus complet par une situation historique déterminée se situe, par construction, dans le cadre de l'économie monétaire contemporaine, lieu d'achèvement des séries historiques. La seconde forme, plus fréquente mais moins visible, est la mise en relation de plusieurs séries. Elle facilite le repérage de régularités et de constantes, situées à un niveau similaire d'abstraction, ce qui autorise l'agrégation de leurs enseignements autour de différents thèmes, comme celui de la constitution des liens sociaux par l'entremise de la forme monétaire. Dans certains cas, le croisement de séries met en évidence des faits ou des moments singuliers particulièrement significatifs. Ils peuvent alors faire office de jalon dans la relation explicative qui unit le présent au passé.

Le caractère le plus remarquable de cette méthodologie est que le recours à la notion de série permet à Simmel d'intégrer la double dimension téléologique et causale. La première donne à chaque étape un sens philosophique à la démarche; la seconde fournit les éléments explicatifs nécessaires à l'effet de démonstration. Le grand attrait de cette méthode est ainsi qu'elle est dans le même mouvement explicative et porteuse de sens. La place réservée à l'herméneutique s'en trouve d'autant réduite. On sait qu'elle tient progressivement dans l'oeuvre de Dilthey une fonction méthodologique de plus en plus importante et qu'elle est appelée à fonder les sciences de l'esprit. Le débat qu'il ouvre ainsi autour de la pratique historique est celui de l'articulation entre l'explication et la compréhension, entre la réflexion causale et l'appréhension globale de l'herméneutique. Ce problème novateur de la synthèse, qui est en fait celui de la critique de la raison historique, est esquivée dans la réflexion de Simmel. Les analyses précédentes ont pourtant montré qu'il était très averti de cet aspect de la compréhension. La *Philosophie*, en particulier, approche à plusieurs reprises la notion de cercle herméneutique. Le recours à l'empathie, dont doit être capable selon lui l'historien pour retrouver les motivations des acteurs[52] apparaît cependant dans les *Problèmes* comme un simple recours méthodologique quand l'objectivité de l'analyse rencontre des limites. Au lieu d'être fondatrice et articulée, à un même niveau, à l'explication, la compréhension n'est qu'une méthode résiduelle placée dans les interstices de la démonstration objective. Le rôle essentiel n'est pas réservé, comme chez Dilthey, aux facultés d'intuition de l'historien[53].

Cette opposition est manifeste dans la spécificité attribuée à l'histoire et aux sciences de l'esprit. Pour l'auteur de l'*Introduction à l'étude des sciences humaines*, l'histoire est le lieu d'une synthèse entre la nature et la liberté. La liberté de la vie psychique implique qu'il ne peut être rendu compte du passage d'un état à un autre seulement par un raisonnement causal déterministe. Simmel répond précisément sur ce point dans deux pages de son essai d'épistémologie. Si la liberté psychique existe, elle ne remet pas en cause le primat attribué à l'analyse causale mais elle contraint à prendre en compte deux types de causalité. L'une, de caractère général, permet des répétitions régulières, dans la mesure bien sûr où il s'agit de causalités simples. L'autre n'implique pas que les mêmes états réapparaissent de façon répétitive mais elle exige que le passage d'un état à un autre ait un caractère de nécessité. Toute la méthodologie de Simmel et son insistance à reconstruire des faits particuliers visent à établir ce second type de causalité particulière. Ce sont seulement les limites imposées à la découverte de cette dernière qui obligent à recourir à l'empathie de l'historien. S'il ne fait jamais référence explicitement à un progrès possible de l'explication causale[54] la compréhension n'en reste pas moins résiduelle et ses analyses historiques dans la *Philosophie* n'y font que de rares allusions.

La liberté et, par voie de conséquence, l'herméneutique occupent une place d'autant plus importante dans la pensée historique de Dilthey qu'elles introduisent une dimension

---

(52) **PPH**: p.121.

(53) Dilthey: 1883, p.118.

(54) Il écrit cependant à propos des lois de l'histoire: "Elles représentent d'une part l'étape préliminaire d'une recherche qui se prolonge à l'infini et qui vise en dernier ressort à déterminer les causes élémentaires et les lois qui sont responsables des phénomènes historiques.", **PPH**: p.180.

philosophique, dans le sens d'un rapport aux valeurs et de la formation d'une conscience historique unifiée. En leur absence ce rôle ne peut être tenu dans la réflexion de Simmel - comme l'annonçaient les remarques de la première partie - que par la métaphysique dont Dilthey précisément refuse les interprétations globales. "La métaphysique a le mérite formel de chercher à produire une image complète du monde à partir de principes cohérents (...). Elle nous a enseigné que les phénomènes, dans leur diversité, sont commensurables avec nos concepts et qu'ils peuvent être compris grâce à ces concepts bien qu'une proportion considérable de ces phénomènes échappe à notre perception"(55) écrit Simmel. Il poursuit peu après: "La métaphysique saisit la réalité historique comme une totalité; elle y perçoit des significations qui viennent pour ainsi dire entourer ses frontières"(56). Au lieu d'une saisie globale qui nuirait à l'apport explicatif du passé, Simmel préfère la réduction philosophique de l'histoire qui, dans le même temps, propose un questionnement significatif et une saisie conceptuelle. Si une partie du réel échappe à l'investigation, celle qui reste devient interprétable et source d'explications pour le présent. La méthode génétique de la *Philosophie* est ici justifiée: c'est parce que l'histoire peut être légitimement réduite à un ensemble d'unités conceptuelles qu'une analyse causale désagrégée est envisageable. C'est ici que les choix opérés par Simmel diffèrent le plus radicalement de ceux de Dilthey. Alors que le second a pour projet une compréhension historique d'ensemble au sein de laquelle se trouverait intégrée une démarche explicative limitée, le second centre sa méthodologie sur l'héritage kantien dont l'adaptation aux sciences de l'esprit suppose l'acceptation d'une dimension finaliste propre à la métaphysique et à un certain héritage hégélien.

La relation au "réel historique"

Les développements précédents ont montré que la méthodologie de Simmel est très efficace pour bâtir des démonstrations rigoureuses et leur donner une grande force explicative. La raison en est simple: en opérant une distinction

(55) **PPH**: p.152.
(56) **PPH**: p.188.

nette entre ce qui est pris en compte et ce qui est laissé à l'extérieur, la méthode permet aux procédures téléologiques et causales d'opérer sur un matériau simplifié, libéré de beaucoup de ses contraintes d'interprétation. Une question dès lors pertinente est d'examiner les liens qu'entretient cette investigation du passé avec ce que Simmel appelle parfois "le réel historique" - c'est à dire le réel sensible, tel qu'il est perçu en dehors de toute reconstruction -, approche externe qui a moins pour ambition de juger que de mieux situer la démarche du philosophe allemand.

Le réel historique apparaît à deux niveaux. Le premier est méthodologique avec le fait initial et le fait brut de référence. Dans les deux cas, il ne s'agit pas du réel considéré dans sa complexité et comme une structure ayant sa propre signification. Au contraire, le fait initial est d'abord une abstraction et le fait brut de référence n'est pas un événement singulier mais un indicateur extrait du réel en fonction de critères extérieurs à la cohérence de la matière historique. Qui plus est, le recours à ce dernier est de nature contingente. Les difficultés, déjà évoquées, qu'implique la constitution d'une forme comme palliatif à l'impossible régression à l'infini, ou le retour au réel pour combler les insuffisances nomologiques, autant de circonstances qui prouvent l'autonomie tendantielle de la méthodologie par rapport à la réalité sensible.

Le second niveau est celui de la confrontation significative entre les séries construites et le réel historique. Le terme de confrontation est d'ailleurs à prendre dans un sens faible car le fait historique reconstruit n'a pas l'ambition sans effet de reproduire le réel mais d'en créer une image abstraite, comme transparente, qui laisse percevoir sa structure et ses agencements internes. La confrontation est donc limitée puisque fait abstrait et fait réel sont situés à deux niveaux différents. Le lien ne peut être qu'asymétrique: le premier fournit une grille qui permet de découvrir les caractéristiques essentielles du second. Au sens fort, une interprétation est alors possible qui donne un ordre et du sens à la perception désorganisée du réel. Le réel empirique reste donc exclu car le rapprochement avec les séries construites le réduit aussitôt à ses composantes abstraites. Et c'est sous cette forme désincarnée que toujours il apparaît dans la *Philosophie.* Aucun affrontement dialectique, aucune interrogation réciproque ne sont permis entre le connu du passé reconstitué et l'étrangeté de la matière historique.

L'éclairage est unilatéral. Aussi, dans ses développements, l'analyse reste dans une sphère déterminée d'abstraction et le fait singulier est un singulier abstrait.

"La philosophie a la capacité de construire une image du monde en utilisant des catégories qui n'ont rien à faire avec celles-ci", écrit Simmel(57). A travers cette définition, c'est une ambition qui se dévoile: ce que le philosophe allemand propose, c'est bien une histoire philosophique. Ce n'est donc pas le retour au réel qui importe mais le maintien d'une juste distance, celle qui permet le dévoilement du sens. Et c'est finalement de cette relation compliquée, faite en permanence d'éloignement et de rapprochement, que vient l'essentiel de l'ambiguité et de la fascination procurées par l'oeuvre de Simmel. Le paradoxe est étonnant: plus la conceptualisation s'affine, les séries téléologiques s'allongent et leur interaction se complexifie, bref, plus l'éloignement méthodologique par rapport au réel empirique est manifeste, plus la proximité asymptotique avec ce dernier est forte et la démonstration convaincante. Mais l'ambiguité surgit aussitôt qu'une mauvaise lecture suggère un rapprochement trop étroit, si le fait singulier construit est identifié au fait brut ou si la recherche d'indices dans le fait complexe se mue en simple substitution. Alors, la diversité, la richesse, les contradictions du réel submergent une reconstruction qui n'apparaît plus que comme une imitation. C'est quand elle conduit à la mise en lumière de l'essence des choses que la méthode de Simmel est efficiente, ce qui suppose de ne jamais confondre le réel abstrait avec le réel historique.

Les grandes catégories qui structurent toute analyse historique se trouvent dès lors transformées. Prenons l'exemple de celle qui définit la spécificité du travail de l'historien: le temps. Une approche historique de nature au moins partiellement empirique procède par décomposition, parfois analytique le plus souvent descriptive, des temporalités. Le passé se présente pour l'historien sous la forme d'une collection d'objets (faits ou événements) complexes dont il faut comprendre la cohérence. C'est donc en eux que s'opère la cristallisation des temporalités à découvrir: soit que chaque objet puisse être considéré comme le lieu d'interaction de ces derniers, soit que l'analyse du passage d'un état à un autre

---

(57) **PA**: p.414.

permette le repérage et la compréhension des processus temporels. En d'autres termes, que la mise à jour de l'articulation des temporalités s'opère par une simple description empirique ou au moyen d'un outil analytique plus puissant, c'est toujours à partir d'un ou de plusieurs faits historiques que le temps de l'histoire est accessible. L'approche de Simmel est tout autre puisque c'est au contraire le processus qui mène à l'objet et qui le construit. Penser l'objet historique dans sa totalité n'a pas de sens; seul importe son mouvement. Le temps, comme le fait historique, est abstrait, c'est celui du processus et des séries téléologiques. Il existe donc autant de temporalités que de processus sans que leur synthèse soit envisageable puisque d'une part c'est un temps sans contenu propre, sans substance, simple effet d'un enchaînement causal, et que d'autre part il n'existe pas de chronologie absolue pour faire office de référence. Paradoxalement, ces temporalités dispersées permettent l'unité de l'histoire, objectif si important de la pensée de Simmel, ou du moins elles ne l'empèchent pas car elles n'introduisent ni hétérogénéité, ni discontinuité. C'est l'absence du temps qui autorise une saisie synthétique abstraite. La seule composante dynamique d'ensemble qui peut être dégagée est la notion de différenciation entre le moi et l'objet, l'autre ou la collectivité. Toutes les séries qui sont construites entre la Renaissance et l'époque de Simmel intègrent ce processus que l'argent symbolise et accentue dans toutes ses expressions. Le cas-limite, dont on a vu la signification méthodologique, est toujours celui où la différenciation est maximale. Elle introduit donc une dialectique permanente entre les moments de l'histoire et sa fonction à la fois synthétique et déterministe l'apparente à la notion de progrès, fréquente dans les autres représentations globales de l'histoire. A cette différence près, cependant, que le concept de progrès peut recevoir ou être mis en rapport avec une substance ou une matière historique alors que celui de différenciation est un principe dynamique sans contenu.

Cette forte absence incite à revenir, pour mieux le comprendre, sur le rôle du passé chez Simmel. Sa fonction essentiellement méthodologique apparaît sous cet éclairage avec d'autant plus de clarté. Il autorise une multiplication des expériences et leur projection sur un espace temporel, espacement qui permet un contrôle progressif dans la construction des a priori. C'est le principe même de la construction génétique, nécessaire pour analyser le présent dans sa complexité. La manière concrète dont procède Simmel dans la *Philosophie* en fournit maintes illustrations. A chaque fois, il développe longuement l'expression du concept ou de la conjoncture initiale, explore pas à pas ses multiples contenus pour lui faire atteindre son extension maximale. Il en fait ensuite une utilisation régressive pour saisir comment ce contenu philosophique s'est historiquement développé. Il ne s'agit donc pas d'une reconstruction temporalisée mais d'une projection sur un espace ordonné, le passé. Ainsi une différenciation est nécessaire mais ses rythmes et ses connexions temporelles sont sans objet. Le temps n'est jamais mesurable ni mesuré.

Cette idée de projection différenciée résume bien les différentes occurences où apparaît ce qu'une lecture forcée appellerait le temps historique. Distinguons-en deux. La première est l'expression de moments historiques différents, distinction qui n'a valeur et finalité qu'au sein du processus qui crée ces moments. Ainsi, à propos de l'équivalent monétaire des valeurs personnelles (chapitre V), Simmel examine plusieurs propositions abstraites qu'il illustre par une multiplicité d'exemples (wergeld, solidus mérovingien, salaire journalier de 1791, idéal de "l'homme absolu" du christianisme, paysan russe,...). A chaque fois, l'ordre et la logique de leur apparition dépendent du processus considéré, lui-même projection d'un contenu conceptuel plus général. Aucune interconnexion temporelle n'est envisageable, seule la vision rétrospective à partir du temps présent donne une cohérence et fournit la synthèse abstraite de toutes ces temporalités de processus.

Le second est l'ensemble des situations historiques différentes qui expriment un même moment abstrait dans l'évolution d'une série, conséquence de l'indépendance temporelle entre séries. Les exemples sont très nombreux car Simmel semble affectionner ce type de paradoxe temporel. Le parallèle entre la Grèce ancienne des philosophes et le Quattrocento de la perspective a déjà été cité. Un autre exemple est le rapprochement entre les débuts de l'Empire romain et l'époque contemporaine pour illustrer la démonstration que, du fait de la distance entre la chose et la personne, les époques de la technique la plus sophistiquée et la plus objectivée sont aussi celles des personnalités les plus individuelles et les plus subjectives (57). Puisque c'est la logique temporelle du procesus qui intervient, seule compte la succession entre les moments et leur place relative au sein de chaque série. Un moment particulier peut donc apparaître à des périodes historiques différentes si le fait initial diffère. Au niveau d'abstraction du processus qui permet de ne pas tenir compte des autres éléments qui font le fait complexe, les situations seront jugées analogues. Le temps absolu n'existe pas; au contraire, c'est sa négation qui permet les analogies.

L'emploi d'une forme atemporelle, comme la notion d'association par exemple(58) se trouve par là-même justifiée. Pour un niveau d'abstraction correctement déterminé, la forme historique peut être indépendante du temps de même que la forme sociologique l'est du contenu social. Un fondement théorique puissant pour l'histoire comparative est disponible. Cependant, en dehors d'un usage méthodologique particulier avec la définition du fait initial, Simmel fait peu référence à la notion complète de forme dans ses analyses historiques. La représentation du passé comme un exemple de processus plutôt que comme la juxtaposition d'objets abstraits ne le permet guère. Son rôle est par contre essentiel dans sa sociologie, largement appuyée sur le comparatisme. Une connaissance atemporelle du social est donc possible pour Simmel. Cette absence du temps a des implications en chaîne qui réduisent la fécondité, si large par ailleurs, de la méthode et de la pratique simmelienne. Considérons par exemple la question du changement historique, intrinsèquement liée à celle du temps. Du fait de la construction téléologique, le développement en série du fait historique assure une parfaite prévisibilité rétrospective à l'histoire. Un changement créateur de formes nouvelles ne peut pas survenir. Tous les processus sont en substance contenus dans les déductions des conjectures initiales et les seuls faits pensables historiquement sont des faits singuliers abstraits, c'est à dire intégrés dans le processus. Le contre exemple éventuel n'existe pas puisqu'il n'a aucun statut épistémologique. L'analyse causale de même s'apparente à un enchaînement déductif contenu dans les prémisses originelles puisqu'elle est établie à partir d'éléments simplifiés, ce qui exclut l'introduction de nouveautés au cours de l'enchaînement.

---

(58) C'est l'un des exemples que donne Simmel dans: "Comment les formes sociales se maintiennent?", dans *Sociologie et épistémologie*, 1981, pp.171-206.

La relation téléologique élimine toute étrangeté, tout écart, toute différence non prise en compte: l'histoire au terme infini de l'analyse prend l'aspect d'un univers parfaitement régulier. Remarquons cependant qu'une approche particulière du changement à partir de la méthodologie de Simmel n'est pas totalement exclue: les diverses régularités abstraites mises en évidence peuvent fournir un ensemble d'évolutions possibles, intellectuellement compréhensibles, qui seraient autant de grilles de référence. Cette approche exigerait des aménagements méthodologiques que le philosophe n'envisage pas. Son objectif est de penser l'histoire dans son unité, pas dans ses spécificités.

***

Cette étude s'est ouverte sur une interrogation d'historien, elle a été poursuivie avec des préoccupations d'historien. L'analyse de la méthodologie de Simmel repose donc sur une reconstruction subjective. D'abord, elle s'est attachée à trouver une cohérence à ce qui ne constitue qu'un aspect d'une réflexion plus générale sur le monde pour laquelle la connaissance du passé est un outil, non un objectif. Ensuite, une méthodologie en action, comme l'est celle du philosophe allemand, est toujours le produit d'une interaction entre une réflexion épistémologique et une pratique. La *Philosophie de l'argent* en est un vivant exemple. Aussi, la présenter dans ses règles abstraites de fonctionnement peut être considéré comme une mutilation. Enfin, l'histoire philosophque de Simmel est bâtie autour de la compréhension d'un objet particuler, l'argent, de même que le matérialisme historique se construit à partir du concept de capital. Savoir si cette méthodologie n'a de sens que par rapport à cet objet spécifique, voilà une interrogation largement esquivée puisque les processus de démonstration ont été ici considérés indépendamment de leurs applications particulières. Le procédé utilisé était cependant le seul possible si l'on voulait à la fois tester la consistance logique de la méthode et lui conférer une portée suffisamment générale pour être appréhendée de l'extérieur.

Par ce biais, de nombreux éléments sont apparus qui esquissent une manière de faire de l'histoire. Ils constituent dans le même temps autant d'appréciations distanciées et critiques sur les autres manières de faire. Ainsi, le processus d'abstraction qui permet de construire des séries capables de dégager l'essence des phénomènes historiques est à la fois d'une grande pertinence théorique et très fécond. Son élaboration explicite rappelle que l'historien procède, bien que par des voies différentes, partiellement de même. Cependant aucun contrôle de cette stylisation n'est possible puisque cette pratique reste pour lui le plus souvent implicite, ce qui lui retire l'essentiel de sa validité. De même, l'insistance mise par Simmel sur la nécessité de développer une méthode et des concepts conscients de leur origine et du sens qu'ils portent constitue une critique contre l'usage de catégories historiques réifiées, posées indépendamment de l'élaboration d'une méthodologie capable de les penser. La liste pourrait aisément être allongée. Ce qui importe, c'est que toutes ces critiques sont en fait réversibles: si l'essentiel des apports de Simmel peuvent être comptés au détriment d'une approche historique plus empirique, l'inverse est également vrai, en particulier pour tout ce qui se rapporte à la relation au réel historique. La discontinuité théorique est radicale. La question finale ne peut donc être que celle de l'intégration de ces deux types de savoir, l'un fortement structuré mais clos sur lui-même, l'autre ouvert sur la diversité des approches empiriques mais réfractaire aux élaborations abstraites par nature réductrices.

Chapitre 2

PHILOSOPHIE ET SOCIOLOGIE DANS L'OEUVRE DE GEORG SIMMEL

Alain GUERY

Dès la préface de son livre *Philosophie de l'argent*, Georg Simmel annonce comment il entend mener son étude. Pourquoi une philosophie et non une sociologie, une économie, ou une histoire de l'argent ? A l'avance il répond à cette question :

"Aucune ligne des études qui suivent n'est entendue au sens de l'économie politique. C'est dire que les phénomènes de valeur et d'achat, d'échanges et de moyens d'échange, de forme de production et de biens de fortune, considérés d'un certain point de vue par l'économie politique, le seront ici d'un autre. Seul le fait que leur aspect tourné vers l'économie politique soit le plus intéressant pratiquement, le plus profondément travaillé comme aussi le plus exactement présentable - seul ce fait a donc justifié le droit apparent de les envisager comme des "réalités économiques". Mais de même qu'un fondateur de religion ne se réduit nullement à un phénomène religieux et s'examinera également à travers les catégories de la psychologie, voire de la pathologie, de la sociologie ou de l'histoire générale ; de même aussi qu'un poème n'est pas seulement une réalité historico-littéraire, mais esthétique, philologique et biographique ; de même enfin que le point de vue d'une science, toujours assujettie à la division du travail, n'épuise jamais la totalité d'une réalité - de même donc le fait que deux hommes échangent leurs produits n'est-il pas seulement un fait économique ; car il n'existe pas de faits dont le contenu soit épuisé par leur image économique. L'échange ici mentionné se traitera aussi légitimement comme un fait psychologique, ou relevant de l'histoire des moeurs, voire comme un fait esthétique. Et même considéré comme fait économique, il n'est pas encore relégué dans l'impasse, mais se prête sous cette forme aussi à l'examen philosophique, lequel vérifiera les présupposés qu'il a dans les notions et données non-économiques et les effets qu'il exerce sur les valeurs et les connexions non-économiques". (1)

Dans ce texte programmatique, Simmel nous rappelle que le savoir positif reste un savoir fragmentaire, que sa vocation à l'expansion de son champ peut devenir une prétention s'il n'envisage plus ses connexions avec d'autres manières de penser, si celles-ci se désintéressent à leur tour des sujets que les sciences ont su approcher par leur méthodes. Entre sciences et philosophie, la répartition des tâches et des sujets n'est pas de mise. Au contraire, la collaboration sur les mêmes tâches et les mêmes sujets est pour Simmel leur garantie mutuelle. Il ne doit donc pas exister de frontière nette, de coupure stricte entre champ de la philosophie et domaine des sciences, mais au contraire une zone de contacts ouverte, permettant des relations, des interpénétrations permanentes dans un même espace, l'espace de la connaissance.

Pour autant, cette compénétration, cette collaboration, n'implique pas, bien au contraire, chez Simmel, la vocation de toute philosophie à devenir une science. Certes, les avancées de celle-ci se font sur le terrain de la philosophie et Simmel ne l'ignore pas ; mais il pense également vaine l'idée que la science remplacera un jour la philosophie. C'est même par leurs approches différentes que science et philosophie peuvent se féconder, à conditions précisément qu'elles envisagent les mêmes sujets. On peut schématiser comme suit ces approches différentes et leurs points de contact, selon Georg Simmel.

(1) Georg Simmel, *Philosophie de l'argent*, Paris, P.U.F., 1987, pp. 15-16.

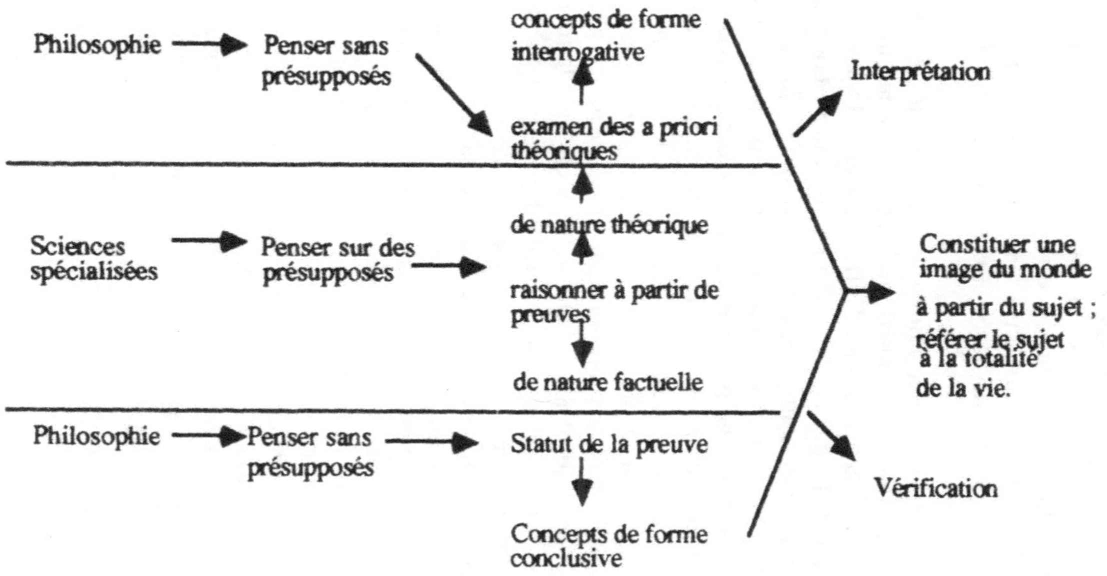

Le rapport entre philosophie et science selon Simmel

Ce n'est donc ni par le choix du sujet ni par les manières de conduire un raisonnement que science et philosophie se distinguent, mais plutôt par la limitation de l'une à s'appuyer sur l'enchaînement de ces présupposés de nature factuelle ou méthodique que sont les preuves indispensables au raisonnement scientifique, tandis que l'autre, libre d'une telle limitation, d'une telle contrainte, peut de ce fait soumettre à examen la nature même de ces preuves et le statut qui leur est conféré.

La science et la philosophie sont sur le même terrain de travail, à savoir la connaissance, mais l'une, si elle circonscrit le "domaine de l'exact", comme l'écrit Simmel, a l'inconvénient de le faire dans l'étroitesse, alors que l'autre, qui ne connait pas les limites dues aux contraintes de la preuve, a l'avantage de permettre d'embrasser la totalité de la vie humaine, mais au risque de la transposer entièrement dans l'univers des concepts.

S'agissant des sciences de l'homme, l'homme pris comme personne et dans son individualité, ou pris comme membre d'une société - c'est-à-dire de sciences où l'expérimentation directe n'est pas possible, où nombre de phénomènes ne peuvent être circonscrits, délimités avec une netteté telle que la méthode d'observation soit suffisamment précise pour ne pas entacher les conclusions, bref de sciences où le "domaine de l'exact" est plus réduit qu'ailleurs et toujours remis en cause par un mouvement permanent, mouvement qui est la vie même comme ailleurs, mais où l'erratique apparent et l'événement ruinent rapidement l'établissement et la mesure des processus, il parait un peu vain et même dangereux à Simmel de ne prendre en compte que le monde des faits et des choses.

Pour lui les faits sociaux ne sont pas des choses comme les autres, la vie sociale participe de la totalité de la vie qui ne s'arrête pas à elle et la dépasse. Les sciences de l'homme, dans ces conditions, ne peuvent rompre avec la philosophie sans dommage. Car c'est précisément la porosité, la zone de lisière entre science et philosophie, on dirait aujourd'hui l'interface entre les deux, qui permet leur existence en confrontant les faits, les événements et les choses de la vie aux représentations mentales que les hommes s'en font comme aux modes de mesure et de logique qu'ils utilisent pur les prendre en compte.

Tout travail de science sociale participe, comme toute recherche philosophique, à la construction d'une image du monde et de ce point de vue, le sujet choisi importe moins que ce qu'il permet de faire. De la même façon que Descartes, rompant avec le passé des mathématiques, montre qu'à partir de n'importe quel point choisi dans l'espace, au hasard même, on peut établir les mesures et les raisonnements indispensables à la solution d'un problème de géométrie, mais à condition de toujours s'y tenir, Simmel veut montrer qu'à partir de n'importe quel phénomène de la vie sociale, fussent ceux que l'on désigne par l'expression : "les menus faits de la vie quotidienne", on peut expliquer nombre de problèmes de la vie individuelle et sociale de l'homme. Mais le parallèle entre la démarche cartésienne et la démarche simmelienne s'arrête là, parce que l'interpénétration comme la vérification dans les sciences humaines et sociales ne peuvent se faire que par des raisonnements qui emmènent les auteurs des analyses hors du seul domaine de leur discipline vers ceux plus vastes et plus libres, mais parfois donc plus flous et plus discutables, de la philosophie, les obligeant donc à sortir du champ de leurs observations, de leurs méthodes et de leur mesures. Car, autre problème fondamental, si ces sciences peuvent et veulent être explicatives, elles doivent référer leurs résultats à la vie humaine que chacun de nous envisage comme un tout et ne peut envisager autrement, alors que leur état d'avancement, les difficultés mêmes de mesure et d'appréhension de phénomènes vécus par leurs observateurs eux-mêmes, font de ce saut une nouvelle hypothèse, une nouvelle question impliquant aussi la vie, toute la vie.

Un moyen de limiter l'amplitude de tels sauts, consiste d'abord à ne pas choisir son sujet absolument au hasard, avantageusement remplacé par un a priori au sens où l'entend Claude Bernard : "L'idée qui nous vient à la vue d'un phénomène" (2). L'a priori qui ferait choisir comme point de référence pour les mesures et les raisonnements sur une figure géométrique, un point que l'expérience mathématique acquise fait connaître déjà pour sa richesse d'hypothèses de travail, accélère la découverte des solutions, si on se refuse à épuiser en vain son raisonnement sur le choix entre de tels points. De même l'expérience quotidienne du rapport à l'autre par le moyen de l'argent suffit à impliquer les relations humaines et à faire du

---

(2) Claude Bernard, *Introduction à l'étude de la médecine expérimentale.*

raisonnement sur celles-ci un traité sur l'échange entre les hommes, sans passer son temps à déterminer quel type d'échange serait le plus pertinent pour impliquer l'ensemble de la vie sociale. L'autre moyen pour réduire un écart trop incommensurable entre les résultats de la recherche et de la vie prise comme un tout est d'organiser en permanence un va et vient entre les faits et la méthode de la science, et la philosophie qui à partir d'eux détermine les moyens de vérification des résultats et l'interprétation qui est la plus plausible. C'est pourquoi la sociologie selon les voeux de Simmel, mais au fond toutes les sciences sociales, toutes les sciences de l'homme, s'installe très normalement sur cette zone de frontière, sur cette lisière, sur ce terrain où le certain de la science le dispute à l'incertain de la philosophie, entre philosophie et science. Les disciplines rendant compte des échanges entre les hommes ne peuvent se situer qu'en cet endroit où s'échangent nécessairement concepts philosophiques et données empiriques.

Une telle conception de ce qui unit plus que de ce qui sépare la philosophie de la science rend très secondaire les cloisonnements des disciplines opérés, déjà avant Simmel, mais plus encore depuis, par les institutions de recherche et d'enseignement. La répartition des sujets à étudier, si on suit cette conception, ne doit surtout pas se faire en fonction de ces découpages. C'est pourquoi il est vain de reprocher à Simmel la diversité des sujets de ses oeuvres et encore plus de les classer selon qu'ils appartiennent au domaine de la philosophie, à celui de l'art et de l'esthétique, à la sociologie. Sa démarche comme sa pensée sont étrangères à un tel classement, car le sujet traité importe certes, mais il importe moins que ce qu'il permet de faire, à savoir, rendre possible une philosophie de la vie qui prenne en compte les données de la vie de l'homme en société. Le reproche de dispersion, d'éclatement en toutes directions de son oeuvre n'est plus fondé si l'on veut bien observer que les sujets qu'il traite s'ordonnent selon cette volonté de marier l'observation des données sociales, morales et psychologiques avec une philosophie qui espère aboutir, à travers l'interprétation et la vérification de leur place et de leur rôle dans l'existence humaine, à une philosophie pratique.

Dans cette démarche, la sociologie tient une place essentielle. Installée à la lisière, à la jonction des sciences sociales spécialisées et de la philosophie, elle s'ouvre d'un côté à une épistémologie et ouvre de l'autre sur une métaphysique.

Elle tient son statut de science de sa méthode et de son objet. Sa méthode inductive la situe hors du domaine des disciplines philosophiques, mais ne la distingue guère d'autre sciences sociales, telles la psychologie et l'histoire : la psychologie de l'époque de Simmel, mais l'histoire telle que nous la concevons plus que celle d'alors. Elle ne se définit pas par le choix d'une série de faits bien délimités : les faits bruts qu'elle envisage sont les faits humains que d'autres sciences considèrent avec autant d'intérêt. Mais elle ne considère ces mêmes faits que lorsqu'ils prennent la forme des rapports humains réciproques. L'objet de la sociologie - Simmel dit son "objet formel" - ce sont les formes sociales que prennent les relations humaines envisagées dans leur réciprocité, les conditionnements mutuels qu'elles provoquent, le processus de Vergesellschaftung qui en résulte. Vergesellschaftung est un mot difficile à traduire : il exprime à la fois l'association comme volonté d'union et mouvement conscient et la socialisation comme marquage involontaire et inconscient de l'individu par la société : il exprime une dynamique, dont rendrait mieux compte le terme anglais sociation(3) que les mots allemands Association et Sozialisierung que Simmel ne retient pas et qui n'ont pas le même sens exactement que leurs équivalents français(4).

La réciprocité, la mutualité des relations humaines envisagées distinguent l'objet de la sociologie de ceux de la psychologie et même de la psychologie sociale(5). Elles sont envisagées par degrés d'abstraction successifs selon leur contenu et selon la forme, ou contenant, que prennent ces relations sociale. La gradation : faits bruts, contenu, contenant ou forme suit le degré d'abstraction inductive, de conceptualisation et de généralisation indispensable à la

---

(3) Wiese-Becker, *Systematic Sociologoy*, New York, Wiley and Sons,1939, p. 10, p.11 ; Guy G. Ankerl, *Sociologues Allemands*, Neuchâtel, La Baconnière, 1972, traduit en français par *sociation* ; cf. p. 78 sq. C'est par ce même mot de "sociation", placé entre guillemets, que les traducteurs de Max Weber ont rendu ce mot de Vergesellschaftung. cf. Max Weber, *Economie et société*, Tome 1, Paris, Plon, 1971, p. 41.

(4) Ces mots ont un autre emploi en Allemand, Association s'opposant à communauté et Sozialisierung ayant un sens statique, de constat plus que de processus ; cf. R. König, éd. Soziologie, Francfort, Eischer, *Eischer Lexicon*, p. 134-138, et 220-223.

(5) Georg Simmel, *Grundfragen der Soziologie*, Berlin /Leipzig, Greyter, 3e éd. 1970, pp. 54-55 et 276.

sociologie. Tous les phénomènes sociaux recensés prennent, dès qu'on s'en saisit pour y réfléchir, à la fois un contenu et une forme qui l'englobe(6). C'est la forme qui intéresse la sociologie, la forme que prend la "sociation", et qui, plus tard, donne à l'école de Simmel (Vierkandt, Leopold von Wiese) le nom de Formale Soziologie. Il écrit "La recherche - on pourrait la nommer la "sociologie pure" - tire des phénomènes le moment de la sociation, détaché inductivement et psychologiquement de la variété de leurs contenus et buts qui par eux-mêmes ne sont pas encore sociaux, tout comme la grammaire sépare les formes pures de la langue des contenus dans lesquels ces formes sont vivantes"(7). Cette citation, à ma connaissance, est la première comparaison de méthode entre science sociale et linguistique, si l'on met de côté les rapprochements faits au XVIIIe siècle en France par Condillac et Condorcet. Mais une comparaison de méthode qui s'opère par le biais de la forme et non celui de la structure, à la manière de Lévi-Strauss. Une comparaison aussi, qui dans son principe, ne permet pas de définir la sociologie simmelienne par une simple géométrie sociale, reproche que les Durkheimiens lui ont fait.

Le contenu des relations sociales n'est pas négligeable dans la mesure où c'est par le travail sur lui que le sociologue va pouvoir dégager les formes qu'elles prennent et qui sont l'objet même de la sociologie, qui se distingue là des autres sciences sociales, grands fournisseurs de faits et de contenus pour la sociologie. Elles aussi peuvent s'intéresser à la sociation. Mais elles interviennent alors comme des sociologies spéciales : ainsi l'économie peut-elle s'intéresser à la sociation économique, l'éthnologie à la sociation dans telle ou telle société primitive, mais ce faisant, elles ne dégagent pas des formes sociales pures, qui sont celles que la sociologie envisage. Si cette place de la sociologie fait d'elle la science sociale par excellence, Simmel, dans la pratique du travail sociologique, ne l'envisage pas comme devant absorber les autres disciplines, estimées incomplètes. Au contraire, là encore c'est une collaboration qui l'intéresse plus ; Il assigne à la sociologie une place stricte dans le champ du savoir scientifique, qui ressemble à celle qu'il assigne à la science par rapport à la philosophie : elle a vocation

---

(6) Georg Simmel, Comment les formes sociales se maintiennent, in *l'Année Sociologique*, 1897, p. 108.
(7) Georg Simmel, *Brücke und Tür*, Stuttgart Moehler, 1957, p. 224.

à intervenir et à féconder les sciences sociales dans leur ensemble, parce que, précisément, elle s'est dégagée de la variété des contenus en ne s'intéressant qu'à la forme qu'ils ont prise par la conceptualisation, tout comme la philosophie a permis le travail de la sociologie sur ces formes parce qu'elle est dégagée elle-même du raisonnement à partir de présupposés. Le retour des résultats de la sociologie vers les sciences particulières est là, lui aussi, pour permettre une compréhension.

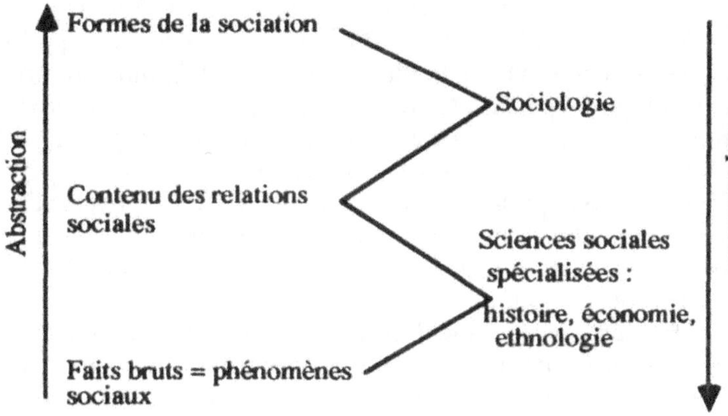

L'idée de forme, de connaissance formelle, est aussi vieille que la réflexion sur les sciences, que l'interrogation sur le savoir, et donc aussi vieille que la philosophie. Simmel l'emmène, en l'adoptant, dans un sens éloigné de celui qu'elle a pris dans la plupart des sciences aujourd'hui. La formalisation telle que nous l'entendons, que les historiens de la logique font remonter à Leibnitz, est un moyen de caractériser le langage et les règles de démonstration d'une science. Elle va des problèmes de fondement de cette science à ceux de formulation des raisonnements nécessaires à son développement. De fait, la formalisation ainsi comprise est d'abord question de logique et de mathématiques, depuis que Leibnitz tenta de démontrer que la seule forme d'un raisonnement rigoureux correspond au déroulement d'un calcul algébrique et qu'elle peut lui emprunter son symbolisme pour mettre en évidence des relations de dépendance mutuelle. Concernant les phénomènes sociaux, le calcul analytique est encore loin de pouvoir remplacer le travail de connaissance. C'est sur une autre idée de la forme, donc une autre idée de la science que Simmel fonda sa sociologie, mais en gardant le souci de la complexité : rien dans les phénomènes sociaux n'est simple, qu'il s'agisse des éléments de base, baptisés faits bruts ou menus faits de la vie quotidienne, de leur polarisation comme contenu dans la relation sociale, ou de la forme qu'ils prennent quand par la pensée nous envisageons ce contenu.

Simmel reprend donc la formalisation comme principe pour donner à la sociologie un statut scientifique. Et il cherche à définir ce qu'est cette formalisation, ou peut-être la forme nécessaire à tout discours raisonné d'une science sur son objet. Mais cette forme n'est pas un jeu de symboles, qui fonctionne selon sa logique propre. Cette forme s'applique bien autrement à son objet et c'est pourquoi Simmel ne croit pas que la sociologie, comme les autres sciences sociales, puisse jamais s'affranchir de la philosophie. Si, comme l'affirme plus tard Jean Piaget, la science, pour exister vraiment, ne doit puiser ses ressources qu'en elle-même, alors, encore aujourd'hui, les sciences sociales sont loin du compte parce qu'elles ne peuvent pas allier un formalisme logique et une expérimentation, ni fonctionner par manipulation mentale sur un mode mathématique, ni extrapoler à partir d'une autre science, comme le fait l'astronomie à partir de la physique. Simmel veut néanmoins fonder la sociologie à partir d'une épistémologie qu'il ne conçoit pour autant jamais comme "technocratie idéologique" (Gilles Deleuze) stérilisant la recherche par la méthodologie, ni comme le refuge offert par une "moderne Capoue" (Pierre Chaunu). Il passe donc pour ce faire par une interrogation sur les fondements anthropologiques autant que les fondements logiques d'une telle science, qui le renvoie à la philosophie et ne peut que l'y renvoyer.

Au moment où Simmel fonde la sociologie allemande, les disciplines que nous englobons aujourd'hui dans les sciences sociales s'appuient encore sur des fondements idéologiques individualistes. Le marxisme, en réaction contre ceux-ci, se constitue hors de celles-là, au contraire sur la prise de conscience, possible et nécessaire selon ses auteurs, dans la réflexion et dans l'action pour eux-mêmes et leurs continuateurs, de la forme des masses humaines dans la société. Il contribue, de réduction en simplification, de Marx à Lénine, à privilégier la société sur les individus qui la composent. On a vu en Simmel une opposition à ce privilège, un refus de considérer la société en elle-même, de l'isoler dans ses analyses, alors qu'il prend en compte l'homme individuel. Bref, on a fustigé son individualisme. En ce faisant, on a oublié que toute science devant définir son objet, une sociologie qui choisirait comme objet la société devrait commencer par sa définition, ce qui reviendrait à la figer dans une notion, et ce qui risquerait à partir de là d'orienter toute la réflexion. La société de l'Occident médiéval ne se résume pas à la société féodale. Les valeurs de celle-ci ne sont pas identiques à celles de l'Eglise, qui joue dans la société du Moyen-Age un rôle capital. La monarchie y amène un ordre des choses sociales encore différent des deux autres. La société médiévale, c'est la coexistence des trois, mais une coexistence sans ignorance mutuelle, au contraire c'est une coexistence faite de conflits, d'aides, d'échanges. Baptiser cette coexistence "société médiévale", permet de désigner ce dont on veut parler, pas d'établir une notion sociologique à partir d'une définition qui ne pourrait venir qu'en fin de parcours scientifique, et non dès son abord.

Il en est donc de la société pour la sociologie comme de la matière pour la physique, de la population pour la démographie, de la langue pour la linguistique : on désigne par ces mots ce qu'on souhaite étudier, on circonscrit dans la vie sensible un champ d'étude. Pour autant, ce n'est pas sur la société que travaille le sociologue, sur la population le démographe, sur la matière le physicien et sur la langue le linguiste, mais sur un objet qu'ils peuvent définir strictement et avec méthode leur permettant une appréhension de la société, de la matière, de la population, de la langue. Les formes et les contenus de la "sociation" jouent pour Simmel le même rôle que la grammaire pour Noam Chomsky(8). Ils lui permettent, en outre, d'investir un problème fondamental, celui du décalage qui existe dans toutes les civilisations, entre la continuité de la société, qui perdure par et avec un système de valeurs communes à tous ceux qui la composent et la brièveté de la vie des mêmes hommes pris en tant qu'individus. Car en définitive, pour qu'il y ait société, il faut aussi que chaque individu se situe par rapport

(8) J'emprunte cette comparaison, comme l'idée d'inadéquation entre champ et objet de l'étude, à Serge Moscovici, *La machine à faire des Dieux*, Paris, Fayard, 1988, p. 308. Voir également : Noam Schomsky, *Dialogues avec M. Ronat*, Flammarion, Paris, 1977, p. 195 sq.

à elle, et que le plus grand nombre d'entre eux se retrouve dans sons système de valeurs, valeurs qu'il acquiert et reproduit - on retrouve ici le thème de la reproduction sociale cher à Pierre Bourdieu - mais valeurs qu'il critique et parfois rejette - ce qui ouvre sur la question du changement social. Simmel aborde ces questions à travers la sociation en prenant en compte le constant rapport entre l'individu et la société. L'objet qu'il fixe à la sociologie lui permet en effet de considérer l'individu comme réalité psychique sans lui refuser une réalité sociale.

On comprend mieux les accusations de psychologisme et d'individualisme qui ont été portées contre Georg Simmel, en particulier par Durkheim(9),dans la mesure où ces critiques ne tiennent pas compte de la définition de l'objet de la sociologie qu'il a fixé. Et sans doute son refus de rompre avec la philosophie, rupture nécessaire pour que vive la sociologie selon Durkheim, a-t-il été critiqué de la même façon, parce qu'on n'a pas vu, ou pas voulu voir, que sa problématique même se situait à la croisée de deux plans : celui de la connaissance et celui de l'être. Dans une sensibilité épistémologique kantienne, la philosophie permet à Simmel de faire se chevaucher divers niveaux dans ses analyses : logique, ontologique, méthodologique. Pour autant, il ne considère pas la société comme une simple somme d'individus, mais bien au contraire comme une réalité spécifique à caractère propre. En cela il est bien proche des Durkheimiens, même s'il ne voit pas là une possibilité de définir un objet de science, mais plutôt l'amorce d'un grand problème. Durkheim, logiquement selon son approche, considère qu'il faut analyser la conscience collective de manière distincte et différente de la conscience individuelle(10) évacuant ainsi la question d'une dynamique individu-société, et n'encourant pas le risque de psychologisme, dans la mesure où il donne une nouvelle dénomination aux objets des sciences sociales spéciales pour en faire ceux de la sociologie.

L'opposition, l'incompréhension, entre les deux pères fondateurs, allemand et français, de la sociologie, n'a pas été sans conséquence sur l'évolution de Simmel. Il a beaucoup

---

(9) Emile Durkheim, La sociologie et son domaine scientifique, in *Revista Italiana di sociologia*, Tome IV, 1900.
(10) Emile Durkheim, *Les règles de la méthode sociologique*, Paris, Alcan, 1895, Paris, P.U.F., 1950, p. 102-103.

hésité dans sa démarche, et, de ce fait, entre sociologie et philosophie. Parfois, il considère que la sociation emmène vers la philosophie quand le maintien des formes sociales qui en résultent ramène à la sociologie(11). Les sociétés historiques concrètes deviendraient dès lors l'objet propre de la sociologie, objet identique à celui qu'elle a chez Durkheim. Mais même lorsqu'il hésite et ne suit plus exactement son schéma original des rapports entre sociologie et philosophie, Simmel choisit la "sociation" en choisissant la philosophie. A Célestin Bouglé, qui lui demande en 1899 une contribution à un congrès de sociologie qu'il organise à Paris, il répond : "Je ne puis malheureusement fournir l'exposé qui m'est demandé pour le congrès de Paris. N'oubliez pas que les sciences sociales ne sont pas ma partie. Ma sociologie est une discipline extrêmement spécialisée, dont je suis le seul représentant en Allemagne, et quant au reste des sciences sociales dont il est question au congrès, je ne suis qu'un profane, et par conséquent tout à fait incapable d'en parler avec compétence. D'une manière générale, je suis quelque peu affligé qu'on me considère seulement, à l'étranger, comme un sociologue, alors que je suis en fait philosophe, que je tiens la philosophie pour la tâche de mon existence et ne pratique au fond la sociologie que comme domaine accessoire. Une fois que j'aurai rempli mes obligations envers elle en publiant un vaste traité de sociologie - ce qui sera sans doute le cas dans ces prochaines années -, je n'y reviendrai sans doute plus jamais"(12). Le traité annoncé ne parait jamais et sous le titre " Soziologie", Simmel publie un ouvrage en deux parties dont le sous-titre : "formes de la "sociation" et le titre d'un des développements : "Comment la société est-elle possible ?", expriment bien son point de vue, illustré ensuite par des études de cas, en apparence très éloignés les uns des autres, mais réunis par ce qui précisément n'apparait pas à l'examen premier des faits : leur forme de sociation(13). Sans doute la lettre citée plus haut marque-t-elle l'hésitation d'un solitaire,

---

(11) Georg Simmel, *Soziologie*, Leipzig, Duncker und Humblot, 5e. 1968, p. 45-46,

(12) Lettre de Georg Simmel tirées des archives privées de Célestin Bouglé, citée par Wolf Lepenies, *Les trois cultures, Entre science et littérature, l'avènement de la sociologie*, Paris, Ed. de la Maison des Sciences de l'Homme, 1991, p. 240

(13) Le sous-titre de cet ouvrage *Soziologie* est significativement le suivant : "Untersuchung über die Formen der Vergesellschaftung".

mais qui sait transformer ensuite cette hésitation en mouvement fructueux de sa pensée. Au point que dans toute l'oeuvre comme dans chaque oeuvre, on retrouve un balancement permanent entre sociologie et philosophie.

Si, négligeant momentanément les nombreux articles sur une grande variété de sujets, articles qui sont aussi son oeuvre, pour ne retenir que les ouvrages autour desquels celle-ci s'organise, on pourrait dire se cristallise avec plus d'exactitude, on trouve en alternance régulière livres de sociologie et livres de philosophie : de sa contribution sur le thème de "la différenciation sociale" de 1898 aux "problèmes de la philosophie de l'histoire" de 1892, des deux articles l'un sur "Le problème de la sociologie", publié en 1894, et l'autre sous le titre :"Comment les formes sociales se maintiennent", paru en 1897, à la "Philosophie de l'Argent", qui date de 1900, du recueil d'articles publiés antérieurement, regroupés sous le titre significatif "Sociologie" et qui étonna, on pourrait même dire détonna, tant sous ce titre se trouve bien autre chose qu'un traité, ce qu'on attendait en cette année 1906, à ses "Hauptproblem der Philosophie" de 1918, des "Grundfragen der Soziologie" de 1917 aux recueils posthumes publiés dans les années 1922 : "Zur Philosophie der Kunst", et 1923 : "Fragmente und Aufsätze" (14). La régularité d'une telle alternance, même en tenant compte du regroupement d'articles

(14) Georg Simmel, Über soziale Differenzierung - Soziologische und psychologische Untersuchungen, in *Staats-und sozialwissenschafliche Forschungen*, édités par Gustav Schmoller, vol X, Heft 1, Leipzig, Dunker und Humblot, 1980 ; Trad. fr. *La différenciation sociale*, in Revue Internationale de Sociologie, 2, 1984, pp. 198-213 ; Die Probleme der Geschichtsphilosophie - Eine erkenntnistheoretische Studie, 1e ed. Leipzig, 1892, 5e ed.1923, Trad. fr.
Das Problem der Soziologie, in *Jahrbuch für Gesetzgebung, Verwaltung und Volkswirtschaft im Deutschen Reich*, Vol. XVIII, Heft 4, pp. 271-277, Trad. fr. Le problème de la sociologie, in *Revue de Métaphysique et de Morale*, 2, 1894, pp. 497-504 ; Comment les formes sociales se maintiennent, in *L'Année Sociologique*, 1, 1895/97, pp. 71-109 ; *Philosophie des Geldes*, Leipzig, Dunker und Humblot, 1900, 6e ed. 1958, Trad. fr., *Philosophie de l'Argent*, Paris, P.U.F., 1987 ; *Soziologie*, Dunker und Humblot, 1908, 5e éd. 1968 ; *Hauptproblem der Philosophie*, Leipzig, Göschen, 1910, 8e éd. 1964 ; *Grundfragen der Soziologie*, Berlin/Leipzig, Greyter, 1917, 3e éd. 1970 ; *Zur Philosophie der Kunst, Philosophische und Kunstphilosophische Aufsätze*, Postdam, Kiefenheuer, 1922 ; *Fragmente und Aufsätze - Aus dem Nachlass und Veröffentlichungen der letzen Jahre*, Munich, Drei Masken, 1923.

probablement - ou non, reproduit dans l'oeuvre toute entière un mouvement de la pensée de Simmel qui existe dans chacune de ses oeuvres et qui obéit finalement au projet et au schéma de travail qu'il a suivi, fondé sur les rapports entre philosophie et sociologie, se fécondant l'une l'autre dans l'optique jamais oubliée d'une philosophie de la vie, de la vie comprise dans sa totalité et sa variété.

Chapitre 3

SIMMEL ET LE LIEN SOCIAL

Martine GRINBERG

Simmel dit tout, et en cela il en dit trop : un puits de science - mais aucune référence; tous les champs des sciences dites humaines ou sociales sont traversés, labourés, malmenés. Cette sape salutaire prend la forme d'une écriture souvent laborieuse et d'une logique déroutante, sauf à considérer que l'argent n'intéresse pas vraiment Simmel, qu'il est prétexte, mais prétexte exemplaire. Quel serait donc l'objet du livre ? Comprendre comment la subjectivité s'inscrit dans le social et plus encore l'inverse; comment penser le lien individu/société en inventant autre chose que le face à face de l'objet et du sujet, et trouver ce qui vient combler l'espace entre eux - espace vide, neutre ou plein ? - non pas pour en faire une théorie, mais pour poser des jalons. Les disciplines volent en éclats sous les coups d'une méthode expérimentale. Mais tout est bon à tenter, un brin d'histoire, un nuage de sociologie, une goutte de philosophie et d'économie...pour atteindre le rêve de totalité - totalité du discours et totalité de la réalité. On ne sait jamais dans quel territoire on se trouve. La méthode est féconde, les intuitions si nombreuses et pertinentes qu'elles donnent le vertige, mais la lecture est parfois une épreuve. Le livre irrite, on l'aura compris, mais il déstabilise; il est donc bénéfique.

L'argent est envisagé comme carrefour privilégié, comme noeud où s'imbriquent le plus grand nombre possible de représentations, ou de "fantasmagories" comme dirait W. Benjamin. Car l'esprit a cette faculté extraordinaire de fabriquer des représentations et d'oublier qu'elles en sont : "nous concevons certains principes comme vrais, avec la conscience simultanée que leur vérité est indépendante de cette représentation" (32)[1]. Nous sommes prévenus.

Je suivrai donc l'expérience, sans chercher à y reconstruire une cohérence et je tirerai quelques fils de la pensée simmelienne. Il s'agira donc de prendre Simmel de traverse, dans un double mouvement, une double écoute, du côté de la psychanalyse et du côté de la pratique historienne.

L'inconscient rôde dans les sciences sociales mais qu'en faire ?

Quelque chose s'élabore dans la *Philosophie de l'argent,* à l'usage des sciences sociales, autour de la notion d'inconscient, qui n'est pourtant pas nommé. Freud y travaille depuis vingt ans déjà lorsque Simmel publie son livre, et deux ans plus tard, en 1907, Freud crée la première institution[2] de psychanalyse (Association viennoise de psychanalyse). On ne peut totalement faire l'impasse sur ce contexte d'effervescence intellectuelle qui englobe médecins, scientifiques et philosophes, même si Simmel ne fait pas partie de ce réseau. Certaines de ses intuitions, si on les considère comme des questionnements, trouvent des réponses dans la psychanalyse.

Simmel prend les choses à la base: l'homme est violenté par ses pulsions face à un monde indifférencié. Est-ce l'homme primitif ou l'enfant dont il s'agit ? Peut-être les deux à la fois: raccourci de l'histoire de l'humanité et de celle d'un homme. On pourrait parler d'une archéologie du sujet. Simmel tente de mettre en parallèle l'histoire individuelle et le processus de civilisation. A l'origine se situe le temps de la fusion primitive, d'avant l'objectivation, moment où l'objet se

(1) Les chiffres entre parenthèses renvoient à l'édition française de *Philosophie de l'argent*, 1987.

(2) Roudinecso, 1986, vol., I.

détache du sujet en devenant valeur : "A l'origine le Moi *(Ich)* inclut tout, plus tard il exclut de lui le monde extérieur" dira Freud[3] dans *Malaise dans la civilisation.* La maîtrise des pulsions va de pair avec celle de la violence, ce qui laisse place à l'avènement de l'objet. Quand la pulsion est satisfaite, le sentiment de plaisir devient une *forme* de notre conscience. On retiendra le terme, au coeur du travail de Simmel : penser l'origine des formes et leur dynamique (42). La pulsion cherche la satisfaction, elle est "finalité inconsciente" (271) - esquisse de ce que Freud appellera la libido ?- puis vient le "vouloir" finalisé vers une action, des objets... Mais jamais l'obtention d'un gain n'arrive à combler le manque : il reste toujours un au-delà inaccessible (279) ; ce que Freud désigne du nom de réel, l'obstacle au principe de plaisir, dont Lacan dit "c'est que ça ne s'arrange pas comme le veut la main qui se tend vers des objets extérieurs" et plus loin : "la pulsion saisissant son objet apprend en quelque sorte que ce n'est justement pas là qu'elle est satisfaite"[4]. Simmel énonce cela en d'autres termes : les fins ne sont finalement toujours que des moyens (280). L'argent le démontre parfaitement ; il nous permet de combler un manque, mais il provoque aussi une désillusion car il signifie l'incommensurable distance ou l'inadéquation entre le désir et l'objet. Ce que l'on pourrait formuler ainsi en poussant Simmel dans ses retranchements : l'argent existe donc comme pour signifier le manque; il en est une des représentations. L'argent vient, comme substitut, comme leurre, répondre à la demande de jouissance, car vide de toute subjectivité -neutre en quelque sorte- il permet à toutes les subjectivités de s'engouffrer en lui. Au manque du sujet répond la viduité de l'argent. Ainsi arrimé au sujet, le lien social se résumerait à un échange de leurres.

Puis vient le temps où il faut creuser un espace entre les "choses" et nous afin de reconnaître leur importance propre (37). De la distance naît le désir, de la résistance à la jouissance qu'impose la distance, et "les représentations accompagnées de sensations de résistance, de sentiments d'inhibition, seraient dites objectivement réelles, indépendantes de nous, sises hors de nous" (31-32).

(3) Freud, p. 10.

(4) Lacan,1973, pp. 152-153.

Comment distinguer la réalité des objets et du monde extérieur au moi ? Par le langage, dit Simmel. La séparation même entre le moi et l'objet est oeuvre de langage, elle est représentation. Mais l'homme l'oublie; il a la faculté de se représenter les contenus, de "se les représenter comme s'ils étaient indépendants de leur représentation" (33). La représentation en tant qu'elle est représentation devient ainsi fiction inconsciente par rapport au monde extérieur.

Retour sur quelques mots clef

Quelques thèmes récurrents de la *Philosophie de l'argent* constituent autant de pivots pour tenter l'analyse du lien social. Ils méritent d'être relevés et mis à l'épreuve, même si la lecture en miroir qui en est faite est entachée d'anachronisme.

Forme: ci-gît la forme dans notre conscience comme une trace structurante fondée sur l'oubli de sa genèse. Et commence alors une histoire faite de va-et-vient entre le sujet et l'objet. La valeur relève d'abord de la subjectivité, c'est-à-dire d'une opération de langage. Les objets pénètrent notre expérience parce qu'ils sont des représentations à l'intérieur de nous "parce que la force qui façonne et détermine notre expérience est la même qui s'exprime dans la formation de nos représentations" (66). C'est le premier stade de l'échange, le plus intime. Simmel sème les cailloux d'un inconscient, sans le dire, sans le savoir. A quoi Freud(5) ajoute: rien ne se perd dans la vie psychique et le Moi *(Ich)* qui a fini par exclure le monde extérieur se retrouve comme un Moi résiduel avec en mémoire le moment de fusion qui est le comble de la jouissance, comble mythique.

De la perte à l'échange. Le pire est à venir: l'argent répond à la demande du sujet, mais ce dernier doit le perdre, car il doit s'en séparer pour avoir, pour posséder. Et si l'argent est l'objet désiré, il faudra aussi payer: en énergie, en temps...La vie d'un individu pourrait bien n'être qu'une comptabilité ? et même en tant que telle, elle ne serait peut-

(5) Freud, 1989.

être pas dénuée de sens...

L'échange peut être considéré comme échange de biens - ou de pertes. Pour avoir - et pour être - il convient de payer le prix. "Le sens de l'échange, c'est que la somme de valeur soit plus grande après qu'avant, et cela signifie bien que chacun donne à l'autre plus qu'il n'a possédé lui-même" (53). Il y a toujours de la perte, du moins pour le sujet; le gain est hors de lui, du côté du lien social. La valeur subjective, c'est ce que je suis prêt à abandonner pour une chose, ou, quand elle a des équivalents, c'est ce que que je pense pouvoir échanger contre elle (70). L'échange revêt donc sans doute pour le sujet l'image du sacrifice à consentir - le sacrifice de sujets "malades du désir"(6) - pour le prix de leur socialisation? Freud avance d'un pas : la civilisation repose sur le principe du renoncement aux pulsions, elle impose de lourds sacrifices- à la sexualité, à l'agressivité. Et il tire la conclusion inverse de Simmel: la liberté n'est pas un produit culturel, elle était bien plus grande avant toute civilisation(7).

Simmel a le pressentiment d'une pensée possible sur ce que P. Legendre appelle "l'enlacement" du sujet au social, sur les rapports de la subjectivité aux institutions. Et l'argent ne serait-il pas une institution, au-dessus de toutes les institutions, sans visage, qui aurait la caractéristique d'être en même temps la métaphore des liens sociaux ? Qu'est-ce qu'un lien ? Ce "n'est pas seulement l'entrave du prisonnier et de l'esclave, mais le signe de la nécessité à laquelle se réfère toute espèce d'engagement, là où les humains ont à payer quelque chose", répond P. Legendre(8).

Mais la difficulté est que Simmel change sans arrêt le cadrage; les exemples multiplient les approches dans une volonté de couvrir la totalité; le livre aurait pu ne jamais finir...L'obstacle majeur réside dans la dichotomie sujet-société ancrée au plus profond de notre pensée occidentale, même si Simmel (et d'autres) tentent de la réduire en travaillant sur tout ce qui s'échange entre les deux catégories de notre pensée. La subjectivité est un fait social et elle se

(6) Legendre, 1983, p. 35.

(7) Freud, 1989, pp. 44-45.

(8) Legendre, 1983, p. 75.

loge dans les institutions, à voir sous l'angle de leur fonctionnement symbolique, comme "combine"[9] grâce à laquelle nous nous soumettons au pouvoir.

La dette. La question du sacrifice ouvre deux pistes: celle de l'équivalence et celle de la culpabilité (que ne prend pas Simmel). Quel rapport entre le prix à payer et la chose ? Alors il faut sortir l'arsenal de la pensée occidentale, Oedipe, la Bible, le meurtre, le prix de l'homme, jusqu'à la comptabilité des réparations pour les morts de l'Holocauste. La fixation de l'unité monétaire doit avoir une relation avec le sentiment de valeur central chez l'homme (447). L'évolution de la société produit l'idée que toutes les valeurs destructibles par des crimes possèdent un équivalent monétaire. Mais comment fonder l'équivalence ? L'apport du droit romain *(lex Aquilia)* fut d'affirmer que le corps humain ne peut être joué comme monnaie, comme paiement.

Paiement pour crime, pour faute: la culpabilité. Les discussions théologiques furent interminables au Moyen Age pour savoir si le malheur de Job fut un châtiment pour un crime commis, même ignoré du coupable[10]. La question de l'équivalence est au coeur de l'élaboration d'une tarification de la pénitence. Sur quoi repose-t-elle ? Comment établir l'équivalence ? Qui donne la mesure de la peine et en vertu de quoi ? La dette du pécheur suppose un Créancier, Dieu, dans la logique pénitentielle; qui donc dans la société laïque, sinon la Loi ? L'argent dans ce cas inscrit une limite à la dette, la circonscrit, donne une réponse sociale, mais est-il à même de la liquider au plan du sujet ? Car "tout exercice de la jouissance comporte quelque chose qui s'inscrit au livre de la dette dans la Loi"[11].

Une histoire de signes

Retour à Simmel pour une autre dérive à partir de ce qu'il dit de l'échange et des exemples historiques précis qu'il utilise.

---

(9) Legendre, 1974.

(10) Legendre, 1983.

(11) Legendre, 1983.

A diverses reprises, Simmel aborde la question des redevances et des relations seigneurs/ dépendants. Il les regarde au prisme de l'échange, au sens d'interaction, y compris dans le cadre contraint de la domination. Son analyse vise encore plus juste pour les redevances qui ne portent pas uniquement sur des biens économiques, sur celles qui relèvent des traditions populaires (aliments, danses, jeux...), et pour les droits honorifiques, car il cherche à repérer comment s'agencent la subjectivité de la valeur dans l'échange et l'objectivité des biens échangés et des rapports de domination. Cas exemplaire pour Simmel puisqu'il réapparaît régulièrement et en particulier dans le chapitre sur "La liberté individuelle". Les dépendants d'un seigneur sont enchaînés à leur position économique, leur être à leur avoir: situation de dépendance maximale. D'où la difficulté majeure d'établir une équivalence objective entre la prestation (corvées, redevances) et sa valeur monétaire, entre la prestation et la contrepartie seigneuriale. Car le devoir dû est, comme le dit Simmel, partie prenante d'un échange: il y a bien retour, compensation réciproque.

A l'aide d'une hypothèse qu'il suit longuement, bien qu'il la pense erronée, il enfonce le clou : si on admet que le quantum de biens ou de valeurs est fixé une fois pour toutes, le jeu social et économique n'est qu'une redistribution permanente et tout bien donné à l'un est retiré à l'autre (352); alors seuls peuvent changer les formes et les supports. "Ote toi que je m'y mette" en français dans l'édition allemande : seul l'homme peut ne pas agir uniquement selon cette formule; car il y met les formes. D'où la nécessité absolue de s'occuper des formes - et des contenus qui peuvent changer indépendamment et faire advenir de nouvelles formes. L'histoire de l'argent en fournit les preuves. Quels sont les effets de la monétarisation des redevances ? Bénéfiques, car l'argent libère les obligés des liens personnels. Ainsi dans la chronologie du *jus primae noctis* (le droit pour le seigneur de passer la première nuit de noces avec la femme d'un de ses dépendants qui se marie), on passe d'une prise de corps de la femme, à l'autorisation de mariage demandée au seigneur, accordée en échange d'argent - étape où le seigneur est en quelque sorte "contraint" d'accepter la prestation monétaire et enfin paiement sans demande d'autorisation.

Dans ce cas repris par Simmel, l'argent est libérateur, car il met le corps hors jeu. En tant qu'agent extérieur il dissout le trop-plein de subjectivité qui imprègne le lien social... Chimie du social. Le discours de Simmel s'inscrit aussi dans le discours de la science du tournant XIXe-XXe siècle.

Un don en nature peut être rendu en nature, alors qu'un don en espèces ne peut avoir qu'un équivalent. L'argent entraîne donc une diminution de la relation affective qu'induit un don en nature :" La forme monétaire du cadeau l'éloigne du donateur plus définitivement" (414). Car "l'échange qui met en relation les choses à la place des hommes instaure le stade de l'objectivité" (393), objectivité accrue quand l'argent remplace les choses. Appliquée aux redevances seigneuriales, cette dé-personnalisation du lien expliquerait la résistance des seigneurs à la conversion monétaire de certaines d'entre elles : celles précisément où le corps est l'agent principal, car elles y perdraient leur sens, leur plus-valeur qui est de nouer la subjectivité aux instances dominantes, au pouvoir. La petite mort des signes. Si le devoir est la forme, et si le contenu spécifique est la matière, lorsque cette dernière change la première en est modifiée. La monétarisation des redevances modifie la nature du lien social. Mais la redevance est plus qu'une obligation - même monétaire -, elle dépasse le simple quantum de valeur. Si l'argent libère l'obligé, on peut donc affirmer qu'il l'oblige autrement, lui ainsi que le seigneur : on aboutit à la création d'une nouvelle forme. Simmel oppose le quantitatif à la forme. L'exemple des femmes de Besançon rencontré dans les archives[12] peut être lu dans ce contexte: elles affirment ne vouloir changer leur droit de mener sur l'âne tout homme qui bat sa femme "ne pour or ne pour argent" (en 1467). Elles savent que l'argent n'est pas un simple équivalent, qu'il n'y a pas d'équivalent pour tout, en tout cas pas pour ce qui est en jeu dans ce rituel, en un mot elles savent qu'elles y perdraient. Car l'absence de "caractère de l'argent" (252) induit ce moins de valeur, au niveau du symbolique. L'argent est destructeur de formes. Il nous faut donc mener de front deux questionnements : le combien, et le comment - où la subjectivité entre en résistance.

---

(12) Archives communales de Besançon, BB 7, fol. 66v.

Ici la menace d'une tarification du rituel signifie moins-value, moins de jouir. L'économie monétaire, c'est par rapport à un état "primitif" de liens personnalisés, un détachement libérateur et en même temps une forme nouvelle d'interdépendance.

L'idée force de Simmel est de faire de l'échange lui-même un processus créateur: de valeurs, de formes, d'effets supra-subjectifs : " En effet face à cette notion d'échange on se rend souvent coupable de la confusion de pensée qui consiste à parler d'un rapport, d'une relation, comme s'il s'agissait de quelque chose d'extérieur aux éléments entre lesquels elle joue. Elle ne représente pourtant qu'un état ou un changement interne à chacun d'eux, mais rien qui se situerait *entre* ceux-ci, comme un objet placé dans l'espace entre deux autres objets" (55).

La garantie du tiers

La question de la garantie est parfois implicite, parfois plus clairement exprimée; elle est essentielle sous deux aspects : 1)ce qui garantit l'échange; 2) l'argent comme mesure de toute chose.

1) L'argent vient de ce que l'échange de prestations de sujet à sujet est impossible, il y faut un tiers " membre intermédiaire" (243). L'échange n'est pas l'addition de deux processus : donner et recevoir, car un tiers processus naît quand les deux deviennent cause et effet mutuellement (66). Il faut travailler sur ce qui se fabrique dans ces manipulations: du lien social ou, plus exactement, de la représentation du lien, et de la légitimité. Simmel aborde ensuite des exemples des situations pré-échangistes et évoque les formes sacramentelles ou la présence nécessaire de témoins pour garantir l'échange (79). Des formes primitives de possession (rapine...), l'histoire de l'humanité est passée aux liens personnels accompagnés d'un processus de distribution des droits et des devoirs. De cette première forme d'échange naît la justice, une amorce de justice. La forme monétaire suppose un raffinement des concepts juridiques. Plus les relations sociales sont dé-personnalisées, par le biais de l'argent, plus elles induisent l'élaboration de règles juridiques précises, comme garantie située hors du

champ de la subjectivité. C'est un progrès, pense Simmel; et pourtant de cette apologie de l'économie monétaire, il ne cesse de signaler le versant d'ombre : perversions des usages de l'argent, destruction des formes sociales... jusqu'à la réification des sujets. Tout ceci est d'actualité.

Si l'argent est lui-même un tiers garantissant l'échange, il subsume l'existence d'un autre tiers qui pourrait s'appeler le pouvoir, l'autorité. Il ne peut se passer de garanties sociales; le droit remplit cet office (80). Les institutions sociales, le droit, la justice, permettent à l'individu d'atteindre un but inatteignable par lui seul: l'objectivation des sentiments individuels (381). Le droit civil et le culte ecclésiastique en sont les outils. La piste est à suivre de près. Le droit civil a éliminé la notion d'expiation et l'a remplacé par celle de paiement. Alors, faut-il considérer l'argent dans l'histoire comme la cause majeure du progrès de l'humanité, et y a-t-il réellement progrès linéaire ? Simmel semble pourtant hésiter. L'histoire du XXe siècle donne raison à ses doutes. Pierre Legendre affirme que " la civilisation de l'objectivité se concilie parfaitement avec la barbarie de l'inconscient"[13].

Si le droit donne des garanties, le citoyen ne peut se passer des services de l'Etat. Il reste donc à envisager ce que chacun y gagne, et ce qu'il y perd "Le besoin d'une norme juridique entraîna cette limitation des valeurs personnelles aux valeurs en argent" (463): où l'on retrouve la lancinante question de l'équivalence et où Simmel affirme la toute-puissance de la domination financière comme fiction (464). Mais qu'est ce besoin d'une norme juridique sinon aussi la nécessité d'une toute-puissance fictive, d'une Référence. Enfin, dit Simmel, l' Etat ne nous contraint pas à observer ses lois, il peut seulement contraindre à endurer les sanctions: nuance fort intéressante. Elle éclaire certains écrits seigneuriaux (aveux) recensant l'ensemble des droits et des devoirs des dépendants, et met en particulier en évidence une certaine affinité symbolique entre justice et argent. Dans un cycle d'échanges ritualisés que j'ai étudié au XVIe siècle - dont les protagonistes sont le seigneur, les valets à marier (jeunes gens célibataires), les nouveaux mariés, la paroisse, les clercs -où droits et devoirs de chacun s'enchaînent les uns

(13) Legendre, 1983, p. 206.

aux autres, l'argent vient s'immiscer, sous forme de l'amende due par les contrevenants. La circulation des dons en nature et de gestes rituels, surchargés de sens, de valeur dirait Simmel, laisse place à l'argent, signifiant de la rupture du consensus social en même temps que sanction. De par son caractère radicalement différent des autres choses échangées, il marque la nature différente de celui qui peut l'exiger, du contrat qui le lie aux autres hommes et rend compte du statut symbolique de la justice(14).

2) "L'argent mesure toute chose avec une objectivité impitoyable" (548). Je retiendrai deux aspects:

L'argent "suppose un intérêt commun, central au-dessus des séries généralement éloignées et les met en liaison" (547), c'est dire qu'il s'appuie sur un acte de foi et fait fonction de référence. Il "mesure toute chose" : fiction d'universalité qui n'est pas sans rapport avec celle du discours de la science d'une mise en mesure du monde; il se rapproche du cosmos et des lois de la nature. Comme le droit et l'intellectualité, l'argent acquiert l'universalité, s'élève au-dessus des oppositions (devoir/praxis, besoin/ satisfaction, etc.). Mais à la différence de la religion qui redescend dans l'arène et y participe, l'argent reste en dehors. L'argent est vide - donc plein de tous les possibles - et en même temps il incarne la relation: c'est là le paradoxe de l'argent. Pur symbole ? "Institution pure" comme dit Saussure du langage auquel Simmel compare l'argent; ou encore "forme vide et cependant indéfiniment remplie selon les politiques d'élaboration du sens"(15). On peut le comparer dit Simmel à la sonorité d'un mot (110) - d'ailleurs il est dit sonnant et même trébuchant - c'est-à-dire au mot avant, ou sans, le sens, attendant d'exister, car la "signification" du mot "provient de la représentation intérieure qu'il véhicule et symbolise" (110).

L'argent, Dieu, la religion

Il semble que l'arrivée de la religion sur le terrain argumentaire de Simmel présente un caractère spécifique : il

---

(14) Archives départementales de la Côte-d'Or, E 397, fol. 78.

(15) Legendre, 1983, p. 117.

est avant tout analogique. C'est ce qui, sans pouvoir y introduire d'articulations, rendrait le mieux compte du fonctionnement de la subjectivité dans le social, là où la subjectivité s'inscrit le plus violemment, mais aussi dans l'objet le plus éloigné, Dieu. L'argent aurait pris dans l'histoire une place équivalente - voir le triomphe de la finance, de la marchandise aux expositions universelles, le *Paris XIXe siècle* de W. Benjamin(16) contemporains de Simmel - avec une différence et un avantage : il ne demande même pas la conscience de la croyance. De là à le considérer comme l'institution la plus apte à manipuler les consciences, il n'y a qu'un pas, que Simmel ne franchit pas. A quoi Freud ajoutait "l'ancien monde est régi par l'Autorité, le nouveau par le dollar(17) et P. Legendre " La puissance du lien religieux pour solidifier les groupes sociaux n'a d'égal que le fanatisme des modes les plus évolués de manipulation des masses", y compris le "dessein de prendre le sujet par son désir"(18).

Donc Dieu et l'argent rassemblent, intègrent les contradictions du monde et apaisent les pulsions.

Dernier point : l'argent destructeur de formes mais libérateur de l'individu. Le gain de liberté personnelle peut s'entendre en sens inverse comme processus de réification du sujet. L'homme de l'apothéose de l'économie monétaire ne court-il pas le risque de devenir un sujet mort ? La liberté individuelle acquise pourrait être l'apanage de sujets devenus objets, marchandises. D'où l'impérieuse nécessité de garder en vue la subjectivité de la valeur et la perméabilité entre les sujets et les objets que crée l'échange. Simmel a raison, quelque chose se fabrique dans l'échange et qui le dépasse : une représentation du lien social et le mouvement même de l'histoire. Dans l'échange se révèle, se crée la dynamique perpétuelle du social. Causes et effets s'enchaînent à l'infini : pas de clôture, ni des actions ni des champs. Si l'échange est à considérer comme un changement d'état des objets échangés, et non pas comme une manière de combler

(16) Benjamin.

(17) Correspondance de Freud à Fliess, cité dans Legendre, 1974, p. 30.

(18) Legendre, 1974, p. 31.

l'espace entre eux, la forme, elle, "est limite... elle est à la fois l'objet lui-même et la cessation de l'objet, le lieu où l'être et le ne-plus-être de l'objet ne font qu'un"(19). Cette définition pointe exactement ce sur quoi Simmel travaille - ce lieu qui est en même temps sa propre négation - et rend compte de sa démarche mise en oeuvre dans *Philosophie de l'argent* quelques années auparavant. Il prolonge la réflexion entamée dans le dernier chapitre sur "Le style de vie". "La culture naît... de la rencontre de deux éléments, qui ne la contiennent ni l'un ni l'autre: l'âme subjective et les créations de l'esprit objectif"(20). "La grande entreprise de l'esprit: surmonter l'objet en se créant lui-même comme objet pour revenir enrichi de cette création, mais il faut payer le prix de cet accomplissement de soi par le risque tragique de voir s'engendrer dans l'autonomie du monde crée par lui et qui en est la condition une logique et une dynamique détournant, à une rapidité toujours accélérée et à une distance toujours plus grande, les contenus de la culture de la finalité même de la culture"(21).

Pour lier les deux scènes, celle du sujet et celle de l'instance commune - la culture, la civilisation(22) - sous le regard des sciences sociales, Simmel prend le miroir de l'argent où elles n'en font plus qu'une. Et il suggère de ne pas les penser séparément, ou en tout cas de travailler sur leurs reflets mêlés, et d'observer les jointures comme la forme même du lien social.

---

(19) Simmel, 1988, "Le concept et la tragédie de la culture", pp. 167-168.

(20) *Id*, p. 182.

(21) *Id*, pp. 214-215.

(22) Notons que l'ouvrage de Freud paru en français sous le titre de *Malaise dans la civilisation* était paru en allemand sous le titre de *Das Unbehagen in der Kultur*. E. Roudinesco(Roudinesco, 1986, vol. I, pp. 307-308). analyse l'opposition entre les deux termes de culture et de civilisation dans la pensée allemande et dans la pensée française. "Le mot Kultur dans le vocabulaire freudien se rattache à la tradition allemande. Il définit à la fois l'intériorité d'une situation individuelle et l'extériorité d'un mécanisme civilisateur. En même temps, il abolit la division entre l'individuel et le collectif." Ce qui me semble être, outre la ressemblance du titre avec "La tragédie de la culture "de Simmel, la preuve d'une démarche intellectuelle proche sur des objets différents.

REFERENCES

BENJAMIN, W., 1989, *Paris, capitale du XIXe siècle*, Paris, Cerf, 972 p.

FREUD, S., 1989, *Malaise dans la civilisation*, 1e édition: 1929, Paris, P.U.F., Bibliothèque de psychanalyse, 107 p.

LACAN, J., 1973, *Le séminaire, livre XI. Les quatre concepts fondamentaux de la psychanalyse*, Paris, Editions du Seuil, 256 p.

LACAN, J., 1986, *Le séminaire, livre VII. L'éthique de la psychanalyse*, Paris, Editions du Seuil, 374 p.

LEGENDRE, P., 1974, *L'amour du censeur*, Paris, Editions du Seuil, 270 p.

LEGENDRE, P., 1983, *Leçons II. L'empire de la vérité. Introduction aux espaces dogmatiques industriels*, Paris, Fayard, 253 p.

ROUDINESCO, E., 1986, *La bataille de cent ans. Histoire de la psychanalyse en France,* 2 tomes, Paris, Editions du Seuil.

SIMMEL, G., 1988, *La tragédie de la culture,* Paris, Rivages, Petite Bibliothèque, 253 p.

Chapitre 4

L'ARGENT DE LA BEAUTÉ LA BEAUTÉ DE L'ARGENT

Philippe SIMONNOT

Que l'argent ait de l'influence sur l'art, voilà qui ne saurait étonner dans une économie marchande où le système des valeurs est censé être dominé par l'économie.

Ce ne sont pas seulement les marchands qui apprécient une oeuvre d'art non en fonction de sa beauté, mais de son prix. C'est tout l'intérêt pour l'art qui est contaminé par l'argent. On se précipite aux expositions Van Gogh parce que les tableaux de ce peintre ont battu tous les records dans les salles de vente. Ce n'est plus une ruée vers l'art. C'est une nouvelle ruée vers l'or. Au moins est-on assuré de ne point commettre de faute de goût, l'objectivité marchande du prix venant se substituer aux effrois du jugement esthétique - substitution avantageuse par les certitudes qu'elle apporte. On ne dit plus : c'est cher parce que c'est beau, car cela imposerait de définir ce qui est beau.

On dit plus simplement : c'est beau parce que c'est cher. Car il est à la portée de tout un chacun de connaître ce qui est cher. Les artistes eux-mêmes n'échappent pas à cette contamination : ils produisent pour le marché ou pour les marchands, certains allant jusqu'à se flàtter de le faire délibérément. Evidemment pour les tenants du "plaisir désintéressé" (Kant) qui constituerait l'attrait pour l'oeuvre d'art, cette domination de l'argent sur l'art est une sorte de barbarie, une manifestation flagrante de la décadence de nos sociétés. Ce qui revient, au moins implicitement, à se référer à un Age d'Or, forcément mythique, où la Beauté régnait par elle-même. Mais il ne serait pas difficile de montrer qu'à mesure qu'on remonte dans le temps, cet âge d'or recule lui aussi comme l'horizon pour le promeneur. Tout se passe comme si le présent était toujours vécu comme marchand et le passé comme esthétique.

Plutôt que de céder à une nostalgie dont le destin est de n'être plus elle-même ce qu'elle était, nous voudrions inverser si possible l'observation du sens commun, et considérer non pas l'influence (tout compte fait banale) de l'argent sur l'art, mais celle de l'art sur l'argent, formuler non plus l'argent de la beauté, mais la beauté de l'argent - l'objectif étant d'avoir une meilleure intelligence à la fois de l'art et de l'argent. Ici, l'argent ne va pas nous servir de mentor pour pénétrer dans le monde de l'art, mais l'art dans le monde de l'argent. N'existe-t-il pas, au demeurant, un art de l'argent, la numismatique ? Mais notre propos irait au-delà de l'esthétique des pièces de monnaie, intéressante en elle-même, bien que délaissée par la plupart des économistes. C'est l'argent lui-même qui serait visé, et non pas telle ou telle de ses formes historiques. Notre tâche serait déjà balisée par les réflexions de Georg Simmel. En effet dans *Philosophie de l'Argent,* Simmel se sert à plusieurs reprises de l'art pour éclairer ou illustrer ses raisonnements, et à notre avis, l'usage qu'il en fait n'est pas seulement métaphorique. Ce qui ne saurait surprendre, toute l'oeuvre de l'auteur témoignant d'un très vif intérêt et d'une connaissance approfondie de l'art. Mais nous voudrions montrer, ce qui est une étape essentielle dans notre démarche, que chez Simmel, aussi étrange que cela puisse paraitre aux économistes, l'argent et l'art ont le même statut, qu'ils sont l'un et l'autre l'objet par excellence, *l'objet objet* si l'on peut dire.

Pour la commodité de l'exposé, on peut distinguer trois moments où l'art intervient dans la *Philosophie de l'Argent*: la formation de la valeur, la place dans la série des fins et des moyens et la notion de propriété.

La formation de la valeur

On ne peut pas dire de la valeur qu'elle existe parce qu'on l'a rencontrée. La nature ignore la valeur. "D'innombrables fois, la nature anéantit ce qui pourrait prétendre, vu sa valeur, à une durée maximale, et elle conserve des futilités sans nom, voire même ce qui prend l'espace vital des choses ayant du prix" (22)[1]. La valeur s'origine dans la subjectivité, mais elle n'est pourtant pas arbitraire, ni soumise à la liberté illimitée de nos caprices. "La conscience découvre bien plutôt la valeur *comme un fait* qu'elle est aussi incapable de modifier que les réalités elles-mêmes" (26). Elle oscille donc entre la subjectivité et l'objectivité sans jamais résider totalement dans l'une ou l'autre borne de la relation sujet/objet. Du reste on ne peut poser le sujet sans l'objet, ni l'objet sans le sujet. "Sujet et objet naissent d'un même acte, logiquement..."(29)

La distance entre le sujet et l'objet permet à Simmel de définir la jouissance. C'est tout simplement l'anéantissement de cette distance : "Dans la mesure où l'homme se borne à jouir de quelque objet, il s'agit d'un acte *pleinement unitaire*. En de tels instants nous éprouvons un sentiment qui ne comporte ni la conscience d'un objet s'opposant à nous comme tel, ni celle d'un moi séparé de son état momentané" (30). Mais comment une telle fusion serait-elle possible puisque, comme on vient de le dire, le sujet ne peut se concevoir sans l'objet, ni l'objet sans le sujet ? La jouissance est en fait une situation limite (Simmel a une prédilection pour le raisonnement différentiel) "où se croisent les phénomènes les plus bas et les plus hauts" (30). Soit le sujet absorbe l'objet dans une "pulsion brute, surtout de nature impersonnelle, générique" (30). Soit l'objet absorbe le sujet (ou le sujet s'absorbe dans l'objet) et c'est la jouissance esthétique où "nous nous oublions nous-mêmes". "Nous ne ressentons pas l'oeuvre d'art comme quelque chose face à nous, parce que l'âme a totalement fusionné avec elle"(30). Ainsi la jouissance esthétique la plus raffinée a-t-elle la même "forme" que la jouissance "impersonnelle" la plus brutale (celle de l'homme dit primitif ou de l'enfant). L'une et l'autre fusionnent sujet et objet, tout en se situant aux deux

(1) Les citations renvoient à la traduction française de *Philosophie de l'argent*, PUF, 1987. Sauf indication contraire, c'est nous qui soulignons.

bornes de la relation sujet/objet. Même si l'esthétique de Simmel évoque le "plaisir désintéressé" de Kant (il y fait lui-même allusion p. 42), elle se retrouve placée dans un système que l'on peut schématiser ainsi :

SUJET		**sujet**
	------------>	
objet		**OBJET**

A l'une des extrémités, le sujet absorbe l'objet; à l'autre, c'est l'objet qui absorbe le sujet. Et l'on passe de l'une à l'autre par une objectivation croissante.

A mesure que l'on "progresse" du sujet à l'objet (progrès qui se confond par ailleurs dans *Philosophie de l'Argent* avec la civilisation ou le passage de l'enfance à l'âge adulte - il y aurait bien sûr beaucoup à dire sur ce "progrès") l'objet tend à l'emporter sur le sujet jusqu'à triompher complètement dans la jouissance esthétique.

Entre ces deux situations qui, répétons-le, ne sont que des situations-limites, s'intercale le vécu réel où l'objet est à distance du sujet dont il suscite le désir. Dans cette réalité, l'objet se caractérise par son "impénétrabilité" (31). Ce monde réel est aussi celui des valeurs :"L'objet ainsi établi, caractérisé par son éloignement du sujet, que le désir de ce dernier constate aussi bien qu'il cherche à le surmonter - est pour nous une valeur. L'instant même de la jouissance, où sujet et objet effacent leurs oppositions, consomme en quelque sorte la valeur; elle ne ressurgit qu'en se séparant du sujet, face à nous en tant qu'objet" (31). Désir, valeur, distanciation de l'objet par rapport au sujet sont corrélatifs - avec toutes les ruses de la relativité. Comment savoir en effet si c'est l'objet qui est distancié du sujet, ou le sujet de l'objet ? Comment décider si nous accordons de la valeur à ce que nous désirons ou si nous désirons ce qui a de la valeur? Le désir est de mauvaise foi."Loin qu'il soit difficile d'obtenir les choses pour la raison qu'elles sont précieuses, nous appelons précieuses celles qui font obstacle à notre désir de les obtenir" (32).

Toutefois à mesure que l'on "progresse" du sujet à l'objet,

le désir lui-même s'objective. Au départ l'homme "primitif" couche avec la première femme venue "sans la choisir individuellement", "mange tout ce qu'il peut mâcher ou digérer", etc.(35). Ensuite, "est souhaitée non seulement la satisfaction en général, mais celle que procure un objet déterminé"; "alors, s'amorce en principe la conversion du sujet vers l'objet"; "ainsi grandit l'espace que l'objet comme tel occupe dans la conscience" (37). La valeur étant le corrélat du désir subit le même processus d'objectivation et d"'affaiblissement des affects". Le langage participe lui-même à ce processus, la capacité de s'exprimer étant "un des plus puissants moyens pour atténuer les affects". "Par la parole, l'intérieur se projette quasiment à l'extérieur et se présente dès lors face à nous, telle une figure perceptible; la violence de l'affect, de cette manière est détournée" (37).

Au terme de ce processus se trouve, comme annoncée, l'oeuvre d'art, "un exemple très éloigné des valeurs économiques, donc d'autant mieux fait pour illustrer l'aspect fondamental de ces dernières"(40). Dit en passant, ainsi se trouve résumé le programme que nous entendons suivre. La jouissance esthétique consiste à "savourer la chose elle-même" (comme si la chose-en-soi de Kant était enfin atteignable). Le parallèle avec la jouissance brute est de nouveau tracé, mais cette fois-ci cette dernière est nommée : c'est le sexe :"Tout homme cultivé distinguera en principe avec une grande sûreté le plaisir esthétique et le plaisir sensuel pris à la beauté féminine... Dans le premier type de relation, nous nous donnons à l'objet, dans le second, c'est lui qui se donne à nous" (40) (ici aussi, il y aurait beaucoup à dire...). En vérité, nous nous "donnons" si bien à l'oeuvre d'art, en une "projection parfaite" que le sujet "pénètre entièrement l'objet" - triomphant de l'impénétrabilité propre aux objets du désir.

L'objet d'art présente ainsi cette double caractéristique d'être dépourvu de subjectivité et d'être pénétrable par le sujet, ces deux caractères s'impliquant l'un l'autre. Tout se passe comme si les objets ordinaires du désir, ceux qui ont une valeur, n'étaient impénétrables que parce qu'ils conservaient une trace plus ou moins grande de subjectivité - et réciproquement. L'objet d'art est l'objet par excellence, l'objet objet, et comme tel pénétrable par le sujet. Or il se pourrait bien que l'argent ait le même statut. "Comme il ne peut jamais se consommer directement, il se soustrait à toute relation subjective" (121).

De fait l'objectivation opérée par l'argent est un thème qui court tout au long de *Philosophie de l'argent.* On peut le résumer de la manière suivante : Simmel oppose la relation monétaire à ce que nous appellerions pour simplifier la relation féodale au sens large, qui inclut les rapports au sein d'une même famille. Dans la relation féodale, les dettes ne peuvent être éteintes. Le féal n'aura jamais fini de rembourser ce qu'il doit à son seigneur, de même le fils ce qu'il doit à son père, parce qu'à l'origine ce qu'il lui doit, c'est la vie, et que la vie n'a pas de prix. Même monétarisée, la relation féodale ne peut s'épuiser dans l'argent. L'"équivalent universel" avoue ici son impuissance à assumer une totale universalité. Même monétarisée, la relation féodale s'analyse en définitive comme une série de dons et de contre-dons où les comptes ne sont jamais exacts, et cette inexactitude même empêche la relation de se dénouer puisqu'on n'a jamais fini de payer. Au sens propre comme au sens figuré, l'argent est incapable de libérer de la dette. Seule la mort... et encore ! Tout cela revient *exactement* à dire que la relation féodale est imprégnée d'affectivité. Les contes de l'amour sont des comptes inexacts.

La relation monétaire est tout simplement l'inverse de la relation féodale. Elle implique un environnement où la dette est remboursable. Si elle est telle, c'est qu'elle peut être calculée, et réciproquement. Alors, et alors seulement, le taux d'intérêt est concevable. Il consacre l'exactitude des comptes du débiteur et du créancier, en même temps que l'universalité de l'équivalent monétaire. Le temps qui dans la relation féodale est dit n'appartenir qu'à Dieu ; le temps lui-même entre dans l'équation des échanges (*time is money*), mesuré par le taux d'intérêt avec une précision mathématique. Le temps étant intégré, rien ne saurait échapper à l'universalité de l'argent. La vie elle-même se voit donner un prix dans une logique qui conduit à exiger en paiement la "livre de chair". Quant à l'amour, il ne peut être que vénal. Tout cela revient *exactement* à dire que la relation monétaire est débarrassée de toute affectivité, ou encore que l'argent est une sorte de désaffectant des rapports sociaux : il les désinfecte de leurs adhérences affectives. Comme dirait Simmel, il les objective, puisqu'au même titre que l'oeuvre d'art, il est un objet objet.

L'objectivité de la relation monétaire peut même prétendre à une plus grande "vérité" que la subjectivité de la relation féodale. Comment nous assurer de la sincérité des sentiments qu'on nous porte, ou même de ceux que nous portons ? Ne sont-ils pas extérieurs au sujet du seul fait qu'ils sont "portés" ? Qui peut prétendre que les affections ne sont pas mêlées peu ou prou d'affectations ? que la pure gratuité existe en ce bas monde ? En désinfectant les rapports sociaux de leur affectivité, l'argent constitue une sorte d'assurance minimum contre l'hypocrisie. Il n'exclut pas que les sentiments puissent être sincères. Il en fait seulement des paramètres non pertinents de l'équation des échanges. Puisque l'affectation ne peut être démêlée de l'affection, débarrassons-nous par l'argent de tout affect. Et progressons en objectivité. Ainsi, à mesure que s'étend la relation monétaire au détriment de la relation féodale, les affects s'affaiblissent et grandit l'espace que l'objet occupe dans la conscience.

Cette objectivation croissante des rapports sociaux est inséparable de l'urbanisation - autre thème récurrent de la *Philosophie de l'argent*. En des termes que l'on dirait inspirés de Lévy-Strauss, on lirait chez Simmel que la ville permet de sortir du système binaire qui caractérise la communauté rurale où l'on est soit ami, soit ennemi, et donc dans les deux cas dominé par l'affect, même si le troc a fait place à l'échange monétaire. Par contre, la "foule solitaire" de la grande ville permet l'émergence de relations "désaffectées" avec des êtres qui ne sont ni amis ni ennemis, envers lesquels les dettes peuvent être définitivement éteintes. Dans un tel environnement, l'argent peut se manifester dans toute sa beauté d'objet objet qui l'apparente à l'objet d'art.

Cette désaffection est flagrante dans l'amour vénal où la monnaie apparait comme l'instrument de paiement le plus adéquat au réglement de ce commerce particulier.

> "Seule une pareille transaction [monétaire] répond bien à ce rapport très momentané, ne laissant point de trace, qui définit la prostitution. L'offre d'argent vous dégage bien plus complètement du rapport engagé, vous permet de vous en arranger bien plus profondément que l'offre de tout autre objet qualifié auquel reste facilement attaché - de par son contenu, son choix et son usage - ne

serait-ce qu'une exhalaison de la personne qui fait l'offre. Au désir tout de suite culminant et non moins vite expirant si bien servi par la prostitution, ne convient que l'équivalent monétaire, lui qui n'engage à rien et reste en principe, à chaque moment, disponible et bienvenu...payer en argent, c'est en terminer foncièrement avec tout, autant qu'avec la prostituée après satisfaction".(473-474)

Soit dit en passant, il est dommage que Simmel n'ait pas connu, au temps où il écrivait la *Philosophie de l'argent*, la relation psychanalytique telle qu'elle est pratiquée par certaines écoles qui refusent tout paiement autre que liquide. Son esprit sagace n'aurait pas manqué d'observer que dans ce cas comme dans l'amour vénal seul l'argent permet de payer parce que seul il est un objet objectif, tout autre objet ne pouvant être ressenti par les deux partenaires que comme un cadeau ou un souvenir entaché de subjectivité. Dans la relation psychanalytique comme dans l'amour vénal, non seulement l'argent est le seul objet objet, mais encore son objectivation est-elle agissante, à l'égal d'un désinfectant, nettoyant la relation de tout résidu affectif qui pourrait subsister consciemment ou inconsciemment, jusqu'à l'"exhalaison" du donateur, comme l'écrit finement Simmel. Dans cette perspective, la relation psychanalytique est à la confession chrétienne dans le même rapport que l'échange monétaire au troc féodal. Il y a "progrès" en objectivité, au même rythme que s'étend l'utilisation de l'argent, dans la mesure où la psychanalyse se manifeste comme une monétarisation de la confession ou d'autres formes de confidences intimes. Ainsi la psychanalyse apparaît-elle en correspondance avec son époque comme l'un des aspects de l'extension du domaine monétaire -ce qui donne à penser que par contre le trafic des indulgences était peut-être en avance sur son temps. (On pourrait aussi considérer - mais cela nous entraînerait hors des limites de la présente épure - que l'argent a pris la place de Dieu en tant qu'objet objectivant , désaffectant, désinfectant de la relation entre le "malade" et son "guérisseur").

Evidemment tout ce qui vient d'être dit de l'amour vénal ou de la relation psychanalytique montre *a contrario* que, comme le note Simmel lui-même, "s'agissant des relations inter-humaines qui recherchent par essence la durée ainsi que la vérité intérieure des forces de liaison - voir par exemple l'authentique liaison amoureuse, aussi rapidement qu'elle soit rompue - l'argent ne pourra jamais être un médiateur adéquat" (473). Même, ajouterions-nous, sa puissance désaffectante rend son utilisation toujours délicate, voire ruineuse dans la relation inter-humaine non commerciale. Reste à se demander pourquoi l'universalité de l'argent équivalent ne mord pas, même dans la société moderne, sur ce résidu féodal des relations inter-humaines *durables,* pourquoi le progrès en objectivation s'arrête aux frontières d'un espace où règnent encore les affec(ta)tions, où l'hypocrisie peut se réfugier. Cette résistance au "dire vrai" de l'argent est-elle propre à la condition humaine, ou n'est-elle qu'une étape dans l'histoire du "progrès" ? Peut-on imaginer un monde où l'argent serait vraiment universel comme l'est la beauté dans l'esthétique kantienne ? Autant de questions auxquelles nous serions invités à répondre.

Pour ce qui concerne l'espace monétarisé, il y a de la pacification dans l'air simmelien. Par l'argent comme par le langage, la "violence de l'affect [est] détournée" (37), nous l'avons noté plus haut. En se substituant à la relation féodale, la relation monétaire intronise la logique des intérêts à la place de celle des passions (Hirschman, Paris, PUF, 1980). Or, refrain connu, les intérêts transigent toujours, jamais les passions. A l'aube du siècle le plus guerrier et le plus meurtrier de l'histoire, la *Philosophie de l'argent* consacre l'utopie de la modernité qui relègue la guerre au magasin des accessoires archaïques. Question encore : où est l'erreur du raisonnement ?

La fin et le moyen ; l'avare et le collectionneur

La place que Simmel assigne à l'argent dans ce qu'il appelle les séries téléologiques va nous permettre de préciser et d'approfondir ce parallèle entre l'art et l'argent.

L'homme proche de l'animal est poussé "par derrière" par des pulsions. L'homme vraiment homme est tiré en avant par des buts. Son action est "finalisée" (237). La fin une fois atteinte va devenir un moyen pour une nouvelle fin, et ainsi de suite -sans fin pourrait-on dire ! Plus l'homme est cultivé, plus il multiplie les moyens pour atteindre ses fins -ce que l'économiste appelle des "détours de production". Mais la multiplication des moyens lui permet en même temps de multiplier les fins. "Nous pouvons atteindre davantage de buts, et de plus essentiels, avec des séries de moyens à relais multiples qu'avec des séries courtes" (240). Les institutions sociales, telles que le droit, l'éducation, la religion, figurent parmi les moyens, la fin étant la vie en société.

On observe une certaine perversité du moyen. Conçu pour une fin, il donne l'idée d'une autre fin du fait de son ambivalence. Ainsi l'armée conçue pour appuyer la politique étrangère est utilisée pour assurer la police intérieure. Dès qu'un moyen est permanent, persistant au-delà de son application particulière, il tend à développer ses propres fins.

L'argent est le moyen par excellence si on le compare aux autres objets puisqu'il permet de choisir tel objet au lieu de tel autre "dans un cercle de dimension illimitée" (246). Comme "outil permanent", il tend lui aussi à développer ses propres fins[(2)] : "l'argent ne connaît pas le repos et pousse sans cesse à son emploi, quasi spontanément" (247). En outre, cette "liberté frappée" - pour reprendre une expression fameuse que Simmel pourtant n'utilise pas - permet de choisir le moment de son utilisation. En résumé, l'argent est un "pur moyen, n'ayant aucune propriété concrète préjugeant de son emploi" (249). Comparés à l'argent, les autres moyens ont une "étroitesse provinciale" (248), si puissants fussent-ils.

La perversité du moyen se double d'une ruse lorsqu'il nous fait oublier la fin jusqu'à se présenter lui-même comme fin. D' abord, dans les sociétés complexes issues de la civilisation ou de la culture, les fins sont tellement

---

(2) Ici encore, Simmel se livre à une analogie avec le langage, qui mérite d'être notée, surtout de la part d'un lecteur français : "De même que dans les langues pauvres en vocabulaire, le français par exemple, la nécessité de désigner par une expression unique toutes sortes de choses différentes permet une profusion d'allusions, d'associations d'harmonies psychologiques, si bien que la richesse de ces langues, dirait-on, tient à leur pauvreté - de même le vide sémantique de l'argent crée-t-il le plein de ses significations pratiques, voire incite à remplir l'infinité abstraite de sa sphère sémantique avec de perpétuels néologismes, à inscrire, dans la forme pure qu'il présente, des contenus toujours nouveaux, puisqu'elle n'est un point d'arrêt pour aucun, mais un lieu de passage pour chacun." (247)

éloignées qu'on les a oubliées : on ne sait plus très bien par exemple pourquoi on éduque les enfants et l'on en vient à les éduquer pour les éduquer. Surtout, "il n'est pas du tout prouvé que nous parvenions le mieux à nos fins quand nous en sommes le plus clairement conscients" (271). Notre énergie psychique n'est pas illimitée. "Quand le but final demeure constamment présent dans la conscience, on dépense là une certaine somme d'énergie qui est détournée du travail sur les moyens. La pratique la plus conforme à la finalité, c'est donc de concentrer toutes nos énergies sur l'étape suivante de la série téléologique, ce qui revient à dire : le mieux que l'on puisse faire, c'est donc de traiter le moyen qui y mène comme s'il était lui-même la fin" (273); "pour la tâche du moment présent, nous n'aurions souvent plus ni force ni désir, si nous gardions toujours devant les yeux, avec logique et équité, son importance minime par rapport aux objectifs derniers".(274)

Moyen par excellence, moyen pur, l'argent n'échappe évidemment pas à cette "métempsychose de la finalité" (274). Plus qu'aucun autre moyen, il a tendance à devenir une fin en lui-même, une valeur en soi (275). Moyen absolu, il devient une fin absolue (283).

Poussée à l'extrême, cette mutation de l'argent-moyen en argent-fin conduit à l'avarice que Simmel compare avec "cette manie de collectionner, très remarquable sur le plan psychologique, que l'on rencontre chez des personnalités communément comparées aux hamsters : elles engrangent de précieuses collections de toutes sortes, sans tirer jouissance des objets eux-mêmes et souvent même sans continuer à s'y intéresser". L'*objet* d'art, comme moyen au service de l'art, est devenu une fin en lui-même pour le collectionneur, comme l'argent l'est pour l'avare. "Le réflexe subjectif de l'avoir, qui d'habitude pousse à acquérir et à posséder, n'est pas ce qui porte ici la valeur, mais le simple fait, strictement objectif et sans autre conséquence personnelle, que ces choses sont justement en leur possession : voilà ce qui en fait le prix pour ces personnalités-là" (284).

Le maniaque de la collection est-il un égoïste ? Pas tout à fait, répond Simmel. Certes, le collectionneur "interdit ses trésors à d'autres sans en jouir lui-même et cependant surveille et valorise sa possession le plus jalousement du monde" (285). Mais il y autre chose encore qui motive son attitude. Pour éclairer ce point délicat, Simmel fait une analogie avec l'observation des commandements religieux. Celle-ci peut se faire pour des raisons purement égoïstes, par crainte du châtiment ou par espérance d'une récompense, ou "plus finement pour la bonne conscience ou le sentiment de satisfaction intime que cette observation apporte avec elle" (285). Elle peut se faire aussi pour un motif altruiste : l'amour de Dieu. Enfin, "nous pouvons aussi être mus par le sentiment de la valeur objective d'un ordre universel, où la volonté du principe suprême se prolonge sans résistance dans la volonté de tous les éléments particuliers" (285).

Le cas des maniaques de la possession d'art ou d'argent est un phénomène "intermédiaire ou bâtard" : le besoin de posséder "ne débouche pas sur le résultat objectif normal, et la possession, même en l'absence de ce dernier, est ressentie comme précieuse, comme un but digne d'être recherché...Que cette possession par le sujet soit présente comme un fait purement objectif, c'est cela l'élément précieux qui clôt la série téléologique" (285-286). L'avare et le collectionneur dépassent leur subjectivité pour atteindre à une sorte de supra-subjectivité qui colore leur égoïsme[3]. Ils ne sont pas sordides. Parfois même, leur manie confine au sublime.

Cette supra-subjectivité apparaît aussi dans la propriété terrienne, dont la valeur ne s'épuise pas dans les revenus ou les avantages économiques et sociaux que l'on en tire. "Il y a dans la signification de la propriété foncière un élément de valeur absolue, elle s'accompagne -ou du moins s'est accompagné- de l'idée qu'il est précieux d'être propriétaire foncier, même lorsque la valeur ne s'exprime pas dans un bénéfice".

De l'avare et du collectionneur, c'est le premier qui est finalement le mieux loti. Car toujours, en ce bas monde, la possession de ce que nous avons désiré, nous déçoit, et c'est pourquoi la course des moyens et des fins ne s'arrête jamais,

---

(3) Apparemment, le Japonais Ryoei Saito, qui a acheté le *Portrait du Docteur Gachet* et le *Moulin de la Galette* pour la somme totale de 160 millions de dollars, voulait échapper à cette supra-subjectivité puisqu'il avait demandé qu'on l'incinérât à sa mort avec ces deux tableaux ! En renonçant à ce projet, il a renoué avec la supra-subjectivité du collectionneur ordinaire.

les moyens devenant des fins comme nous l'avons dit, et les fins, forcément décevantes une fois qu'elles sont atteintes, étant ravalées au niveau des moyens. Aussi bien arrive-t-il aux collectionneurs de se débarrasser d'un seul coup de leurs trésors patiemment amassés pour débuter de nouvelles collections. "Mais l'argent, pour l'avare, n'a d'emblée aucune prestation à fournir au-delà de sa propre possession. L'argent en tant que tel est mieux connu de nous que n'importe quel autre objet : en effet, parce qu'il n'y a rien à connaître en lui, l'argent ne peut non plus rien nous cacher. Entièrement dépourvu de qualité, il ne peut faire ce à quoi réussit l'objet le plus misérable : cacher en son sein surprises et/ou déceptions. Celui qui ne veut, véritablement et définitivement, que de l'argent, est donc absolument à l'abri de celles-ci" (291). Le collectionneur est un avare condamné à l'échec, l'avare, un collectionneur triomphant des misères de la condition humaine (se reporter, dans cet ouvrage, au chapitre 6 de Jean-Marie Baldner).

Reste à savoir ce qu'est exactement la possession, ou la propriété.

La propriété

Simmel définit la propriété non comme les "droits et usages particuliers relatifs à la chose possédée", mais comme "la totalité de ses utilisations possibles et réelles" (377), car on ne peut déterminer *a priori* ce que fera l'individu de sa propriété. Toutefois, cette liberté d'emploi est limitée par les caractéristiques particulières de l'objet en question. Si j'achète une voiture, c'est ordinairement pour me transporter. Je peux aussi la contempler comme le signe extérieur de ma richesse, passer des heures à la "bichonner". Mais en aucun cas, je ne pourrais l'utiliser pour m'envoler dans les airs ou voguer sur les flots. "Celui dont la richesse principale est une galerie de peinture ou une écurie de course n'est plus entièrement libre de son être" (378). D'une part, en effet, une certaine portion de son emploi du temps, selon certains rythmes, est occupé par cette propriété. D'autre part, cette possession requiert de lui une certaine qualification (du moins à l'époque de Simmel...). Il est possédé par l'objet autant qu'il le possède. Dans le langage du marxisme classique, l'être s'aliène dans l'avoir. Jean-Paul Sartre ne dira pas autre chose quand il écrira dans "L'Etre et le Néant": "Lorsque je possède, je m'aliène au profit de l'objet possédé" (4)

Or cette "chaîne de l'avoir à l'être et de l'être à l'avoir", "assignant aux hommes une possession déterminée en vertu de leurs dispositions propres, alors que cette possession les détermine en retour dans leur essence même" (378), cette relation d'aliénation réciproque est "dissoute" par l'argent. Simmel se sépare ici radicalement et explicitement de Marx. L'argent qui pour le marxisme est le comble de l'aliénation, devient dans *Philosophie de l'Argent* facteur de désaliénation. Comment cela est-il possible ?

La possession de l'argent a le même caractère que la propriété de n'importe quel objet. Elle se confond avec la totalité de ses utilisations possibles et réelles, à cette différence près que je gagne de l'argent avec n'importe quel objet et qu'avec de l'argent je puis me procurer n'importe quel objet. "L'argent élève donc l'idée générale de propriété à une puissance supérieure" (381-382). Je ne puis m'aliéner dans l'argent comme dans les autres objets puisqu'est indéfini l'objet avec lequel je me procure de l'argent comme est indéfini l'objet que je peux me procurer avec de l'argent. "L'argent dissocie l'être et l'avoir" (395),(il) "disloque et brise plus nettement que tout la détermination de l'un par l'autre" (397)(5). Ainsi est rompue la relation réciproque entre l'être et l'avoir qu'établit la propriété.

Pour mieux se faire comprendre, Simmel prend comme point de départ le corps même du sujet. Quel exemple plus parfait de propriété peut-on trouver que celui-là? Mon corps est mien. Il obéit à mes impulsions plus directement et plus complètement que n'importe quel objet (398). J'en fais ce que j'en veux. C'est donc que je le possède entièrement (ici aussi, il y aurait beaucoup à dire). Ce corps se prolonge dans des objets que je crois posséder au même titre que mon propre corps. Le "moi" se réduirait à une sorte de point géométrique sans consistance s'il n'avait autour de lui ces

---

(4) Jean-Paul Sartre, L'Etre et le Néant, Paris, Gallimard, 1948 (p. 680)

(5) A noter qu'ici encore Simmel a été démarqué par Sartre qui écrit : "L'argent supprime la liaison technique du sujet à l'objet". (op. cit., p. 679). L'auteur de *L'Etre et le Néant* ajoute : "et rend le désir immédiatement opérant comme les souhaits de la légende", qui est aussi d'inspiration simmelienne. Cf. infra.

objets qui se laissent imprimer de sa personnalité parce qu'ils lui obéissent, parce qu'ils sont sa propriété. Comme le dit élégamment Simmel, "la sphère du moi s'étend au-delà de ces objets "extérieurs pour mieux *pénétrer* en eux, de même qu'avec le mouvement de l'archet ou du pinceau le processus en cours dans l'âme du violoniste ou du peintre tend à se prolonger continûment"(399)."La personnalité pénètre au coeur des choses possédées et trouve sa sphère d'extension dans la maîtrise qu'elle exerce sur ces dernières. D'où cet étrange phénomène que la totalité de l'avoir, occasionnellement, apparaîtra comme l'équivalent de la totalité de l'être" (401)(6) .

Pourtant, cette maîtrise est limitée d'abord par la *nature* des objets possédés, comme annoncé plus haut. Même ces outils, prolongations de la main et du cerveau, qui expriment la personnalité, n'obéissent que jusqu'à un certain point. A l'aide d'un pinceau, je ne puis sculpter le marbre. Un violon ne me permet pas d'exécuter une oeuvre écrite pour le piano. Et même le corps qui est au centre de ce système de possessions, dont je crois être le propriétaire souverain, même ce corps ne m'obéit que dans le respect de ses propres lois. "Notre volonté ne peut exiger de lui certains mouvements et certaines prestations avec une quelconque chance de succès" (401). Simmel fait-il ici allusion aux défaillances de la libido? Toujours est-il qu'il oppose la maîtrise limitée, capricieuse de la possession ordinaire à celle de l'argent, cet objet parfaitement docile qui se plie entièrement à ma volonté. "Avec lui disparaît bel et bien l'élément inaccessible que les objets se réservent pour eux-mêmes et qui se refuse à toute possession, aussi peu limitée soit-elle...; il se plie avec une égale facilité à toute forme et à toute fin que cette volonté entend lui imprimer; seules peuvent encore nous créer difficulté les choses qui se trouvent derrière lui; mais pour sa part, il se prête indistinctement à toute directive" (402).

Le paradoxe suprême qu'exprime alors l'auteur de *Philosophie de l'Argent*, c'est que l'obéissance parfaite de l'argent coïncide avec sa totale indocilité : tant qu'il est en ma

---

(6) Phrase quasiment recopiée par Sartre dans *L'Etre et le Néant* : "la totalité de mes possessions reflèchit la totalité de mon être" (op. cit., p. 680)

propriété, je suis en puissance de posséder n'importe quoi, n'importe où, n'importe quand, n'importe comment, et en même temps je ne possède rien. Le comble de la possession s'évanouit dans la non-possession. Parce que l'argent est vide de tout contenu, il n'oppose aucune résistance à ma volonté la plus débridée, il est donc totalement mien; mais cette même vacuité fait que le possédant, je ne possède que du vide. "Nous l'avons donc plus que toute autre chose, mais avec lui nous avons moins qu'avec toute autre chose"(403).

Pour illustrer son propos, Simmel va faire intervenir les deux personnages qu'il nous a appris à considérer en quelque sorte accouplés, à savoir l'avare et l'esthète. Mais cette fois il va leur adjoindre en une séquence rapprochée, un troisième homme, de manière troublante : le voyeur.

Le voyeur entre le premier en scène pour expliquer la "jouissance de cette pure symbolique de la jouissance" que procure l'argent et qui "n'est pas loin de verser dans la pathologie". "Un Anglais, qui fréquentait certains milieux de la bohème parisienne, avait pour plaisir dans l'existence de se mêler aux plus folles orgies, mais sans rien consommer lui-même : il se contentait de payer à chaque fois pour toute la compagnie; il surgissait, ne disait rien, ne faisait rien, réglait tout et *s'esquivait*" (405). On sait par ailleurs que Simmel avait fort peu de considération pour les études de pathologie sexuelle en général, pour le freudisme naissant en particulier. Ce mépris transparait quand il écrit à propos du voyeur anglais : "On soupçonnera une de ces satisfactions perverses dont parle tant la pathologie sexuelle, depuis peu" (405). L'exemple de l'Anglais, interdit de geste et de parole, muet comme un visiteur de musée, n'en prend que plus de relief sous sa plume. Le voyeur échange une vacuité (son argent) contre une autre vacuité (la non-consommation).

L'argent est le truchement du voyeurisme, car il "construit le pont entre l'individu qui éprouve ce sentiment et le monde des choses; en franchissant ce pont, l'âme éprouve le charme de posséder, y-compris quand elle n'accède pas à la possession elle-même" (405).

Après le voyeur, voici l'avare "trouvant son bonheur à posséder l'argent sans acquérir ni consommer d'objets particuliers" (406). Et l'esthète n'est pas loin : "L'âme avide, qui recherche une satisfaction intégrale et veut imprégner de soi l'élément dernier, intime, absolu des choses, subit de leur part les plus douloureux refus, car elles sont et restent une réalité pour soi (très kantien ce passage), qui résiste à l'absorption totale dans la sphère du moi, et laisse donc s'éteindre dans la déception la plus passionnée des possessions. Or la possession de l'argent est exempte de cette secrète contradiction inhérente à toute autre. En payant la contrepartie de ne point approcher des choses elles-mêmes et de renoncer à toutes les joies spécifiques attachées à leurs particularités, l'argent procure un sentiment de domination, qui reste assez loin des choses sensibles à proprement parler pour ne pas se heurter aux limites de leur possession. Lui seul se laisse posséder entièrement, sans la moindre réserve, lui seul s'identifie totalement à la fonction mise en oeuvre par son moyen. Aussi les joies de l'avare doivent-elles ressembler aux joies esthétiques. Ces dernières se situent également au-delà de l'impénétrable réalité du monde et s'en tiennent à son éclat scintillant, qui s'ouvre aussi complètement à l'esprit que l'esprit de son côté peut y entrer" (406).

Ainsi la jouissance avaricieuse s'accomplit-elle, comme celle de l'esthète ou du voyeur, dans l'imaginaire. Il n'est pas difficile de la transcrire en termes freudiens - ce qui aurait fait horreur à Simmel - puisqu'elle paraît obéir entièrement au "principe de plaisir" dans une dénégation farouche du "principe de réalité". Le voyeur, l'avare et l'esthète parviennent à supprimer les barrières entre le moi et les choses. D'où un "sentiment de libération" : "délivrance par rapport à l'obscure pression des choses, expansion du moi, en toute joie et liberté, au coeur de celles-ci, qui autrement les violenteraient de leur réalité" (407). Tout à l'heure nous remarquions que le comble de la propriété s'évanouissait dans la non-possession. Dirait-on maintenant, le voyeur, l'avare et l'esthète parviennent au comble de la puissance tout en manifestant le comble de l'impuissance ?

Dès lors nous pouvons répondre à la question : qu'est-ce que la propriété ? C'est une illusion. Nous ne possédons, au sens propre du terme, ni les femmes,ni les objets,ni même notre propre corps,autrement que dans l'imaginaire.Nous pouvons être propriétaires seulement de l'argent et de l'art, car ces propriétés-là ne sont pas de l'ordre du réel.Et si toute jouissance est symbolique, alors nous jouissons pour de bon seulement avec l'argent et l'art. Comparé à cette jouissance-là, tout autre plaisir va paraître inférieur. Si la plus belle femme du monde ne peut donner que ce qu'elle a, que dire des objets ordinaires de notre désir ! Seulement l'art et l'argent nous protègent indéfiniment du désenchantement de la réalité, seuls ils échappent à la loi des satisfactions décroissantes mise en équation par les économistes. Leur accumulation n'épuise pas, mais au contraire accroît la jouissance qu'ils procurent -et ce miracle permanent, aux couleurs d'éternité, n'est possible que parce que l'un et l'autre sont des perversions, négatrices de la réalité, comme le souligne le rapprochement de ces plaisirs avec la pathologie du voyeurisme.

Simmel a une formule charmante pour exprimer cette jouissance particulière que procure l'argent non dépensé par l'avare. Cet argent, écrit-il, "s'enveloppe (du) charme subtil de la résignation"(288)[7] la puissance qu'il représente restant "puissance pure", renonçant à son exercice. Ainsi peut-on expliquer l'avarice chez le vieillard, qui sinon serait incompréhensible. De ceux qui sont proches de la tombe, on devrait logiquement attendre qu'ils dépensent toute leur fortune pendant les quelques années, les quelques mois, les quelques jours qui leur restent à vivre. Au contraire, le plus souvent ils sont avares. C'est d'abord que les aspects sensuels de la vie ne présentent plus pour eux beaucoup d'attrait, ou pire, qu'ils ne sont plus capables de les savourer. C'est aussi et surtout que le pouvoir que représente cet argent accumulé, est en soi une jouissance, la seule peut-être qui soit accessible aux portes de la mort. Et nous voici de nouveau renvoyés au voyeurisme et à l'impuissance. Les vieillards aiment d'autant plus le pouvoir et l'argent qu'ils sont impotents.

De cette "identité formelle, dans l'univers psychologique, entre l'attrait esthétique et l'attrait de l'argent" (407) à laquelle Simmel aboutit, nous pourrions dès lors tirer une meilleure compréhension des relations qui s'établissent entre deux univers censés antinomiques : celui de l'art et celui de l'argent. Si l'art est un débouché pour ainsi dire naturel de l'argent, c'est qu'il peut lui servir de substitut et procurer le même type de puissance.

Inversement l'argent est capable de se substituer à l'art en

---

(7) qui anticipe sur le célèbre "Le charme discret de la bourgeoisie", filmé par Bunuel.

tant que facteur sociétal dans le "progrès" en objectivation. Cette substitution elle-même nous inciterait à concevoir l'argent comme une fiction au même titre que l'art, une fiction "utile" à la vie en société. En fait, nul ne peut décider si le "dire vrai" de l'argent est plus vrai que l'affec(ta)tion. Mais tout ce passe comme si, à croire qu'il en est ainsi, la violence des affects était détournée et affaiblie, et la relation sociale, pacifiée. Encore faut-il pour que la fiction remplisse sa fonction, qu'elle ne soit pas prise pour telle, et que par conséquent l'argent soit donné comme vrai et l'art comme authentique...

Chapitre 5

GEORG SIMMEL, L'ARGENT, LE FEMINISME ET LA FEMME

Martin GORIN

Le 20 mai 1889, quand Simmel présente pour la première fois son papier sur la psychologie de l'argent dans le séminaire de sciences politiques de Gustav Schmoller, la vente de femmes figure déjà comme "exemple des oeuvres de l'argent"(1). Son intérêt pour l'exemple et pour son objet, la femme, qui à l'époque commence à se constituer publiquement comme sujet, à Berlin en tout cas, ne se démentira pas : les articles sur la prostitution (1892), sur la famille (1894), sur le rôle de l'argent dans les rapports entre les sexes (1898), sur la culture féminine (1902) et la psychologie de la coquetterie (1909), ainsi que les fragments posthumes sur l'amour(2) font de Simmel un des premiers et des plus fins féministes de l'ère moderne.

Pourtant, s'il est parfaitement clair que Simmel est de ce point de vue un philosophe engagé, tout ce qu'il dit de la femme reste à la fois inclus dans son système (traité ici à partir de *La Philosophie de l'Argent* (1907) qui reprendra, parfois littéralement, les trois premiers textes, le dernier portant d'ailleurs comme sous-titre *Fragment d'une*

---

(1) Frisby (1978), *Introduction à la traduction* en anglais de la *Philosophie de l'argent*, p.1.

(2) Tous ces textes sont parus en français en 1988, sous le titre *Philosophie de l'amour*, aux Editions Rivages. Ils seront cités à partir de cette traduction et indiqués uniquement par l'année de parution. Les références complètes figurent dans la bibliographie.

Philosophie de l'Argent) et tributaire de sa méthode. Méthode que l'on peut décrire pour l'instant comme un interactionnisme généralisé, dont le brio consiste en un génie de la **fluidité.**

La métaphysique de la vie(3) qui se déploie dans la *Philosophie de l'Argent* est une métaphysique du mouvement (4). Par 'sympathie' pour cette catégorie universelle, Simmel accepte et adopte certaines positions du socialisme tout en s'opposant au marxisme(5). soutient à sa façon le mouvement *des* femmes par intérêt passionné pour celui *de la* femme, et consacre des années de travail à une étude transhistorique de l'argent, attiré par la possibilité d'y découvrir un "symbole atemporel des formes essentielles du mouvement elles-mêmes"(6), expression de ses plus hautes aspirations philosophiques.

Pour Simmel, comme pour Mauss, les choses et les êtres révèlent leur signification et leur valeur dans l'échange, la primauté du mouvement précède logiquement la *prime à la liquidité*. L'anthropologie économique de Mauss et la psychologie économique de Simmel préparent et par certains aspects améliorent, la compréhension du concept le plus populaire de Keynes.

L'étude de l'argent en soi doit éclairer ce phénomène, notamment dans la perspective d'une histoire psycho-religieuse de son **incorporation**(7) dans la vie économique, car il est né de l'échange avec les Dieux(8) ou/et entre les hommes(9) et que depuis il n'a jamais quitté la partie. Au

---

(3) Simmel, *Préface* à la deuxième édition et à la traduction française de *La Philosophie de l'Argent* . Pour une discussion proche de l'époque cf. Jankélévitch (1925).

(4) Simmel, *Préface* (op. cit. p. 16)

(5) Pour les relations entre les deux modèles de pensée cf. le chapitre de Bruno Théret dans ce recueil.

(6) Frischeisen-Köhler (1920) cité par Frisby, (op. cit. p.2).

(7) Incorporation inclut ici ce que Moscovici (1988, pp. 351-352, 1989) désigne comme de *corticalisation de l'argent*, phénomène moderne lié à la dématérialisation de la monnaie, mais aussi processus historique, analysé par Shell (1982) à travers des oeuvres majeures de la culture occidentale, sous le titre explicite de *Money, Language and Thought.*

(8) Le faisceau de données qui constitue l'hypothèse religieuse de l'origine de l'argent est extrêmement touffu. Beaucoup d'auteurs (cf. Servet, 1984, Desmonde, 1962) accordent une place centrale à Laum (1924) et, bien sûr, davantage encore, à Mauss. Pour une discussion élargie cf. Gorin (1985), notamment chap. 5.

(9) L'influence de Mauss s'explique par la réunion des échanges sacrés et profanes sous la rubrique générique du *devoir d'échanger*, évoqué plus loin

contraire, il n'a cessé d'influencer le social, en infiltrant ou en captant de plus en plus les désirs, les intelligences, les croyances et les intérêts(10), dans des proportions que Simmel lui-même ressentait avec une fascination inquiète.

VIE <---> ARGENT

La formule qui résume l'architecture de la *Philosophie de l'Argent* correspond précisément au principe fondamental de la *réciprocité d'effet, d'action, ou d'influence* (*Wechselwirkung)* qui organise la pensée de Simmel(11). Sa déclinaison la plus frappante fonde l'histoire de la monnaie car si l'argent est devenu la mesure de l'homme c'est que l'homme a été la mesure de l'argent(12). Dans l'exemple du Wergeld(13), l'amende pour mort d'homme, fréquente au moyen âge (2700 shillings pour le meurtre du roi d'Angleterre, 200 pour celui d'un *freeman* habituel) la relation s'établit d'abord dans le sens argent --> homme : "Ce n'est pas seulement l'argent qui devient mesure de l'homme, mais aussi l'homme qui devient mesure de l'argent."(14)

Mais la logique historique absolue, originelle, (par opposition à son expression relative, *inversion,* ou plutôt

---

dans ce texte. Pour la recherche d'une possible extension de ce qui apparaît dans plusieurs langues européennes comme une **condamnation** (exemple le plus fréquent : l'allemand *Schuld* signifie en même temps dette et faute, et *schuldig*, pareillement, débiteur et coupable) cf. Malamoud (1988).

(10) J'indique expressément les ressources des quatre instances que comprend *l'hypothèse du sacrifice* (Moscovici, séminaire E.H.E.S.S. 1982/1983, et 1988, 1989). Voir plus loin l'importance de l'idée de sacrifice chez Simmel.

(11) C'est ainsi que l'oeuvre a été reçue par les plus attentifs des contemporains et des élèves de Simmel, nonobstant leurs critiques, (Frisby, op. cit.).

(12) Cf. Laum (op.cit.) pour le déroulement de la séquence entière dans le rituel indien ancien, Condominas (1989, p. 114) pour un exemple analogue dans un mythe des Mnong Gar, au Vietnam, Kula (1986) et Benveniste (1969) pour des versions, historique et philologique (on dirait aujourd'hui sémantique historique) riches d'enseignements psychologiques et économiques très précis, dans le domaine de la relation (interactive pour Simmel): **mesure de l'homme --> mesure de la valeur**, corollaire implicite mais seulement effleuré par une Philosophie de l'Argent organisée autour de VIE <---> ARGENT.

(13) Simmel (PA), p. 445 et suivantes)

(14) Idem, p. 446.

retour exigé par le principe de réciprocité) est retrouvée dans le même paragraphe :

> "**La valeur de l'être humain apparaît (...) comme base de classement du système de l'argent et comme base de fixation de la valeur de l'argent**... C'est justement ce motif qui résonne lorsque chez les Bédouins le taux normal du wergeld, introduit dans l'Islam par Mahomet, soit cent chameaux, sert simultanément de rançon typique pour un captif et de prix à payer pour une fiancée."(15)

La femme est la grande **captive** de l'histoire. Simmel ne le dit pas aussi abruptement que la citation précédente le lui aurait permis, mais il désigne clairement et amplement les femmes comme les prisonnières de "cette culture qui est la nôtre (et qui) se révèle, à l'exception de rares provinces, entièrement masculine"(16). Il prédit aussi:

> "Ceux qui ont à coeur non seulement les humains mais l'homme en général, non seulement l'usage des choses mais les choses elles-mêmes, non seulement le flot agité de l'agir et du souffrir **mais le sens intemporel des formes** , ceux-là donc verront dans les réponses apportées (à la question de l'originalité culturelle du féminisme) la signification ultime du mouvement des femmes - mouvement qui influera sur l'avenir de notre espèce plus profondément que la question ouvrière elle-même."(17)

La comparaison demande une précision. On le sent dans cette phrase, si rien de ce qui est humain ne lui est étranger, Simmel se veut philosophe, il est plutôt transengagé que militant(18). A la différence de la plupart des petits textes analysés ici, le volume monumental de la *Philosophie de l'Argent* est ahistorique et asexué. Même s'il est bourré d'histoire et si la première province du chapitre 5 - *L'équivalent argent des valeurs personnelles* - contient des développements sur les femmes, cela reste du contenu et n'accède pas à la dignité de la forme, ou alors demeure une forme subordonnée(19). Subordonnée à la **forme argent** qui organise le livre et qui s'en empare, auquel cas la moindre

---

(15) Ibidem.
(16) Simmel (1902, p. 71).
(17) Ibidem.
(18) Cf. Frisby, op. cit..
(19) Cf. les chapitres d'Alain Guéry et Jean-Yves Grenier , dans ce livre, pour l'analyse sociologique et épistémologique de la méthode historique de Simmel.

parcelle fait l'affaire, l'art du fractal(20) étant au nombre des facettes reconnues du génie de Simmel.

Il en est ainsi de l'analyse de la prostitution, happée par la logique de la *Philosophie de l'Argent*, tandis que le texte sur la coquetterie, paru un peu plus tard, y échappe partiellement. La forme argent, présente en filigrane, s'y trouve pour l'occasion concurrencée par la forme hommes-femmes dans l'économie d'une argumentation tournant toujours autour de l'échange (cf. plus loin).

Il y a pourtant un couple, auquel la fonction heuristique majeure de tension centrale et organisatrice de toute science sociale, de toute anthropologie comme de toute histoire, assure un statut spécial : le couple terrible individuel/social. C'est nécessairement à partir du traitement de ce noyau que la démarche de Simmel devient intelligible :

> "L'évolution de l'humanité traverse toujours des stades où l'oppression de l'individualité est le point de passage obligé de son libre épanouissement ultérieur... **Du haut de cet idéal** qu'est l'individualité pleinement développée, de telles périodes paraîtront bien sûr grossières et indignes."(21)

La préférence va à Kant, l'opposition entre la liberté et la loi se résout par l'intériorisation de la contrainte, tandis que son contemporain Adam Smith est ignoré, qui proposait pourtant une solution inverse, la liberté individuelle faisant la loi et le bonheur collectifs dans le fameux modèle de la main invisible. Le mouvement féministe, comme tout autre mouvement d'émancipation, dont celui de l'individu, doit transiter par la contrainte, en l'occurrence par la normalisation :

> "les personnes pour lesquelles la valeur du mouvement des femmes repose entièrement sur cette différenciation espérée, sur cet effort pour dégager la spécificité féminine, pouront dans un premier temps approuver le **brutal égalitarisme** du parti de l'émancipation -- de même qu'il existe aujourd'hui des individualistes extrêmes qui sont

---

(20) *"... la possibilité - qui doit être démontrée - de trouver dans chacun des détails de la vie la totalité de sa signification"* (Simmel, *Préface*, op. cit. p. 16) est rapprochée par Frisby (op. cit. p. 6.) de la fréquence des références à l'art et à l'esthétique et conduit Lukacs (1918) à qualifier Simmel de *"vrai philosophe de l'impressionnisme"*, à le comparer, pour ses réalisations comme pour ses limites formelles, à Monet ou Rodin, Richard Strauss ou Rilke (p. 188 de la traduction en français qui figure en Postface de la *Philosophie de l'Amour*).
(21) Simmel (1898, p. 48).

socialistes, parce qu'ils n'attendent que du passage par un **socialisme nivelant** une hiérarchie véritablement naturelle et une aristocratie nouvelle qui soit réellement la domination des meilleurs."(22)

Certes. Mais il y a de quoi se demander si Simmel croit au premier terme de son analogie, car le scénario qu'il propose se heurte à des positions qui conduisent à l'impasse. D'abord, tandis qu'il vit à Berlin marié à et entouré par la fine fleur de l'intelligentia féminine de l'époque(23), il situe l' "essor futur de la production culturelle féminine, à côté de la masculine ou dans ses interstices"(24). Plus profondément, c'est entre sa représentation de la femme et sa conception de la culture que la contradiction est insurmontable :

"**Tous** les produits culturels sur la production desquels on s'interroge ici ont le caractère de la durée, se situent, quant à leur sens, au-delà de la vie individuelle et de son écoulement temporel. Or, peut-être la nature et le rythme de l'essence féminine **dans leur ensemble** demeurent-ils **dans le principe** étrangers à ce type de création."(25)

Quelle est-elle, au-delà de sa proximité avec La Nature, la nature de l'essence féminine? Malheureusement, et malgré le caractère sincèrement élogieux de son discours, Simmel met en scène une femme-enfant, c.a.d. douée d'une personnalité peu différenciée, syncrétique, primitive, essentiellement *émotionnable* : "la totalité de son être se soulève plus facilement que chez l'homme à partir d'un seul point - affects, volitions et pensées compris"(26).

Emouvante aussi, romantique et sublim(é)e, comme l'oeuvre d'art(27)(28) mais, par là-même, à l'opposé de la culture; et non seulement de la *production* culturelle masculine puisque Simmel, qui s'en défend maladroitement, n'en conçoit pas d'**autre**, comme tant d'autres avant et après lui, d'Aristote à Lacan voire à Kristeva ("sauf tout au plus ce *"moment"* préalable du sémiotique ... production culturelle aussitôt absorbée par la dialectique du symbolique", alors même que "la symbolisation est exclusivement phallique, de

(22) Simmel (1902, p. 88).
(23) Cf. *les Cahiers du GRIF*, printemps 1989, en particulier l'article de Suzanne Vromen et les *Souvenirs* de Marianne Weber.
(24) Simmel (1902, p. 89).
(25) Idem, p. 88.
(26) Simmel (1898, p. 58).
(27) Voir le chapitre de Philippe Simonnot pour l'analyse de la vision esthétique de Simmel dans la *Philosophie de l'Argent.*
(28) Françoise Collin in *Cahiers du GRIF*, op. cit., p. 103.

sorte qu'il n'y aurait pas d'alternative à la culture dite masculine"(29)).

Simmel :

"Toute la profonde beauté de l'essence féminine, qui lui donne la préséance sur l'esprit masculin dont elle figure la **délivrance** et la **réconcilation**, est fondée sur cette unité, sur cette solidarité immédiate, organique, entre la personne et chacune de ses manifestations, bref sur l'indivisibilité du moi, qui ne connaît qu'un "tout ou rien". Le merveilleux rapport que l'âme féminine paraît encore entretenir avec l'unité intacte de la nature, et qui crée la distinction entre la formule globale de son existence et celle de l'homme multiscindé, différencié, se dissolvant au sein de l'objectivité -- ce fabuleux rapport, donc, la sépare justement aussi de ce qu'est le travail de **notre** culture, reposant sur la spécialisation factuelle"(30).

Excusable mais vertical, Simmel reste donc, dans sa tentative féministe, ou dans sa tentation féminine, un homme de son temps et peut-être un homme tout court, exprimant à sa façon ce qui bien plus tard sera appelé la bipotentialité sexuelle. Son échec relatif dans ce domaine est justiciable d'une tradition si ancienne et si puissante que de la Grèce antique ("Elle - la femme- est appelée à représenter, dans la société, un principe qui s'oppose à la société elle-même - et dont celle-ci a pourtant besoin"(31)) à nos jours ("la foule est femme"(32)) la **féminité générique** garde une saveur, ou une menace, d'indomptable; de réfractaire en même temps que d'indispensable et de constitutif de la civilisation. A tel point réfractaire, qu'un expert de cette partie de l'oeuvre de Simmel, aboutit logiquement à la conclusion qu'une "féminisation de la culture" à partir de ses prémisses impliquerait tout simplement une "démodernisation" de la culture actuelle, comportant notamment un "abaissement du degré de division du travail"(33).

Mais en définitive Simmel n'est pas et ne prétend pas être un philosophe de la femme, alors qu'il est l'auteur d'une philosophie de l'argent. Or, en lisant la phrase suivante du texte sur la culture féminine, écrit entre les deux éditions de la *Philosophie* ,

---

(29) Idem, p. 98.
(30) Simmel (1898, p. 74).
(31) Gernet (1968 / 1982, p. 111). Cf. aussi F. Collin (op. cit. p. 99).
(32) Moscovici (1981).
(33) Oakes (1984 / 1989, p. 73).

"Oui, peut-être les femmes ont-elles, plus fortement que les hommes, le caractère de la **fluidité** , une propension à se fondre dans l'exigence du moment, à s'orienter vers la vie purement individuelle."(34)

on est frappé par la similitude entre cette description de la femme et la définition de l'argent comme *métaphore géante*(35) et redoutablement efficace de l'échange, de la circulation de richesse. La proximité est très grande car il s'agit non seulement de circulation, mais aussi de (re)génération.

Si on considère que la première et l'ultime richesse de tout groupe humain est faite d'hommes et de femmes ou de femmes et d' hommes (et, si on se place dans l'hypothèse du système exogamique, les femmes et les hommes des autres groupes voisins, et réciproquement) les hommes comme otages(36) et les femmes comme ...femmes, ont été les premiers moyens d'acheter et de payer la paix. Payer et paix dérivent du même *pacare* qui signifiait en latin "satisfaire, calmer" ... "par une distribution d'argent"(37). Le thème de *"l'argent pacificateur"* (38) s'appuie sur une étymologie similaire en hébreu : le ShaLeMe (payer) et ShaLoM (paix) dérivent de la même racine, indiquée ici par les consonnes.)

Souvent, l'homme achète et la femme paye. Cela veut dire que si l'humain a servi de modèle à l'argent, la femme lui a également servi d'exercice pratique. Or, il s'agit ici, d'abord, de la femme reproductrice, même si la femme complice a dû la joindre bientôt. La femme a ainsi pu être vue comme capital originel par les Grecs, qui utilisaient le même mot (*tokos*) pour désigner l'intérêt ou l'usure **et** la descendance, mais en toute logique ils ont dû d'abord percevoir **l'argent comme fécond**, comme ils percevaient, d'abord, la femme. Aristote qui s'opposait à cette vision d'un argent fertile n'avait semble-t-il aucune chance, pas plus que l'Église qui a

---

(34) Simmel (1902, p. 88).

(35) Expression de Serge Moscovici (1988, p. 344) qui consacre deux chapitres importants (VIII et IX) à l'argent, où Simmel est central, de même qu'il est très présent tout au long de *la Machine à faire des dieux*, en compagnie de Weber et de Durkheim. Cf. aussi Moscovici (1989).

(36) Cf. Simmel (1898, p. 52), pour la survivance de la coutume de l'otage - gage et pour l'intervention de la relation *prix élevé -->rareté* qui joue un rôle important dans son analyse de la prostitution de luxe, évoquée plus loin.

(37) Benveniste (op. cit., p. 170).

(38) Deutsch (1989), p. 87 et suivantes).

fini par céder(39). En dehors du grec, cette conception est *enracinée* dans les langues et dans les représentations : en hébreu RaVo, dont le sens premier est, de même que dans toutes les langues sémitiques, croissance, multiplication ("croissez et multipliez"), augmentation et abondance, donne, parmi d'autres dérivés, TaRBit, qui signifie intérêt, usure (40). Loin de la Méditerranée, non seulement les Indiens Laymi de Bolivie parlent une langue, Aymara, qui permet les mêmes rapprochements, mais leurs pratiques économiques actuelles peuvent être décrites sous le titre *"Circulation et fertilité"* (41) et on y conçoit les " profits comme une forme d'engendrement" (*"giving birth"*). Enfin, l'analyse très serrée de la similitude voire de la substituabilité des deux modes d'engendrement, sexuel et monétaire, dans le Marchand de Venise(42), est rejointe par la psychanalyse qui voit l'origine de certains conflits dans la "position d'usuriers" que peuvent adopter les parents(43).

Pour revenir à la circulation, Georg Simmel préfigure par ce **déplacement** (mécanisme économique du rêve, invoquable ici car la substitution, compréhensible, paraît pleinement inconsciente) **argent-->femme**, la conclusion de Lévi-Strauss:

> "Il en est donc des femmes comme de la monnaie d'échange dont elles portent souvent le nom"(44), "...les femmes elles-mêmes sont traitées comme des *signes* , dont on *abuse* quand on ne leur donne pas l'emploi réservé aux signes, qui est d'être *communiqués.* "(45)

Le rapprochement entre le virtuose du principe de réciprocité, ou d'interaction(46), et celui de "l'archétype de la réciprocité"(47) - l'exogamie -, se justifie dans la mesure où Simmel, comme Lévi-Strauss, construit sa vision de la

---

(39) Cf. Nelson (1949/1969), Le Goff (1986).

(40) Gesenius (1975). Il est par ailleurs vraisemblable que le terme d'argot *rabiot* ou *rab*, qui signifie surplus, 'extra' ou bonus, soit issu de la même source.

(41) Harris (1989, p. 246 et suivantes).

(42) Shell (1982), chap.3.

(43) de Mijola (1992).

(44) Lévi-Strauss (1949/1967, p. 549).

(45) Idem, p. 568. Cf. aussi, pour une traversée récente et sérieusement amusée de ces domaines, Simonnot (1985) et, pour des analogies langagières stimulantes, Moscovici (1988, p. 352 et 1989).

(46) Frisby (1984, p.115) utilise alternativement réciprocité et interaction pour l'allemantd*Wechselwirkung*.

(47) Lévi-Strauss (op. cit. p. 551).

fluidité féminine (partagée par certaines féministes modernes (48)) à partir de références fréquentes à l'échange de femmes dans les sociétés primitives ou anciennes. Mais tandis que pour Lévi-Strauss ce sont "les femmes par excellence"(49) qui incarnent "les valeurs" transférées dans le jeu très sérieux de l'échange, chez Simmel elles tiennent, comme indiqué, un rôle d'exemple. Dans un univers où l'argent représente "la forme la plus pure de l'interaction à l'état pur"(50).

Cette pureté se déduit à partir de la définition de l'argent comme "réification de la forme générale de l'existence qui veut que la signification des choses soit dérivée de leur relation les unes aux autres"(51). Forme générale de l'existence qui trouve sa nécessité dans une condition humaine dont le rapport au monde implique la **création** de valeurs :

> "Nous sommes aussi incapables de créer de la matière que de la force; nous pouvons uniquement transférer celles qui sont données, de telle manière que le plus possible s'en élève du domaine de la **réalité** dans celui des **valeurs** . Ce changement formel *(formal shift)* du donné est accompli par l'échange entre les gens, aussi bien que par l'échange avec la nature que nous appelons production."(52)

Une telle élévation est indispensable pour agir car ce sont des objets "doués de valeur" qui dirigent nos activités. Or,

> "Ces activités ont lieu en accord avec le schéma de l'échange : du plus bas niveau de satisfaction des besoins jusqu'à l'accession aux biens intellectuels ou religieux les plus élevés, chaque valeur doit être acquise par **le sacrifice** d'une autre valeur."(53)(54)

---

(48) *"Les féministes contemporaines de la spécificité... alors que Simmel insiste sur l'unicité de la femme, en font plutôt apparaître la* ***différance****, au sens derridien du terme, en recourant aux métaphores de la fluidité, de la spirale"* (F. Collin, op. cit., p. 100).

(49) Lévi-Strauss (op. cit., p. 551).

(50) Simmel (PA, p. 123).

(51) Idem, p. 122.

(52) Idem, p. 56.

(53) Idem, p. 57.

(54) Moscovici (1989, p. 31 et suivantes) bâtit une *"hypothèse du sacrifice"* dont le moteur s'apparente à la définition de Simmel et dont les "étapes" sont constituées par les instances fondamentales de la psychologie: désir, raison, croyance et intérêt . Cf. aussi Gorin (1985, p. 309).

"Le sacrifice n'est pas seulement la condition de valeurs spécifiques, mais la condition de la valeur comme telle."(55)

A l'exception de la discussion déjà évoquée du Wergeld, Simmel s'intéresse moins à l'origine humaine de la valeur de l'argent, qui reste implicite, comme, d'une manière générale, à la direction **valeur --> échange** qui fait l'objet, évident, de l'économie, qu'à la direction **échange --> valeur** qui a toujours été et reste problématique. Essentiellement, et cela pour ses lecteurs anciens comme modernes(56), à cause de la nature incontournablement psychologique de l'explication par le sacrifice et de son aboutissement à la formule, choquante de prime abord, **PRIX --> VALEUR.**

Il est intéressant d'y voir la forme générale où s'inscrira plus tard une des théories les plus importantes de la psychologie sociale, discipline dont Simmel est justement considéré comme un des fondateurs(57). Si on dit, en effet, que le prix à payer, entendu comme exigence externe, éventuellement sociale, correspond à un coût interne, et que ce coût est un *conflit* que l'on essaye de réduire - "notre expérience douloureuse du sacrifice et notre effort pour le diminuer"(58) - on aura reconnu la théorie de la dissonnance cognitive (59) qui indique les deux voies possibles de sa réduction : revoir à la hausse le but ou la valeur correspondante, ou sous-estimer l'importance de l'effort fourni ou à fournir(60).

---

(55) Simmel (PA, p. 58).
(56) Cf. Frisby (1978) et Moscovici (1988).
(57) Frisby (1984, op. cit.).
(58) Simmel (PA, p. 57).
(59) Festinger (1954).
(60) L'idée d' *"initiation difficile"* est centrale dans la théorie de la dissonnance cognitive, comme dans la *Philosophie de l'Argent* et l'exemple le plus célèbre parmi les travaux générés par la première est fourni par une secte américaine des années 50 (Festinger et all. 1956) tandis que Simmel donne l'exemple de l'Eglise, qui demande des sacrifices importants pour asseoir sur des bases solides la croyance et l'amour du Dieu. En fait, comme Simmel, Festinger est interactioniste par principe et par méthode, le rôle du *Wechselwirkung* étant tenu chez lui, précisément, par le concept dynamiquement équivalent de *conflit* (cf. Zajonc, 1989, p. 353).

En tout cas ce développement fait **du sacrifice le coût psychologique de la création de valeurs dans l'échange.** *La Philosophie de l'Argent* est en grande partie la vérification des capacités heuristiques de ce modèle par rapport aux différentes étapes de l'économie prémonétaire et surtout monétaire. La légitimité de l'entreprise, qui équivaut à la fondation d'une anthropologie économique transhistorique, a été étayée depuis par la mise en évidence répétée de la continuité entre l'échange sacré et l'échange profane (61), entre les sacrifices aux Dieux ou à leurs représentants, rois ou prêtres, et ceux consentis aux humains et à leurs institutions, de moindre envergure apparente mais permanents et tout aussi contraignants.

C'est vrai pour Mauss, implicitement dans le potlatch :

> "L'un des premiers groupes d'êtres avec lesquels les hommes ont dû contracter et qui par définition étaient là pour contracter avec eux, c'était avant tout les esprits des morts et les dieux. En effet, ce sont eux qui sont les véritables propriétaires des choses **et des biens** du monde. C'est avec eux qu'il est le plus nécessaire d'échanger et le plus dangereux de ne pas échanger."(62)
>
> "Titres, talismans, cuivres et esprits des chefs sont homonymes et synonymes(63) de même nature et de même fonction. La circulation des biens suit celle des hommes, des femmes et des enfants, des festins, des rites, des cérémonies et des danses, même celle des plaisanteries et des injures. Au fond, elle est la même. Si on donne les choses et les rend, c'est parce qu'on se donne et se rend des "respects" - nous disons encore "des politesses". Mais c'est aussi qu'on se donne en donnant et, si on se donne, c'est qu'**on se "doit" - soi et son bien - aux autres.**"(64)

et explicitement dans le Kula, puisqu'il voit dans "l'orientation quantitative" des échanges profanes à partir des échanges sacrés, l'autorisation de parler "d'une sorte de monnaie"(65) là où Malinowski s'y refusait.

---

(61) Ou entre les moeurs aristocratiques et les moeurs bourgeoises en France, par con- traste avec l'Allemagne, dans l'oeuvre majeure de Norbert Elias (1939).

(62) Mauss (1924 / 1966, p. 167).

(63) *"... Certains nobles sont identifiés avec leur potlatch . Le principal titre du principal chef est même simplement Maxwa, qui veut dire "grand potlatch"* (Mauss, op. cit. extrait de la note (2) p. 226).

(64) Mauss (op. cit., pp. 226-227).

(65) Idem, p. 178. Cf. même page, la NOTE DE PRINCIPE SUR L'EMPLOI DE LA NOTION DE MONNAIE.

Et c'est vrai pour Louis Gernet dans son Anthropologie de la Grèce antique :

> "Le commerce humain trouve son image et sa garantie dans un commerce religieux où l'obligation au don et l'attente de la rétribution sont des données immédiates et nécessaires."(66)

Pour Simmel, le caractère sacré du moyen d'échange persiste lorsque "l'économie s'évade de la religion"(67) puisque la confiance dans la valeur de l'argent s'explique alors par "une croyance métathéorique", une véritable "foi socio-psychologique, quasi religieuse"(68) dans la stabilité du système socio-économique en place, fût-elle représentée par le Prince ou par l'Etat(69).

Cependant, entre les sociétés archaïques, primitives ou traditionnelles, prémonétaires ou peu monétarisées et celle, saturée d'argent, où naît et vit Simmel, les statuts ou les trajectoires respectives des humains et de leurs moyens d'échange et de mesure sont parfaitement et symétriquement opposés. Ce qui permet de comprendre, après leur proximité, la rivalité entre le religieux et l'économique et la fréquente excommunication de l'argent.

Alors que l'argent est originellement rare, voire personnalisé(70) et qu'il devient omniprésent et anonyme(71), les humains, eux, sont d'abord liés au type générique, et les femmes plus que les hommes(72) pour ensuite évoluer vers une individualisation que chacun peut nuancer à son gré, mais qui apparaît comme indiscutable(73). D'où, à juste titre...

---

(66) Gernet (op. cit., pp. 80-81).

(67) Gorin (op. cit., p. 62). Cf. surtout Hirschman (1977) qui aura apporté beaucoup de lumière à cette partie de mon travail.

(68) Simmel (PA. p. 198).

(69) Cf. les chapitres de Bruno Théret et Laurence Scialom pour des points de vue d'économistes sur ces questions.

(70) Simmel ne le dit pas comme ça, mais presque. En tout cas il est dans la bonne direction, confirmée depuis par Mauss et Lévi-Strauss, et, plus récemment, par Weiner (1976): *"male valuables, made from shell and stone, the least perishable artifacts in the Trobriand corpus of exchange objects, **carry a man's name** only as long as he can demonstrate his power over other men"* (p. 232).

(71) Cf. Foa (1971) pour une formalisation psychologique de ces questions.

(72) Simmel, (1898, pp. 57-58).

(73) Cf. Boudon (1984) pour l'analyse fine du pendant épistémologique de cette évolution dans l'oeuvre de Simmel. En définitive, la relation nécessaire entre "individualisme méthodologique" et "forme" peut

celui de l'excellent ouvrage de psychologie économique, *The Individual in the Economy*(74) .

	L'ARGENT	L'HUMAIN
ORIGINE	Rare, personnalisé	Générique
PRESENT	Banal, anonyme	Individualisé

A partir de ce tableau et de la formule prix --> valeur, Simmel analyse de façon cohérente :

a) la prostitution ancienne ou primitive, sacrée ou profane, où l'argent distingue plus qu'il ne dégrade,

b) l'abandon de la pratique du Wergeld sous l'influence cumulée de la valorisation de l'âme humaine et de la dévalorisation, par banalisation, de l'argent,

c) le caractère avilissant, pour les deux types d'acteurs, les femmes comme les hommes, de la prostitution moderne courante, dû au non-respect de l'impératif moral kantien qui interdit de traiter autrui comme un simple moyen, alors que "la prostitution , elle , témoigne d'un comportement absolument opposé, et *des deux côtés concernés*" (souligné dans le texte)(75) .

d) l'évolution des significations respectives du prix de la fiancée et de la dot.

La critique de l'hypocrisie bourgeoise à l'égard de la prostitution inclut un corollaire typiquement simmelien de l'algorithme prix --> valeur, corrolaire dérivé de l'idée que l'argent, "plus grand destructeur de formes" par ailleurs, acquiert une dimension esthétique quand il est représenté, ou présent, en très grande **quantité.** Il accomplirait et dépasserait par là son rôle dissolvant de la qualité dans la quantité, mais il le ferait en quelque sorte pour son propre compte et cela

---

s'entendre comme une sorte de Wechselwirkung théorique qui allait devenir le fondement de cette discipline interactoniste par nature qu'est la psychologie sociale.

(74) Lea, Tarpy et Webley (1987). Pour l'histoire et la philosophie de l'individualisme cf. Dumont (1983) qui curieusement, malgré sa familiarité avec l'époque, ne cite pas Simmel.

(75) Simmel (PA. p. 474).

permettrait d'écrire : prix élevé --> rareté (forme de la valeur).

Cette qualité des grosses sommes d'argent provoquerait dans le Berlin de 1900 comme dans le Paris de 1991 la même tolérance, par déférence envers la rareté, qu'on refuse quand des pratiques similaires, mais du coup pas du tout identiques, ont lieu à des niveaux plus modestes, plus réguliers. Et il est piquant de lire dans l'article, assez modéré, du *Monde*, l'appréciation du fonctionnaire dirigeant l'Office central de la répression de la traite des êtres humains (sic), qui s'est occupé de l'"affaire" .

" On dirait de grandes gamines" contraste drôlement avec le dessin de Sergueï et laisse penser que la représentation de la femme-enfant est toujours bien parmi nous.

C'est encore à partir de prix --> valeur que Simmel interprète "l'immense progrès" effectué par le passage du rapt nuptial à l'achat de la femme, "première tentative, très violente" car "très peu individualisée"[76], mais qui dans le contexte où elle intervient, valorise les femmes, ou plutôt "révèle leur valeur"[77].

En deçà du contact ou du contrat intergroupes où Lévi-Strauss verra plus tard le principe de l'*alliance,* Simmel conçoit le mariage par achat comme un événement "éminemment social" au sens de la solidarité intragroupe puisque "le fiancé a maintes fois le droit d'exiger auprès de chaque membre de sa tribu une quote-part du prix de la fiancée et que cette contribution est souvent distribuée elle-même dans le lignage de la jeune fille"[78].

La relation entre groupes redevient centrale dans la reconstruction du processus qui mène du prix de la fiancée à la dot. Un stade intermédiaire suppose des prestations des parents de la fiancée "en réponse" à celles du prétendant et on peut en voir une confirmation dans le fait que le terme anglais *dowry*, habituellement traduit par dot, conserve en fait les deux sens[79]. Quant à la dot elle-même, à sa place prépondérante par rapport à la situation antérieure et à sa généralisation à l'exclusion du prix de la fiancée, Simmel l'attribue à la séparation entre l'économie marchande

---

(76) Simmel (1898, pp. 47-48).

(77) Idem, p. 49.

(78) Idem, p. 47.

(79) Dans sa traduction, Frisby utilise l'acception plus rare, de prix de la fiancée (PA. angl. p. 356).

• Le Monde • Samedi 14 décembre 1991 13

Prostitution de grand luxe

Deux réseaux de call-girls pour clients richissimes ont été démantelés à Paris

Deux réseaux de prostitution de luxe viennent d'être démantelés à Paris. Le premier offrait, dans une débauche d'argent, des mannequins de vingt ans à des sexagénaires milliardaires. Un immeuble parisien abritait le second, qui recevait des personnalités du show-business et de la politique. Ces affaires confirment que ce « marché » est en plein développement.

La beauté du diable a-t-elle un prix ? Une dizaine de milliardaires en étaient intimement convaincus. Sexagénaires endiablés, ils n'hésitaient pas à débourser 12 000 F pour une heure passée avec un mannequin dans la fleur de l'âge. L'un d'eux alla jusqu'à payer 120 000 F après une nuit d'étreintes qu'on aurait pu espérer inestimables. On évoque même des week-ends de rêve à 500 000 F. De mémoire de policier français, jamais un réseau de prostitution n'avait entraîné une telle débauche de moyens.

Il faut dire que la clientèle de cette multinationale de la prostitution, qui vient d'être démantelée par l'Office central de répression de la traite des êtres humains (OCRTEH), comptait quelques-unes des plus grosses fortunes du monde : un homme d'affaires français installé en Afrique, un prince arabe, un magnat de la presse anglo-saxonne, une poignée de milliardaires français, espagnol et mexicain. Outre leur richesse, tous avaient en commun d'avoir noué des relations avec Isaac Sellam, alias « Monsieur Sinclair » ou « le Baron », dans certains des cercles les plus fermés de la [illegible].

[illegible] des Champs-Elysées, « Monsieur Sinclair » [illegible] son [illegible] pour faire oublier son passé de plagiste à Saint-Tropez ou son implication [illegible] comme simple [illegible] deux affaires de [illegible] milieux de la mode et du prêt-à-porter, cet élégant quinquagénaire comptait également des mannequins parmi ses relations. De là à présenter les premiers aux secondes il n'y avait qu'un pas que « le Baron » avait franchi depuis quelques années.

En mal d'argent, une vingtaine de femmes évidemment très belles – âgées de dix-neuf à vingt-quatre ans, elles sont presque toutes mannequins, l'une d'elle est chanteuse, une autre comédienne débutante – se sont laissé tenter. Venant généralement de familles aisées, étrangères pour la plupart (canadienne, espagnole, française, israélienne, russe, suédoise), elles ne s'étaient jusqu'alors pas prostituées. « *On dirait de grandes gamines* », commente le commissaire Hubert Martinez, patron de l'OCRTEH. « *Recrutées à un moment de déprime ou de dettes, elles ont [illegible] l'argent aussi vite qu'elles l'avaient gagné.* »

[illegible] tourner les pages glacées de leur [illegible] de mannequins, on s'aperçoit que ces jeunes femmes n'ont pas cessé, une fois devenues call-girls, de poser pour des publicités pour voitures ou sous-vêtements parues en pleine page dans les magazines. Pendant quatre mois, les policiers les ont filées de palaces en aéroports, de Paris à la Floride en passant par la Côte d'azur et plusieurs capitales européennes.

A leur insu, « Monsieur Sinclair » percevait l'équivalent de la somme donnée à chacun des rendez-vous galants. En dix-huit mois, un de ses clients les plus réguliers lui a remis un million et demi de francs. A son domicile de la rue Saint-Honoré, comme dans les galeries parisiennes où il avait placé des toiles en dépôt, les policiers ont saisi plusieurs tableaux contemporains. « Le Baron » a été inculpé de proxénétisme aggravé par M. Jean-François Ricard, juge d'instruction à Paris. Les mannequins et les milliardaires sont libres.

ERICH INCIYAN

monétaire ("centrifuge") et l'économie domestique ("centripète"), domaines préférentiels respectifs de l'homme et de la femme. Avec cette conséquence considérable :

> "Ainsi la femme perd-elle ce que sa valeur économique a de substantiel et d'évident, elle *paraît* désormais entretenue par le travail de l'homme."(80)

Notre auteur apparaît donc comme un féministe plus convaincant à partir de l'axiologie de la *Philosophie de l'Argent* qu'il ne l'est dans ses textes plus engagés dont on a vu l'impasse majeure à propos de l'exclusion (en quelque sorte *ès qualités*) des femmes de la production culturelle. Ses analyses sont plus cohérentes et surtout elles gardent leur pertinence, comme le montre leur proximité avec celles, récentes, à propos de la Grèce moderne ("le passage du prix de la fiancée à la dotation des filles en Thrace aurait accompagné l'urbanisation et la destruction du mode de vie pastoral"(81)).

Féministe précoce mais inquiet, Simmel prévient aussi, en accord avec son modèle de la domination culturelle masculine, contre la "menace que s'étrécissent et se réduisent les différences d'âme entre hommes et femmes, et que par là diminue un des charmes les plus profonds et les plus indispensables de l'existence"(82). Il craint en fait que si les femmes se lancent dans des professions, par définition masculines, avant qu'idéalement elles n'y impriment leur marque, elles y laissent des plumes, crainte qui est parfaitement d'actualité.

Cette actualité, et l'actualité globale de Simmel, seront évoquées pendant quelques pages grâce à des apports anthropologiques récents dont les positions théoriques sinon les faits exposés, notamment en ce qui concerne les questions cruciales de la place et du rôle de l'argent dans la relation entre l'individu et la société et pour chacun des termes de la relation en lui-même, sont parfois à l'opposé de celles défendues par la *Philosophie.*

Un chapitre intitulé sobrement *"Argent, hommes et femmes"*(83), offre une illustration inattendue de la justesse de la préoccupation de Simmel quant à la perte à craindre de ce que l'on entend aujourd'hui par "insertion professionnelle

---

(80) Simmel (1898, p. 54).
(81) Shapiro (1985, p. 307).
(82) Simmel (1902, p. 87).
(83) Stirat (1989).

des femmes". Il provient d'un recueil[84] dont les auteurs s'appuient sur les modalités de réception de la monnaie moderne par des communautés traditionnelles, pour contester le fait que l'argent exerce par lui-même une action efficace et univoque, thèse dont Simmel, dûment cité, est le représentant le plus inspiré.

L'introduction, programmatique, se propose donc de démontrer qu'il est non seulement "impossible de dire ce que l'argent va 'signifier' sans tenir compte du contexte culturel", mais qu'il est "même trompeur de présupposer qu'il aura quelque signification précise et définitive dans un contexte donné"[85]. Or ils contredisent les deux affirmations quelques pages plus loin, en reconnaissant comme à regret que "le cas 'le plus familier' voit l'argent associé de très près à l'ordre du court-terme" et qu'il "peut 'même' devenir un symbole condensé (sic) de cet ordre"[86].

L'ordre du court-terme s'oppose dans leur modèle à celui du long-terme comme le caractère "transitoire" de la vie individuelle à la "permanence" du niveau social et cosmique[87]. Or, il est trivial de remarquer que ce n'est pas l'argent qui a crée cet ordre du court-terme, puisqu'il est ordonné par **l'impatience humaine**[88], laquelle, pour faire de tout temps l'objet premier de l'éducation , n'a évidemment pas attendu la monnaie pour se manifester. Pour ruiner l'argument, il était en tout cas suffisant d'avoir reconnu que l'argent a investi le court-terme, qu'il s'y est logé.

Il en est à peu près de même pour les caractéristiques attribuées à cet ordre, qui tournent autour d'un individualisme compétitif et que tout aussi évidemment

---

(84) Parry et Bloch (1989).

(85) Bloch et Parry (1989, p. 22).

(86) Idem, p. 29.

(87) Le modèle est trop schématique pour contenir de manière cohérente, let alone harmonieuse, les phénomènes dont il veut rendre compte. Les différentes dimensions de la vie sont beaucoup plus imbriquées dans les sociétés traditionnelles et plus encore dans les sociétés primitives (cf. de Coppet (1970) et Barraud, de Coppef, Iteanu et Jamous (1984) pour d'excellentes illustrations d'intégration) mais en définitive, la permanente interaction - intersection, proximité ou rivalité - entre argent et religion, montre copieusement, y compris dans nos systèmes industriels avancés, la complexité des liens tissés entre *l'argent et la moralité des échanges* . Comme l'écrivait Braudel, *"l'argent, c'est **l'unité**, c'est aussi l'injustice du monde"* (1980, p. 420).

(88) Ou *"positive time preference"* (Fisher,1930, Levy, 1982). Pour le domaine connexe de la *gratification différée* cf. Gorin (op. cit. chap. 6 et 7).

l'argent n'a pas instaurées mais fortement encouragées en leur fournissant un combustible idéal.

L'accusation finale et majeure de falsification de l'histoire, par confusion de ce qui est effectivement un contraste *intra-culturel* très général (court-terme/long-terme vaut ici pour individuel/collectif) avec un contraste *inter-culturel*, dans la mesure où elle concerne Simmel, ne fût-ce que par amalgame, représente un comble pour une oeuvre dont c'est plutôt l'universalisme ahistorique qui a été mis en cause(89).

Si j'insiste autant sur ces aspects, c'est qu'ils relèvent d'une erreur conceptuelle qui les dépasse, sorte d'écueil symétrique de l'ethnocentrisme et tout aussi pernicieux, qui consiste à **introduire des différences** là où il n'y en a pas parce qu'il ne peut pas y en avoir. Or on la retrouve souvent dans la littérature féministe ou apparentée quand, par exemple, on confond la multiplicité des tâches domestiques avec la division du travail(90) ou quand on prend une budgétisation familiale en dollars pour du *special purpose money*(91) au sens de Polany(92).

La capacité même de l'argent dont on parle de s'infiltrer dans tous les coins et recoins de la vie, y compris du **ménage**, lieu d'origine du nom de cette discipline - l'économie - où naquit l'équivalent général et, en français, équivalent statistico-fiscal de la famille, prouve bien qu'il s'agit de *all purpose money* (argent à tout propos ou, plus sérieusement, à toute fin). Quant au re-nouveau de l'implication des hommes dans le ménage, sans aucun doute à mettre en partie *à l'actif* du (ou des) féminisme(s), il est clair que c'est encore moins nouveau que moultes nouvelles philosophies, il est

---

(89) Cf. Frisby (1978).
(90) Vromen (1989, p. 24).
(91) Zelizer (1989), article fort instructif par ailleurs. Instructif par exemple l'appel à Mary Douglas (1976): *"many of us try to* ***primitivize*** *our money... by placing restrictions at the source, by earmarking monetary instruments of certain kinds for certain purposes, by only allowing ourselves or our wives (sic) certain limited freedoms in the disposal of money... Money from different sources is sometimes personalized and attracts distinctive feelings which dictate* ***the character of its spending"*** (p. 139). Disons pour l'instant que le caractère de la dépense est autant dicté par le but que par la source. Quand le but est d'offrir un cadeau à un être proche, la mère par exemple, le caractère inapproprié de l'argent anonyme, *moyen pour tous les buts*, fait qu'on y met le double, pour compenser (cf. Webley, Lea & Portalska (1987)). C'est primitif, mais s'agit-il de special ou de all purpose money ?
(92) Polany (1944/1968).

clair autrement dit que c'est vieux comme le monde. Comme il est clair que ce n'est pas la multiplicité des tâches ménagères qui est concernée par la division sexuelle du travail mais son partage, qui est complexe et mouvant comme tout phénomène de cette ampleur. Il est après tout de la responsabilité conjointe des hommes et des femmes si travail domestique ou travail ménager ont acquis une coloration péjorative, de même par exemple que l'esclavage a été à la fois subi et géré, conjointement, par les deux.

Pour revenir à *Argent, hommes et femmes*, il faut se transporter au Sri Lanka, dans un village de pêcheurs qui se distingue encore par une division inhabituelle du travail, plus répandue naguère dans cette région. En effet, à partir du moment où les hommes amènent le poisson à la plage, les femmes prennent complètement en charge la vente sur le marché voisin et la gestion de l'argent, en espèces, qui en résulte et qui comprend : a) les dépenses quotidiennes du ménage, relativement stables et égalitaires par rapport à la distribution des revenus et des richesses, qui l'est moins, b) les arrangements correspondant aux deux systèmes de prêts sans intérêts entre ménages de pêcheurs (un système rotatif, commun en Asie et en Asie du Sud-Est, et un système bilatéral), et c) les prêts à intérêts en direction des ménages de non-pêcheurs du village[93].

Les hommes évitent l'argent sauf pour s'adonner à la compétition très vivace inter-ménages qui se manifeste sous deux formes : les marchandages, ruses et mensonges qui entourent les mariages et la consommation somptuaire d'objets aussi chers que ridiculement inutilisables (chaises sur lesquelles on ne s'assied jamais, récepteurs TV éternellement éteints faute d'électricité...).

Par ce qui ressort comme un effet secondaire, mais comme une perception partagée par l'anthropologue et les habitants mâles ou extérieurs au village, les femmes de pêcheurs actualisent la crainte de Simmel :

> "Les femmes des pêcheurs ont une réputation bien méritée pour la virulence de leur langage et leur comportement belliqueux."[94]
> "La plupart des épouses d'Ambakandawila buvaient de l'arrack ouvertement, beaucoup fumaient des cigares et des petites pipes,

---

(93) Fisher rend compte d'*interdictions* du prêt à intérêt ches les Hébreux et chez les Romains (op. cit. p. 48). La discrimination entre ingroup et outgroup qui semble courante en Asie dans ce domaine, devrait pouvoir se retrouver aussi bien ailleurs, tant le problème paraît "normal".

(94) Stirat (op. cit., p. 96).

activités impensables pour des femmes ailleurs au Sri Lanka, mais pour lesquelles les femmes de pêcheurs étaient bien connues."[95]

Si cela se passe de commentaire, il est en revanche intéressant de remarquer que si les hommes du village attribuent globalement ce type de comportement et d'autres perturbations de l'ordre traditionnel, *à l'argent*, l'auteur les attribue *au marché*. Plus important, en contradiction flagrante avec le modèle défendu par le recueil, il met aussi sur le compte du marché, facteur exogène, à la fois les attitudes coopératives interprétées comme volonté de différenciation par rapport à la logique marchande et les attitudes compétitives expliquées par la contagion, les deux s'établissant par la médiation féminine.

Dans le chapitre suivant[96] du même ouvrage on se retrouve en Malaysie, toujours avec des pêcheurs, mais cette fois ce sont les hommes qui amènent l'argent à la maison... pour s'en débarrasser aussitôt. En "cuisinant l'argent" (*"cooking money"*) que les hommes leur remettent, les femmes reproduisent le ménage et, au-delà, organisent la "communauté" villageoise grâce à l'idée de repas familial traditionnel, grâce surtout à la transformation de l'argent de symbole d'échange en symbole de consommation. De s'en remettre aux femmes pour ces opérations de déminage permet aux hommes d'éviter l'importation dans le groupe des caractéristiques "compétitives et disloquantes des relations de marché"[97] où l'argent, masculin, est précisément symbole d'échange.

En acquérant au passage certains traits 'masculins' dans le premier exemple, par des opérations purement féminines dans le second, les femmes protègent le groupe de l'éclatement potentiel représenté par le marché, en *féminisant* l'argent; avec la complicité passive des hommes, contents de pouvoir 'frimer' dans des espaces limités ou externes, où la compétition, ainsi endiguée, ne menace pas la cohésion sociale.

On dirait des hommes-enfants, comme par une sorte de revanche, mais est-ce celle des femmes, celle des anthropologues, celle des deux ?

Le principe explicatif profond dans ce type de représentation des relations sociales, ici ou ailleurs, est la

---

(95) Idem, p. 98.
(96) Carsten (1989).
(97) Idem, pp. 138-139.

responsabilité génératrice des femmes, qui implique une attribution différentielle très marquée des attitudes coopératives et compétitives. Parfois, pourtant, la coopération est moins mécaniquement séparée du domaine masculin, régi par une compétition dont les hommes sont, moins exclusivement aussi, les acteurs quelques peu ridiculisés.

A partir d'un terrain célèbre (les Iles de Trobriand) et sous le joli titre de *Femmes de Valeur, Hommes de Renom*(98), l'image est davantage celle d'une collaboration car

> "Le pouvoir des femmes de Trobriand peut être vu comme englobant la préoccupation la plus vitale des femmes **et** (souligné par l'auteur) des hommes : la régénération (regenesis)."(99)

même si

> "La tentative des hommes d'atteindre une **immortalité individuelle** doit toujours rester une imitation du contrôle des femmes sur la régénération de la vie humaine."(100)

et si :

> "Les hommes cherchent à imiter la régénération à travers le contrôle sur la propriété, qui leur permet de construire des hiérarchies de pouvoir composées de femmes et d'hommes."(101)

Il n'était certainement pas question ici d'aboutir à une conclusion à propos de ce problème fondamental, mais de confronter des démarches anthropologiques récentes, souvent dûs à des femmes(102), aux conceptions correspondantes de Simmel. Disons, pour clore cette partie, qu'il y a une résonance entre l'idée de régénération et celles de "délivrance" et surtout de "réconciliation" de "l'esprit masculin", dont il crédite "l'essence féminine" (op.cit .xx). Disons surtout que malgré le cheminement sinueux de ses constructions, la *Philosophie de l'Argent* garde un pouvoir d'explication qui lui permet de converser utilement avec les productions actuelles.

---

(98) Weiner, op. cit.
(99) Idem p. 227
(100) Idem p. 233.
(101) Ibidem.
(102) Carsten, Collin, Douglas, Harris, Shapiro, Vromen, Weber, Weiner, Zelizer, op. cit., sans amalgame, par ordre alphabétique et respectueusement.

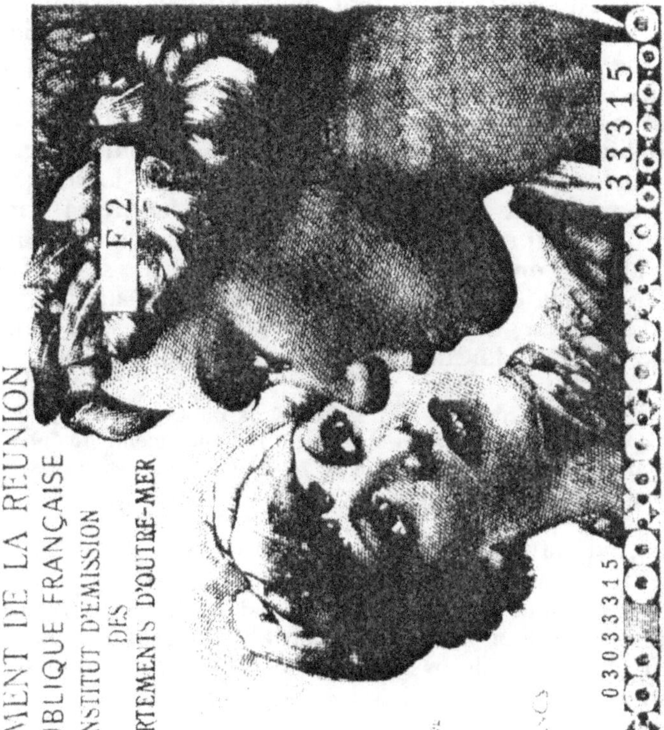
1000
33315
MILLE
FRANCS
DÉPARTEMENT DE LA RÉUNION
RÉPUBLIQUE FRANÇAISE
INSTITUT D'ÉMISSION
DES
DÉPARTEMENTS D'OUTRE-MER
F.2
DÉPARTEMENT
LA RÉUNION
F.2
33315
0303331 5
DÉPARTEMENT DE LA RÉUNION

Revenons à Berlin, celui de 1909, pour la discussion rapide du texte sur la coquetterie, autre attribut "essentiel" de la femme, dont on verra combien il est tributaire de la *Philosophie de l'Argent*, du principe de réciprocité qui l'organise et de la notion primordiale de **distance**(103).

Tout Simmel est là et d'abord son agileté (fluidité) philosophique qui l'amène de la théorie platonicienne, où l'amour se meut, sans y toucher, entre l'avoir et le non-avoir (distance à ne pas épuiser), à sa propre définition par la contagion réciproque de ces deux limites (distance inépuisable), en passant par la "finalité sans fin", formulation kantienne de l'essence de l'art, mais aussi, ici, du jeu et de l'amour, donc du jeu amoureux. Si c'est la femme qui joue avec le "don de soi" et la "reprise de soi",

> "L'homme sent combien sont proches et imbriqués le gagner et l'impossibilité de gagner, qui constituent l'essence même du "prix" et qui, par ce retournement faisant de la valeur l'épigone du prix, font apparaître ce gain comme précieux et désirable."(104)

Mais, si la coquetterie restreinte se réfère au jeu amoureux, poser que "nombreux sont les modes universels de comportement humain qui possèdent dans la relation entre les sexes leur modèle normatif"(105) permet à Simmel d'élargir le débat et de passer sans encombre à la coquetterie généralisée(106) :

> "La langue courante dit que les êtres humains sont en *"coquetterie"* avec des vues religieuses ou politiques, avec des choses importantes comme avec des futilités et, bien plus souvent encore que nous ne l'avouons explicitement, un comportement de ce genre existe à l'état naissant, sous forme de simples nuances ou d'un mélange d'attitudes opposées, s'aveuglant sur son véritable caractère. Tous les attraits liés à la concomitance du pour et du contre, au peut-être, à la rétention prolongée d'une décision, permettant de **jouir à l'avance**(107) de ses

---

(103) Cf. Moscovici (1988, chap. VIII) pour une discussion approfondie de cette notion.

(104) Simmel (1909, p. 95).

(105) Idem, p. 107.

(106) Simmel est certainement un expert de la synthèse. J'ai déjà eu l'occasion d'évoquer son efficacité dans le domaine de la "mixité généralisée" (Gorin, 1989, p. 228), une autre façon de voir son *wechselwirkung*.

(107) C'est ce qu'il faudrait savoir apprendre aux enfants pour les aider dans les tâches ingrates de la gratification différée, mais nous sommes en

deux aspects qui s'excluent l'un l'autre dans la réalisation - tous ces attraits ne sont pas propres à la seule coquetterie de la femme vis-à-vis de l'homme, mais ils jouent en présence de mille autres contenus".(108)

En présence de mille autres contenus mais surtout à travers une **forme** qui est ici absente-présente. Si l'argent n'est pas intervenu dans cette discussion c'est qu'il ne figure pas dans le texte, pas sous son nom, et c'est pourquoi je l'ai puisé chez un collègue qui connaît bien Simmel et depuis longtemps, ce qui est rare et précieux. Voici l'argent :

"Un désir de fluidité, de vagabondage dans l'espace des virtualités, ou encore un désir d'indécision, de suspens : désir de ce plaisir ressenti lorsque le liquide argent disponible n'a pas encore été affecté à un emploi, échangé dans une transaction, risqué dans la spéculation, gelé dans la thésaurisation ou flambé dans la "dépense" . C'est bien par cette fluidité ("liquidité") absolue éphémère que les "actifs monétaires" se distinguent le plus profondément des "actifs financiers " et des "actifs réels."(109)

L'argent dont parle Simmel, celui dont il aura été question ici, est certainement **"l'argent vivant"** de Balzac(110) et c'était lui qui soulignait. Un argent dont le rapport avec la "monnaie" des économistes et en particulier avec la monnaie ultra rapide (111) de nos jours (et de nos nuits car elle ne connaît pas le repos) doit, chez Simmel, être cherché autour de la notion de mouvement(112). Ou de **circulation** (113), concept qui revient à plusieurs reprises chez Mauss pour indiquer les conditions de l'accroissement de valeur des objets prémonétaires dans le turnover parfois très important

---

coquetterie avec cet apprentissage (Lea, 1977), donc avec cet enseignement.

(108) Simmel (1909, pp. 107 - 108).

(109) Béjin (1976, p. 50).

(110) *La Cousine Bette*, p. 329.

(111) *200 milliards de dollars par jour* (Worms, 1989) c'est beaucoup et c'est rapide, pas seulement pour le profane (Cf. Peyrelevade, avril 1987).

(112) Lire, dans cet ouvrage, le chapitre de Lucien Gillard qui met en évidence les conditions d'une cohérence des positions économiques de Simmel, conditions parmi lesquelles figure une lecture actuelle de sa conception du mouvement monétaire.

(113) Cf. Rachline (1991) pour une critique radicale de la circularité de l'échange comme explication valable en économie, à partir d'un point de vue où le concept de circulation joue un rôle clé.

des échanges "primitifs", circulation(114) qui les prédispose à une utilisation de type monétaire (115).

Quant à ce qui a été tenté ici, je dirais qu'il s'agissait d'accorder à Simmel sa place, très importante, dans le processus par lequel l'humanité, dans un foisonnement de circonstances historiques et une exubérance de moyens saisissants, a construit l'argent dans une grande proximité avec la femme. Une proximité qui explique qu'on les ait rêvés ensemble, une proximité dont le principe englobant est la mystérieuse fertilité de la vie, depuis la survie jusqu'au "plus que la vie" ("*Mehr als Leben*"(116)).

Puisque rêve et puisque le déplacement a déjà servi, voici, comme fin provisoire de cette enquête, deux superbes exemples de condensation (Un troisième, *La Monnaie Vivante*(117) est à lire et à regarder en même temps et perdrait trop à n'être que cité) :

> "Vous vous abusez, cher ange, si vous croyez que c'est le roi Louis-Philippe qui règne, et il ne s'abuse pas là-dessus. Il sait comme nous tous, qu'au-dessus de la Charte, il y a la sainte, la vénérée, la solide, l'aimable, la grâcieuse, la belle, la noble, la jeune, la toute-puissante pièce de cent sous !"(118)

> 'She's got an indiscreet voice', I remarked.
> 'It's full of-' I hesitated.
> 'Her voice is full of money', he said suddenly.
> That was it. I'd never understood before. It was
> full of money - that was the inexhaustible charm that rose
> and fell in it, the jingle of it, the cymbals' song of it.(119)

---

(114) Harris (op. cit. p. 248) renvoie pour une critique, anthropologique cette fois, du concept d'échange et son *"remplacement par l'idée de circuits, de circulation, de reproduction"*, à Weiner (1980) et Damon (1980).

(115) Simmel écrit *"L'argent est une de ces idées normatives qui obéissent elles-mêmes aux normes qu'elles incarnent"* (PA., p. 113) et la *"loi rudimentaire des relations sociales de Deutsch"*, sorte de généralisation du processus de feedback énoncé par Simmel, dit *"the characteristic processes and effects elicited by a given type of social relationship also tend to elicit that type of social relationship"* (Deutsch, 1985, p. 69).

(116) Simmel, *Fragments sur l'amour*, posthumes, in Philosophie de l'amour (op. cit. p. 127).

(117) Klossowski et Zucca (1970).

(118) Balzac (op. cit. p. 329).

(119) F. Scott Fitzgerald, *The Great Gatsby*. J'emprunte cette citation à David Frisby, qui la fait figurer en exergue à son excellente *Introduction à la Traduction*, comme par un clin d'oeil, puisqu'il n'y est, à l'exception d'une précision historique, jamais question de la femme.

'Elle a une voix indiscrète', je remarquais.
'Pleine de -' j'hésitais.
'Sa voix est pleine d'argent', dit-il brusquement.
C'était ça. Je ne l'avais jamais compris avant. Pleine
d'argent - c'était ça le charme inépuisable qui s'en élevait
et y sombrait, le tintement de sa voix, son chant de cymbales.

REFERENCES

BALZAC, H. de, 1846/1972, *La cousine Bette*, Paris, Gallimard.

BARRAUD, C., COPPET, D. de, ITEANU, A. et JAMOUS, R., 1984, Des relations et des morts, in *Différences, valeurs, hiérarchies* (Textes offerts à Louis Dumont), Paris, Editions de l'E.H.E.S.S.

BEJIN, A., 1976, Crises des valeurs, crises des mesure, *Communications*, 25, Paris, Seuil.

BENVENISTE, E., 1969, *le vocabulaire des institutions indo-européennes*, Paris, Les Editions de Minuit.

BLOCH, M. & PARRY, J., 1989, Introduction, in PARRY, J. & BLOCH, M. (Eds.), *Money and the morality of exchange*, Cambridge, Cambridge University Press.

BOUDON, R., 1984, Les <<problèmes de la philosophie de l'histoire>> de Simmel : Une théorie de l'objectivité en histoire et dans les sciences sociales, *Introduction* à la traduction de Simmel, G. (1923,5ème éd.), *Problèmes de la philosophie de l'histoire*, Paris, P.U.F..

BRAUDEL, F., 1979, *Civilisation matérielle, économie et capitalisme*, Paris, Armand Colin.

CARSTEN, J., 1989, Cooking Money : gender and the symbolic transformation of means of exchange in a Malay fishing community, in PARRY, J. & BLOCH, M. (Eds.), *Money and the morality of exchange*, Cambridge, Cambridge University Press.

COLLIN, F., 1989, Essentialisme et dissymétrie des sexes, *Les Cahiers du Grif*, 40, Paris, Editions Tierce.

CONDOMINAS, G., 1989, De la monnaie multiple, *Communications*, 50, Paris, Seuil.

COPPET, D. de, 1970, 1, 4, 8; 9, 7. La monnaie : Présence des morts et mesure du temps, *L'Homme*, 10 (1).

DAMON, F., 1980, The Kula and generalised exchange, *Man* (n.s.), 15 (2).
DESMONDE, W. H., 1962, *Magic, Myth and Money*, New-York, Free Press.
DEUTSCH, E., 1989, L'argent nommé désir et sang, *Communications*, 50, Paris, Seuil.
DEUTSCH, M., 1985, *Moral Conflict: Theory, research and applications*, New Haven, CT., Yale , University Press.
DOUGLAS, M., 1967, Primitive Rationing, in FIRTH, R. (Ed.), *Themes in Economic Anthropology*, Tavistock, London.
DUMONT, L., 1983, *Essais sur l'individualisme*, Paris, Seuil.
ELIAS, N., 1939/1975, *La dynamique de l'Occident*, Paris, Calman-Lévy.
FESTINGER, L., 1957, *A theory of cognitive dissonance*, Evanston, Ill., Row, Peterson.
FESTINGER, L., RIECKEN, H. & SCHACHTER, S., 1956, *When Prophecy Fails*, Minneapolis, University of Minnesota Press.
FISHER, I., 1930 / 1954, *The theory of interest*, New York, Kelley & Millman.
FOA, U. G., 1971, Interpersonal and economic resources, *Science*, 171.
FRISBY, D.P., 1978, Introduction to the translation, in Simmel, G., *The philosophy of money* , Boston, Routledge & Kegan Paul.
FRISBY, D.P., 1984, Georg Simmel and Social Psychology, *Journal of the History of the Behaviourial Sciences*, 20.
FRISCHEISEN-KÖHLER, M., 1920, Georg Simmel, *Kantstudien*, vol. 24.
GERNET, L., 1968 / 1982, *Anthropologie de la Grèce Antique*, Paris, Flammarion.
GESENIUS, W., 1975, *A Hebrew and English Lexicon of the Old Testament*, Oxford, Clarendon Press.
GORIN, M., 1985, *Argents - Contes et Comptes*, Thèse de l' E.H.E.S.S, Paris.
GORIN, M., 1989, L'argent mixte, *Communications*, 50, Paris, Seuil.
HARRIS, O., 1989, The earth and the state: the sources and meanings of money in Northern Potosi, Bolivia, in PARRY, J. & BLOCH, M. (Eds.), *Money and the morality of exchange*, Cambridge, Cambridge University Press.
HIRSCHMAN, A. O., 1977, *The passions and the interests*, Princeton, Princeton University Press.

JANKELEVITCH, V., 1925 / 1988, Introduction: Georg Simmel, philosophe de la vie, in *La Tragédie de la culture*, Paris, Petite Bibliothèque Rivages.
KULA, W., 1986, *Measures and Men*, Princeton, NJ, Princeton University Press.
LAUM, B., 1924, *Heiliges Geld*, Tübingen, J.C.B. Mohr.
LEA, S.E.G., 1977, *Delayed gratification in normal adult humans: A questionnaire study*, University of Exeter, (ronéo).
LEA, S.E.G., TARPY, R. & WEBLEY, P., 1987, *The Individual in the Economy*, Cambridge, Cambridge University Press.
LE GOFF, J., 1986, *La Bourse et la Vie*, Paris, Hachette.
LEVI-STRAUSS, C., 1949 / 1967, *Les Structures Elémentaires de la Parenté*, Paris, La Haye, Mouton &Co.
LEVY, D., 1982, Rational choice and morality : Economics and classical philosophy, *History of Political Economy*, 14.
LUKACS, G., 1918 / 1989, Postface, En souvenir de Georg Simmel, in *Philosophie de l'Amour*, Paris, Petite Bibliothèque Rivages.
MALAMOUD, C., 1988, (sous la direction de) ***lien de vie, noeud mortel*** *-les représentations de* ***la dette*** *en Chine au Japon et dans le monde indien*, Paris, Editions de d'E.H.E.S.S..
MAUSS, M., 1924 / 1966, Essai sur le don, in *Sociologie et anthropologie*, Paris, P.U.F.
MIJOLA, A. de, 1992, Le franc symbolique, *Actes du colloque Le Monde-LeMans, 1991*, Paris, P.U.F. , à paraître.
MOSCOVICI, S., 1981, *L'Age des Foules*, Paris, Fayard.
MOSCOVICI, S., 1988, *La machine à faire des dieux*, Paris, Fayard.
MOSCOVICI, S., 1989, Langages universels .Les 3 M: Money, Music and Mathematics, *Communications*, 50, Paris, Seuil.
NELSON, B., 1949/1969, *The Idea of USURY. From Tribal Brotherhood to Universal Otherhood* , Chicago and London, The University of Chicago Press.
OAKES, G., 1984 / 1989, Le problème des femmes dans la théorie de la culture, *Les Cahiers du Grif*, 40, Editions Tierce (Fragments provenant de : OAKES, G., 1984, *On Women, Sexuality and Love*, New Haven and London, Yale University Press).

PARRY, J. & BLOCH, M., 1989, (Eds), *Money and the morality of exchange*, Cambridge, Cambridge University Press.
PEYRELEVADE, J., 1987, Le spectre d'un séisme monétaire, *Le Monde*, 17 Avril, (reproduit, pp. 224 - 225, in *Communications*, 50, Paris, Seuil.).
POLANY, K., 1968, *The great transformation,* Boston, Beacon Press.
RACHLINE, F., 1991, *De Zéro à Epsilon,* Paris, Archipel - F1RST
SERVET, J. M., *Nomismata : état et origines de la monnaie*, Lyon, Presses Universitaires de Lyon.
SHAPIRO, R., 1985, Echange matrimonial et travail féminin. Les paradoxes de la modernité, in PIAULT, C., (sous la direction de) *Familles et biens en Grèce et à Chypre*, Paris, L'Harmattan.
SHELL, M., 1982, *Money, Language, and Thought*, Berkeley, LosAngeles, London, University of California Press.
SIMMEL, G., 1907/1978, *The philosophy of money,* Boston, Routledge and Kegan Paul. 1988, *La Philosophie de l'Argent,* Paris, P.U.F..
SIMMEL, G., 1889, Zur Psychologie des Geldes, *Jahrbuch für Gesetzgebung, Verwaltung und Volkswirtschaft*, 70.
SIMMEL, G., 1892, Einiges über die Prostitution in Gegenwart und Zukunft (Quelques réflexions sur la prostitution dans le présent et dans l'avenir), *Die Neue Zeit*, janvier.
SIMMEL, G., 1894, Zur Soziologie der Familie (Pour une sociologie de la famille), *Vossische Zeitung*, 31 - 38 octobre.
SIMMEL, G., 1898, Die Rolle des Geldes in den Beziehungen der Geschlechter. Fragment aus einer Philosophie des Geldes. (Le rôle de l'argent dans les rapports entre les sexes. Fragment d'une Philosophie de l'Argent), *die Zeit*, 15, 22, 29 janvier.
SIMMEL, G., 1902, Weibliche Kultur (Culture féminine), *Neue Deutsche Rundschau*, cahier 5.
SIMMEL, G., 1909, Psychologie der Koketterie (Psychologie de la coquetterie), *Der Tag*, 11/12,5
SIMMEL, G., 1921 - 1922, Fragment über die Liebe (Fragment sur l'amour), *Logos*, 10 Tous ces textes proviennent de DAHME, H. J. & KÖHNKE, K. C., 1985, (hsg. von), *Georg Simmel, Schriften zur Philosophie, und Soziologie der Geschlechter,* Frankfurt / M, Suhrkamp.

SIMONNOT, P., 1985, *Le Sexe et l'Economie - ou la monnaie des sentiments,* Paris, Jean-Claude Lattès.
STIRAT, R. L., 1989, Money, men and women, in PARRY, J. & BLOCH, M., (Eds.), *Money and the morality of exchange*, Cambridge, Cambridge University Press.
VROMEN, S., 1989, Georg Simmel et le dilemme culturel des femmes, *Les Cahiers du Grif,* 40, Paris, Editions Tierce.
WEBER, Marianne, 1989, Souvenirs, *Les Cahiers du Grif,* 40, Paris, Editions Tierce
WEBLEY, P., LEA, S.E.G. & PORTALSKA, R., 1983, The unacceptability of money as a gift, *Journal of Economic Psychology*, 4.
WEINER, A. B., 1976, *Women of Value, Men of Renown,* Austin, and London, University of Texas Press.
WEINER, A.B., 1980, Reproduction: a replacement for reciprocity, *American Ethnologist*, 7.
WORMS, G., 1989, 200 milliards de dollars par jour, *Communications*, 50, Paris, Seuil.
ZAJONC, R.B., 1989, Styles of explanation in social psychology, *European Journal of Social Psychology*, 19/ 5.
ZELIZER, V. A., 1989, The Social Meaning of Money: "Special Monies", *American Journal of Sociology* , 95/2.

Chapitre 6

LE TYPE DE L'AVARE

Jean-Marie BALDNER

"La théorie de la connaissance part en général du fait que la connaissance est une représentation et que le sujet connaissant est un être psychique. La théorie de la connaissance historique se caractérise de plus par le fait qu'elle s'intéresse aux représentations et aux sentiments des acteurs historiques et que ses objets sont des êtres psychiques. Les processus observables, qu'ils soient politiques ou sociaux, économiques ou religieux, juridiques ou techniques, ne nous paraissent intéressants et compréhensibles que parce qu'ils sont les effets et les causes de processus psychiques." (1984, p. 57)

L'absence de séparation stricte dans la *Philosophie de l'argent* entre les discours des différentes sciences sociales et la philososophie tient d'une part aux caractéristiques que Simmel attribue à la philosophie qui, par la recherche des présupposés sur l'intelligibilité d'un processus historique, connait sa possibilité et sa légitimité d'une objectivation du discours sur le réel sans laquelle il est impossible de donner un sens à l'étude d'un passé dont la singularité évacue la connaissance, et à l'exemple traité, l'argent, symbole historique de la relativité de l'être, dans la connaissance duquel se réalise l'interpénétration permanente des sciences sociales et de la philosophie.

"Dans ce champ de réflexion, l'argent n'est que le moyen, le matériau ou l'exemple nécessaires pour présenter les rapports qui existent entre d'une part les phénomènes les plus extérieurs, les plus réalistes, les plus accidentels, et d'autre part les potentialités les plus idéelles de l'existence, les courants les plus profonds de la vie individuelle et de l'histoire." (1984, p. 16)

D'autre part, la compréhension de la vie sociale comme produit des interactions psychiques des individus introduit une perte de consistance du cloisonnement des disciplines et tend à imposer une méthode sociologique pour donner un sens au réel.

Si une lecture orientée de la *Philosophie de l'argent* est aujourd'hui possible et plusieurs des contributions de cet ouvrage en montrent les voies, elle l'est soit dans la recherche des conditions de possibilité et de cohérence d'un discours disciplinaire[1] et cela même si Simmel s'en défend, soit dans l'accession à un universel qui autorise une connaissance scientifique par la capture d'un concept, d'une forme, d'une catégorie dans leur intention transdisciplinaire pour poser, relativement aux autres sciences sociales, les possibilités et la légitimité de l'extension disciplinaire d'un contenu, la réduction et la recomposition d'une réalité dans une théorie de la connaissance reliant certains des éléments de cette réalité entre eux.

L'adoption de la deuxième démarche ne prétend pas à la compréhension globale de contenus historiques singuliers, en raison de leur singularité même et de l'enchevêtrement complexe des différentes dimensions du réel, mais elle autorise, relativement au questionnement régressif que permettent les aller-retour permanents des catégories de l'entendement à la réalité vécue, à donner du sens à la matière historique par la production de la rationalité nécessaire à la transformation du matériau historique en une histoire scientifique, à dégager des formes et des catégories pour approcher la connaissance de l'individuel et du contingent :

> "J'ai opposé ici la forme dans laquelle un matériau doit être coulé pour se transformer en histoire scientifique, à la réalité immédiate telle qu'elle est vécue, cette histoire vécue représentant ce que j'appelle précisément la matière de l'histoire. Or, il est possible de considérer aussi cette matière comme une forme : comme la forme dans laquelle les processus historiques se présentent à la conscience de l'acteur... Les catégories utilisées par l'historien sont ainsi en quelque sorte des catégories du second degré, en ce sens qu'elles ne peuvent s'appliquer qu'à une matière déjà mise en forme sous la catégorie de l'expérience vécue." (1984, P. 114)

---

(1) Voir, dans cet ouvrage, les contributions de L. Gillard et L. Scialom.

Pour Simmel, l'histoire ne se donne pas pour tâche une reviviscence des événements passés mais une régression abstraite organisant en séries téléologiques, en fonction d'une perspective de leur complet développement établie a priori, des données singulières et contingentes pour leur conférer un sens universel(2). La transposition ainsi opérée constitue, en quelque sorte, une langue nouvelle avec ses formes et ses catégories propres, dans laquelle les hypothèses de conceptualisation des données de la réalité en objet de la connaissance sont constamment révisées :

> "... une construction nouvelle est élaborée à partir des faits bruts, une construction sui generis, d'un type spécifique, une construction soumise à ses lois propres." (1984, p. 100)

A la suite de ces prémisses, je ferai ici la double hypothèse, premièrement de la validité interne du type protéiforme de l'avare par son mode transversal d'apparition dans la connaissance comme combinaison du général (ou de l'objectif) et du particulier (ou de l'individualité historique), comme possibilité de concilier la forme et le matériau historique ; deuxièmement, par sa place dans l'ouvrage comme articulation entre la première partie analytique et la seconde synthétique, de la possibilité de référer la catégorie abstraite de l'avare à la connaissance de sociétés historiques inscrites dans une représentation globale de l'histoire et entendues dans le sens que leur donne Simmel :

> "la société, c'est cette formation supra-individuelle qui n'est cependant pas abstraite. Grâce à elle, la vie historique échappe à l'alternative de se dérouler soit entre de simples individus, soit dans des généralités abstraites. Elle est généralité, mais dotée en même temps de vie concrète." (83)(3)

J'entends par là la capacité du type de l'avare, comme conscience singulière limite associée à une configuration abstraite, à catégoriser des contenus dans le processus historique des transformations qui mènent au stade monétaire terminal (la fin du XIXe siècle) des consciences et des

---

(2) Voir, dans cet ouvrage, la contribution de J.-Y. Grenier.

(3) Les chiffres entre parenthèses renvoient aux pages de la *Philosophie de l'argent*.

comportements individuels et collectifs : c'est-à-dire d'une part, par la connaissance d'un "équivalent symbolique général" chez qui tout est poussé à l'absolu, d'approcher les faits singuliers et de donner une signification historique aux contenus de conscience et aux actions finalisées de la masse des individus anonymes en interaction, d'autre part, par le développement d'un cas limite marquant un seuil dans un processus abstrait, de mettre en évidence la nature téléologique a posteriori des processus historiques et d'élucider les contenus psychiques qui caractérisent les différents stades d'une histoire finalisée : l'objectivation par la monnaie des relations des individus entre eux et avec les choses.

Le type de l'avare est traité dans deux chapitres différents. Dans la partie analytique, l'avare apparait dans le troisième chapitre concernant *l'argent dans les séries téléologiques*, plus spécialement dans les pages qui traitent de la transformation des moyens en fins. Comme type de la rupture dans le fonctionnement des séries téléologiques, l'avare est le type négatif de l'adhésion au processus historique de socialisation dans l'échange.

Dans la partie synthétique, dans le quatrième chapitre intitulé *la liberté individuelle* et plus particulièrement dans les pages qui traitent de la dépendance mutuelle entre l'avoir et l'être dans la possession, l'avare participe de la dialectique de la libération et de l'aliénation et renvoie aussi bien à l'émergence psychologique de la valeur qu'à son objectivation dans l'échange. L'avare fait apparaître, en négatif, par la rupture de la réciprocité du processus d'échange, les conditions formelles de l'adhésion individuelle au concept fondateur du social dans un processus temporel de mise en forme de ce même social.

La transmutation des moyens en fins.

En faisant de l'argent une forme universelle (232) de l'intelligibilité des actions finalisées, c'est-à-dire du processus relatif de connaissance des structures supra-individuelles dont la fonction est de médiatiser les relations inter-subjectives pour mener les contenus de leur forme psychique à leur forme réelle (238), Simmel dissout l'argent, substance concrète et moyen absolu (242) dans les séries des moyens utilisés par les hommes pour parvenir à une fin, dans sa fonction - le support d'une réciprocité d'action entre individus qui constitue le processus de socialisation :

> "La double nature de l'argent, être à la fois une substance très concrète et très prisée en tant que telle et cependant ne tirer son propre sens que de sa dissolution complète en mouvements et en fonctions, repose sur le fait qu'il consiste uniquement en l'hypostase, en l'incarnation d'une pure fonction, celle de l'échange entre les humains." (193)

La société, qu'elle soit primitive - interaction interindividuelle immédiate - ou monétaire - objectivation et cristallisation monétaire en une formation autonome de cette interaction - ne préexiste pas à l'échange, "au contraire, «société» n'est que le terme général qui englobe la totalité de ces interrelations spécifiques."(191)

La perpétuation de la société, ou plus précisément du processus de socialisation, interdit que les séries téléologiques ne soient considérées comme fin dernière et, reçevant un contenu fini réalisable sur terre, demeurent immobiles :

> "il semble que ce que nous appelons objectif final flotte au-dessus des séries téléologiques, et qu'il est à elles ce qu'est l'horizon aux chemins terrestres." (179)

Le but, une fois atteint, est toujours dépassé. Les fins ne sont que provisoires et deviennent pour ainsi dire de simples fonctions justifiant par là-même la transmutation des moyens en fins. Ainsi, dans une série téléologique, l'attribution de la valeur de fin ou de celle de moyen ne dépend-elle que du point de vue adopté à un moment. Il en va ainsi de l'argent, quand, devenant l'expression et l'équivalent de toutes les valeurs, il "s'élève à la signification psychologique d'une fin absolue" (283) parce qu'il est le moyen absolu. Cette idée de la transmutation de l'argent de moyen en fin est liée à une historicisation des formes sociales. Elle se situe dans une prise en compte de l'évolution des processus de la socialisation :

> "... l'acuité et l'extension maximale de ce désir correspondent aux époques où l'on voit perdre de leur force aussi bien les satisfactions plus

modestes liées aux intérêts particuliers de la vie, que l'élévation à l'absolu de la religion comme but final de l'existence." (281)

Le type de l'avare : une forme de la rupture des séries téléologiques ?

Avec le type de l'avare, le rapport désir-satisfaction, qui fonde les séries téléologiques dans l'action réciproque des subjectivités, connait une forte réduction. En cherchant à accumuler de l'argent et en refusant consciemment de s'en servir, l'avare, considéré comme personnalité globale dans l'interprétation de son action, renonce à l'utiliser comme moyen d'une jouissance future et établit ainsi une solution de continuité au sein des séries téléologiques.

En attribuant à l'argent immobilisé une valeur supérieure à toutes les utilisations particulières qu'il pourrait en obtenir et donc en excluant la probabilité de ces utilisations, l'avare nie l'utilité sociale de l'argent au profit de son utilité individuelle. Loin d'être un "fou monétaire", l'avare est, chez Simmel, un type humain ambigü qui oscille entre la négativité et la positivité sociales.

Dans une économie d'échanges, l'argent, en participant à la distanciation du désir de l'objet et au dépassement de la distance ainsi créée, instaure une relation qui tend à être dénuée d'affects entre les individus. Parce qu'il objective les actions réciproques entre les individus et les rapports entre les individus et les choses, l'argent ou plutôt le désir de dépense d'argent est désir de lien social. D'une certaine façon, l'avare, parce qu'il a compris la fonction qui fonde la valeur de la monnaie et qu'il la refuse - mais il en accepte le référent - récuse, comme, dans les stades antérieurs de la monétarisation, le moine qui a fait voeu de pauvreté après avoir compris les règles du jeu social, le désir d'un tel lien(4). Comme l'entrée en religion, l'avarice est retrait du jeu, mise hors du monde. En arrêtant l'échange, l'avare arrête le temps, et, comme le moine, cette abolition du temps des relations sociales concrètes l'introduit à l'éternité.

A l'absurde de la circulation effrénée, l'avare répond par un absurde opposé qui bloque ou au mieux - et l'on entrevoit alors certaines des relations de proximité dans la fascination

(4) Moscovici S., pp. 344 et sq.

pour Dieu et pour l'argent - calme le jeu social. En rendant l'échange asymétrique, l'avare détient une rançon sur la société(5) - son magot - qui lui permet de ridiculiser la course sans fin des autres membres de la société. Il refuse l'absurde vers lequel tend le développement des séries téléologiques et, en ce sens, il participe du processus de dématérialisation de l'argent en revêtant une forme téléologiquement de plus en pure. Par un retour à l'origine de la valeur, qui est retour à la subjectivité dans la relation sujet-objet, et en même temps refus de la perceptionn courante de la valeur, l'avare réintroduit, sous la forme d'une préférence pour l'argent, qui n'est, en aucun cas, une préférence pour la liquidité, la catégorie de l'utilité individuelle et affranchit la monnaie de son assignation sur la société. C'est ainsi qu'on peut interprêter la phrase de Simmel si on rapproche le chapitre sur *la valeur-substance de l'argent* des pages concernant l'avare :

> "L'argent, création exclusivement sociologique, privée de tous sens une fois restreinte au seul individu, ne peut changer d'une façon ou d'une autre un statut donné qu'en changeant les relations inter-individuelles." (173)

La possible possession de l'argent ?

Pour Simmel, la propriété est exercice de la potentialité de l'ensemble absolu des droits sur la chose possédée, l'action du propriétaire, en fait sinon en idée, étant le corrélat nécessaire de la somme des droits sur l'objet :

> "La propriété à l'état de repos n'est rien d'autre que le retentissement idéel des processus y conduisant, et l'anticipation idéelle de futures consommations ou utlisations ; met-on de côté ces phénomènes, considérés abusivement comme secondaires, il ne reste plus rien d'elle." (177)

Mais dans les faits comme dans les idées(6), la relation être-objet établie par la possession est à double sens : la maîtrise de l'objet à l'exercice dans la possession est limitée par les

---

(5) Sur l'argent comme assignation sur la société, voir, dans cet ouvrage, la contribution de B. Theret.

(6) Voir la contribution de P. Simonnot.

qualités de l'objet qui réclament, de la part du propriétaire, une qualification d'autant plus importante que l'objet est complexe ou inséré dans un tissu complexe de relations. Pour reprendre un vocabulaire largement développé depuis la fin du XIXe siècle, mais que Simmel n'emploie pas, on pourrait définir en circularité la possession comme la limite où les conditions de sa possibilité sont en même temps celles de son impossibilité en disant que l'être est aliéné dans l'avoir dans la mesure où l'objet est aliéné dans la possession.

L'argent, moyen absolu, "*objet formellement le plus docile*" (403) parce que sans qualité, représente le degré extrême de la possession. Par cette offre d'appartenance sans restriction, cette absence de limite dans ce qu'il est pour nous, l'argent dissout le deuxième terme de l'aliénation, mais en raison de sa totale vacuité, de son absence de contenu susceptible d'être approprié, son indocilité enlève tout contenu au deuxième terme : "Nous l'avons donc plus que toute autre chose, mais avec lui nous avons moins qu'avec tout autre chose." (403)

En tentant d'assouvir son désir par l'accumulation d'un moyen sans qualité, l'avare place l'argent à une distance inaccessible qu'il essaie en permanence de franchir par la conscience de la possession. Il ne recherche rien au-delà de cette stricte possession. Mais cette possession est un état et non pas un acte, car la renonciation aux plaisirs qu'il pourrait espérer d'une jouissance future de la possession d'une somme d'argent en fait un contenu complètement abstrait : une tension entre l'affirmation d'une jouissance présente abstraite et la négation d'une jouissance future concrète, entre la pure potentialité d'une jouissance et le renoncement à celle-ci. Le bonheur issu de la possession d'argent, sans volonté d'acquisition ou de consommation de biens particuliers, le met complètement à l'abri de toute résistance de l'objet à "l'absorption totale dans la sphère du moi" (406), le protège de toute déception née des qualités propres de l'objet et lui ouvre, sur terre, un espace protégé des réalités mesquines des destins humains. L'avare, comme le vieillard, dans les stades monétaires, mais les deux types sont souvent confondus, ou comme le moine dans les stades antérieurs, s'épargnent le désenchantement du commerce avec les hommes, parce qu'ils savent que toute possession ici bas est imaginaire, que la propriété terrestre relève de l'illusion et que ce n'est qu'à cette double condition, de connaissance et de retrait, qu'ils peuvent devenir pleinement propriétaires.

> "En payant la contrepartie de ne point approcher des choses elles-mêmes et de renoncer à toutes les joies spécifiques attachées à leurs particularités, l'argent procure un sentiment de domination, qui reste assez loin des objets sensibles à proprement parler pour ne pas se heurter aux limites de leur possession. Lui seul se laisse posséder entièrement, sans la moindre réserve, lui seul s'identifie totalement à la fonction mise en oeuvre par son moyen." (406)

Ce choix d'une utilité individuelle au détriment d'une utilité sociale est le pendant de son refus a posteriori de socialisation. Pour l'avare, l'accumulation de l'argent n'est pas un potentiel social puisqu'il ne conserve, pour lui-même, aucunes des possibilités futures de l'utiliser, elle n'est pas non plus une fin. La rétention d'une quantité d'argent, pour l'avare, est la potentialité d'une liberté illimitée, puisque l'objet possédé, l'argent, ne possède ni structure, ni forme, ni qualité et n'établit, par sa nature, aucune limite, aucune résistance à la volonté de son possesseur, mais cette liberté n'est qu'une potentialité pure puisqu'elle exclut toute réalisation présente ou future :

> "... la positivité et la négativité de la jouissance atteignent dans l'avarice leur tension réciproque maximum, parce que l'argent, moyen *absolu*, ouvre sur des possibilités illimitées de jouissances, et en même temps, étant le *moyen* absolu, il garde en sa possession inutilisée la jouissance totalement intacte." (289)

Simmel compare ici le plaisir de l'avare au plaisir esthétique(7) :

> "Aussi les joies de l'avare doivent-elles ressembler aux joies esthétiques. Ces dernières se situent également au-delà de l'impénétrable réalité du monde et s'en tiennent à son éclat scintillant, qui s'ouvre aussi complètement à l'esprit que l'esprit de son côté peut y entrer" (406)

Chez l'avare, l'argent créé une tension extrême dans la dialectique de l'abolition de la dépendance réciproque de l'avoir et de l'être, par sa plasticité absolue, et de la forme la plus sublimée de la dépendance, par le renoncement à

---

(7) Voir, dans cet ouvrage, la contribution de P. Simonnot.

l'exercice du pouvoir monétaire. En dehors de son accumulation, l'argent n'a rien à apporter, il est puissance pure, mais contrairement à la possession d'autres biens l'accumulation de l'argent est sans fin puisque aucune qualité ne marque les limites de l'argent pur moyen. Dans l'accumulation sans fin, l'avare transcende la quantité pour en faire une qualité. C'est dans la conscience de l'avare que l'argent atteint son degré le plus élevé de plasticité : l'argent dispose à la fois de toutes les qualités mais n'en a réellement aucune.

Comme la contemplation esthétique, la jouissance de l'avare s'éprouve dans la suppression imaginaire et instantanée de la distance entre la conscience du sujet désirant et l'objet de son désir, dans la fusion totale de la fin et du moyen :

> "La contemplation esthétique, possible en tant que pure fonction vis-à vis de tout objet ... supprime comme jamais la barrière entre le moi et lesdits objets ; elle déroule l'image de ceux-ci comme s'ils étaient seulement déterminés par les lois essentielles de celui-là." (407)

Mais, à l'inverse de la jouissance esthétique où l'expansion du moi est initiée par l'objet, l'avarice libère le moi et le réinvestit des énergies subjectives d'une jouissance pure.

La valeur individuelle de l'argent ou l'avare hors du circuit.

Le rapport désir-satisfaction qui fonde les séries téléologiques est réduit à la seule confrontation individuelle. En refusant consciemment la circulation monétaire, l'avare nie la fonction de l'argent comme moyen à l'état pur et remet en cause les rapports entre quanta,

> "à savoir, l'équation de valeur entre une marchandise et une somme d'argent [qui] représente l'égalité des relations fractionnaires entre ces deux grandeurs prises comme numérateurs, et les quanta globaux de marchandises et d'argent entrant économiquement en ligne de compte pris comme dénominateurs." (145)

Par la négation de la relativité de l'argent, il empêche l'expression, dans son individualité, du rapport profond entre la relativité et la socialisation (83). L'avare, par l'immobilisation stérile de l'argent et l'opposition au jeu de l'interaction inter-individuelle, cristallisée avec l'argent dans une formation supra-individuelle autonome (191) refuse de s'inscrire dans le processus de socialisation qui caractérise sa société. En accumulant de l'argent sans en tirer avantage, il accroit sa jouissance de l'objet argent dont il épuise la valeur par son refus de le remettre en circulation. Non seulement il retire sa participation à la réalité économique, mais en renonçant à la consommation d'objets particuliers, hors de la concession au strict nécessaire de son existence biologique et de sa reconnaissance sociale, il s'exclut des lois de l'économie politique (loi de l'utilité marginale décroissante, égalisation des utilités marginales ...) et des temporalités de l'économie marchande.

Ceci explique, pour Simmel, sa fréquence chez le vieillard qui, ayant perdu la capacicité d'être attiré et la possibilité de savourer de nombreux aspects de la vie, n'ayant plus d'illusion sur celle-ci, oriente ses désirs vers une volonté de puissance qui n'a pas besoin de s'affronter aux autres subjectivités pour s'affirmer :

> "La forme la plus pure de l'avarice est plutôt celle où la volonté ne va réellement pas au-delà de l'argent, ne le traite pas non plus, même par jeu, comme un moyen d'obtenir autre chose, mais ressent la puissance qu'il représente justement en tant qu'argent non dépensé, comme une valeur définitive et absolument satisfaisante." (193)

En refusant d'exercer la puissance que représente l'argent, l'avare croit la maintenir intacte. L'avarice, notamment chez le vieillard, est une mise en marge de la société, un retrait de la réciprocité d'action qui constitue la société en "une unité *sui generis*, distincte de ses éléments individuels." (1981, p. 173)

Seule la puissance pure reste accessible à l'impotent au soir de la mort, comme la jouissance pure est accessible à l'avare qui a renoncé à la vie. En négatif, le type de l'avare met en lumière la cohésion des éléments individuels dans l'unité d'un tout social complexe, l'objectivation et l'autonomie des formes sociales, la durée des formes abstraites de la consommation et de la production au moment où les relations interindividuelles ne s'exercent plus sans intermédiaire, de particulier à particulier (1981, pp. 171-193). En introduisant l'affectivité dans la possession d'argent, il souligne combien la monétarisation a objectivé les rapports sociaux en les débarassant des affects(8). Mais en refusant lui-même toute relation d'argent autre, notamment l'entretien de sa famille, que celle qu'il entretient avec son magot, il participe de la conscience d'une transition au sein d'un processus historique, entre la logique terrienne prédominante des liens d'homme à homme et celle urbaine des liens monétaires.

Si l'on considère maintenant le sixième chapitre, *le style de vie*, l'immobilisation de l'argent par l'avare est aussi un moyen de renoncer à l'impression de rapidité que donne le déroulement de l'existence par la multiplicité des possibilités de transactions offertes par l'argent ou de s'opposer à l'accélération du temps entraînée par la vitalité de la circulation économique. A la catégorie monétaire à laquelle renvoie le type de l'avare correspond la catégorie moderne du temps de l'économique qui succède, logiquement et historiquement, aux catégories du temps des circuits cloisonnés de l'autosatisfaction alimentaire et de la religion.

En refusant consciemment de se servir de l'argent, l'avare nie sa fonction économique de moyen à l'état pur. En ne permettant pas à l'argent d'exercer sa "faculté de représenter toute valeur économique spécifiquement déterminée" (116) il rompt "la continuité de la série des événements économiques"(116) et par là-même se situe hors de la logique économique du circuit des échanges et hors de la logique fonctionnelle de la partition de la société en classes qui en est le corollaire.

L'accumulation des richesses ne fait pas le riche.

Alors même que, pour l'avare, la monnaie a une valeur qualitative auto-référentielle, il ne bénéficie pas lui-même des effets qualitatifs de la richesse accumulée, la représentation de puissance et de pouvoir que Simmel appelle *le superadditum de la richesse*. Bien que relevant, dans un principe de découpage que n'opère pas Simmel, de la classe moyenne, si l'on s'en tient à la tripartition fonctionnelle en classes du rapport jouissance-sacrifice d'une unité monétaire

(8) Voir, dans cet ouvrage, la contribution de P. Simonnot.

additionnelle, l'avare n'appartient à aucune classe car, seules, les relations font sens dans cette tripartition fonctionnelle.

Par l'expression de l'immobilisation de l'argent et du refus de la possibilité des choix, la catégorie de l'avare est la forme négative de l'axiome d'une possibilité de l'économie monétaire et de l'axiologie qui la fonde, parce que, pour l'avare, tous les objets qu'il pourrait acquérir par la mise en circulation d'une somme d'argent sont indifférents. La valeur d'une somme d'argent ne peut plus représenter ni la valeur de chaque objet dont elle est l'équivalent ou la valeur la plus intéressante à l'instant, ni la valeur additionnelle liée à la liberté de choix, le surplus de valeur lié à sa fonction de réserve.

La valeur particulière qu'attache l'avare à l'argent ne relève pas de cette essence métaphysique dont le superadditum est une des manifestations :

> "Le *superadditum* de la richesse n'est rien d'autre qu'une manifestation particulière de cette essence métaphysique de l'argent, dira-t-on, en vertu de laquelle il dépasse chacune de ses utilisations singulières et, puisque moyen absolu, impose la possibilité de toutes les valeurs en tant que valeur de toutes les possibilités." (259)

Pour l'avare, l'argent n'est pas un moyen de compenser une infériorité historique. L'argent ne jouant pas pour l'avare le rôle de moyen s'élevant au dessus de toute fin spécifique (259), l'avare ne relève pas de ces catégories et classes à position inférieure dont les affaires financières constituent l'*ultima ratio* et dont l'argent leur permet l'accès à des positions, des emplois, des plaisirs que leur rang social a priori leur interdit. Il n'appartient pas non plus à ces catégories qui, ayant perdu leurs fonctions traditionnelles d'autorité et la valorisation sociale qui en est le corollaire, cristallisent leur dernier intérêt dans la domination et la ponction monétaire sur les autres catégories (261). L'épanouissement personnel dans les rapports interpersonnels comme le repli sur les vestige d'une domination ancienne, qui résultent de cette possibilité de l'argent, n'existent pas pour l'avare car, chez lui, les mouvements monétaires se limitent à l'acquisition et à la rétention de quantités d'argent :

> "Simple moyen certes, mais à un degré absolu, récusant donc toute détermination objective préjugeant de lui, l'argent est à la fois l'absolu

terminus a quo menant vers tout, et l'absolu *terminus ad quem* vers quoi tout mène." (261)

Il y a là une première distinction possible entre la cupidité d'un individu ou d'un groupe social ou historique dont Simmel donne quelques exemples aux pages 261 et suivantes et l'avarice phénomène nécessairement individuel qui a pourtant un rôle social.

La valeur d'une quantité d'argent sans la valeur de l'argent.

A travers son désir d'immobilisation stérile et son absence d'intérêt pour des valeurs autres que monétaires, l'avare se situe dans le temps mais en partie hors de l'espace de la forme d'échange des fractions de la valeur sociale globale qui s'est développée après la forme plus primitive de l'échange par comparaison directe des objets à échanger (145).

L'avare n'a qu'une conscience limitée de l'axiome de l'équivalence des valeurs échangées, caractéristique de la civilisation monétaire :

> "relation très générale entre un *quantum* de biens et un *quantum* d'argent, telle qu'elle apparaît dans la connexion, souvent masquée et riche en exceptions il est vrai, entre réserves croissantes d'argent et hausse des prix, entre réserves croissantes de biens et chute des prix." (128)

L'argent, devenu complètement abstrait dans la mesure où il perd toute possibilité d'utilisation particulière, ne ressort plus de la catégorie sociale de la valeur ; il ne dépend plus que de ses déterminations individuelles. Pour l'avare, l'argent acquiert une valeur qualitative a posteriori, quand il le possède, alors que la seule détermination de son désir et de son action est quantitative, ce qui suppose qu'il possède ou qu'il soit une valeur a priori. Avec l'avarice, la valeur attachée à l'argent ne se rapporte qu'à lui-même, il ne participe que d'une façon très particulière, en la limitant à un individu, à la transmission de la valeur, reposant sur les finalités de nos actions, au moyen de les obtenir. Ce mouvement psychique que Simmel nommme "l'expansion psychologique des qualités" s'exerce avec l'avare au dehors des séries téléologiques (269).

La seule valeur qui se transmette à l'argent est la sienne puisque, dès l'acquisition d'une somme d'argent, ne rejaillit plus sur elle la valeur des biens qu'elle permet d'acquérir. Sur le plan axiologique, l'argent devient auto-référent. L'argent retiré du circuit de l'échange, sa fonction première, et la valeur qui lui est liée, semble disparaître au profit d'une fonction seconde, la réserve de valeur. Mais cette fonction en quelque sorte dérivée n'est plus elle-même véritablement une fonction, elle n'est qu'une potentialité pure qui ne peut se réaliser tant que le désir de l'avare est commandé par l'avarice. La rétention monétaire opérée par l'avare n'est pas un désir de protection par la mise en réserve d'une valeur qui sera réalisée dans le futur. Elle est une jouissance présente, dans l'accumulation d'unités de compte et non une jouissance potentielle de moyens de paiement.

L'avare vit dans un présent qu'il refuse et ne pense pas à un avenir qui, de toute façon, pour lui, aura l'extension et la forme du présent. Comme la fonction de moyen de paiement au terme de la circulation, quand une somme d'argent aboutit dans les mains de l'avare, la fonction de réserve se dissout dans une qualité néanmoins repérable dans une quantité. La seule fonction de l'argent reste l'unité de compte.

On peut alors se poser la question de cette existence d'une valeur socialement reconnue (l'unité de compte) qui se confonde avec celle que lui attribue l'avare. Si, pour l'avare, l'argent qu'il retire de la circulation n'est pas une forme dont la valeur provient de la relativité des rapports d'échange réciproque, sa valeur ne peut dépendre que d'une substance particulière ou de l'action de l'Etat.

Dans la théorie simmélienne de la valeur, la première assertion pose problème, car premièrement elle ne concerne, dans l'établissement de la valeur des choses, que le premier aspect, celui de son émergence subjective, de la distance du sujet à l'objet de son désir et laisse de côté le processus d'objectivation qui, naissant de la réciprocité de l'échange, crée la valeur ; deuxièmement, dans la forme l'argent, même s'il possède un support ayant une valeur, Simmel n'attribue à celui-ci qu'un rôle secondaire dans sa valeur :

"Assurément cette valeur de l'argent doit aussi posséder un support, mais ce qui est décisif, c'est que le support n'est plus la source de cette valeur, c'est qu'il est devenu au contraire tout à fait secondaire, et si sa nature et son être en soi importent encore quelque peu, ce n'est plus que pour des raisons techniques extérieures au sentiment de la valeur." (233)

A la valeur substance, entendue au moins de façon référentielle dans le support monétaire, il convient d'ajoindre, dans le cas de l'avare, une garantie de la valeur et de son maintien dans l'avenir en l'absence de réalisation de toute assignation sur la société (195). Cette garantie est le rôle dévolu au monopole du monnayage qui suppose réalisé le passage à la forme à la fois infra-personnelle et supra-personnelle de l'Etat, "figure de l'esprit objectif, créée par assemblage de prestations individuelles différenciées" (597) qui, non seulement, est le garant du respect par tous les agents économiques des engagements contractés, mais aussi assume l'engagement d'une certaine perennité de la valeur de l'argent aussi bien lors de l'acquittement présent ou différé des obligations interindividuelles que dans le cas d'une mise en réserve sans projet de réalisation.

En complément et en suite logique de la croyance en la valeur substance, l'avarice, si elle est le signe d'un manque de confiance dans l'ordre économique, exprime une confiance dans l'ordre social tel qu'il est représenté, dans l'objectivisation et l'autonomisation des relations intersubjectives, par la forme historique de l'Etat.

L'avare figure de la transition ?

Dans la *Philosophie de l'argent*, le type de l'avare renferme les trois a priori généraux de nature psychologique que Simmel expose dans *les problèmes de la philosophie de l'histoire* et qui rendent celle-ci possible.

Le premier a priori concerne la reconnaissance de l'avarice comme état de conscience qui rend intelligible la conduite de l'avare et les relations intersujectives qu'il entretient, ou refuse d'entretenir, avec l'ensemble des autres agents économiques. A partir de la conduite de l'avare, de la perception que nous avons de son vécu en tant qu'individu sujet à l'avarice, nous construisons "une unité psychique, c'est-à-dire un ensemble cohérent et compréhensible de processus que nous reconnaissons comme tel et connaissons en tant que tel" (1984, p. 65).

Cette unité est le résultat d'une architecture intellectuelle élevée par extrapolation de fragments, systématisation et simplification logique de données individuelles :

"La cohérence psychique, les limites de cette cohérence, la mise en forme de données multiples en un schéma d'ensemble, ce que nous appelons en bref l'identité de la personne ou du groupe, tout cela relève bien entendu de l'hypothèse. Mais c'est grâce à cette hypothèse que l'historien peut mettre de l'ordre dans ses données et les rendre intelligibles. Elles représentent des *a priori* qui rendent l'histoire possible." (1984, p. 83)

Peut-on, pour autant, considérer les contradictions à l'oeuvre dans le type de l'avare comme un marqueur possible des passages historiques des valeurs à dominante qualitative aux valeurs à dominante quantitative? Comme il a déjà été souligné, le processus civilisateur que Simmel porte à la connaissance consiste en une objectivation des facultés(9) et des relations par l'allongement des séries téléologiques, un détachement de l'individu vers une supra-subjectivité distanciant les individus les uns des autres et ceux-là des objets de leur désir. Le degré de civilisation se mesure à l'écart entre l'esprit subjectif et l'esprit objectif. Dans le monde moderne de Simmel peuplé "d'hommes sans qualité" agités d'une mobilité perpétuelle, l'avare est un idiosyncrasique qui arrête le temps. Dans la section III du chapitre intitulé *La valeur substance de l'argent*, Simmel brosse le tableau historique de l'évolution de la valeur substance à la valeur fonction qui "mène l'argent vers son pur concept, en le dégageant de son enchaînement étroit à des substances déterminées" (181) en symétrie de la construction théorique de la section précédente concernant l'évolution inachevable de la signification substantielle à la signification relativiste. La catégorie de l'avare ne trouve sa possibilité théorique qu'aux moments de l'évolution où le support de l'argent se débarrasse de la plupart de ses usages monétaires. Pour des raisons de technique monétaire autant que pour entretenir la fiction de sa réalité que l'avare dénonce par son attitude, il conserve cependant un reste de valeur substantielle :

---

(9) Moscovici S., 1988, p. 368.

> "Le besoin croissant de moyens d'échange et de normes d'évaluation fait qu'il devient de plus en plus l'expression des équations de valeur dont il n'était d'abord qu'un élément, et son indépendance ne cesse ainsi de s'affirmer par rapport à son support." (166)

Dans la connaissance historique, l'avare est une catégorie, un contenu psychique qui fonctionne comme outil de connaissance des séries téléologiques, comme moyen pour comprendre les motifs qui organisent l'existence[10] dans la connaissance d'un présent finalisé et dans celle, régressive, du passé : la forme inversée du moyen historicisé d'appréhender et d'organiser une réalité sociale, de structurer et d'exprimer, de façon rationnelle et cohérente, un matériau historique sous forme d'une loi à laquelle on reconnait provisoirement une validité relative :

> "Quand, pour un individu, le caractère de finalité de l'argent outrepasse ce degré d'intensité où il devient l'expression adéquate de la civilisation économique de son milieu, alors apparaissent les phénomènes de cupidité et d'avarice." (283)

Cette catégorie trouve sa légitimité dans l'abstraction et la relativisation de conditions économiques repérées dans un système temporel :

> "... ces notions dépendent des conditions économiques respectives, parce que la même quantité absolue de passion, investie pour acquérir et retenir l'argent, peut être tout à fait normale, adéquate, ou appartenir à ces catégories hypertrophiques, selon que l'argent a telle ou telle signification. En général, la limite où commence la cupidité proprement dite se placera très haut dans une économie monétaire très développée, vivante, mais relativement bas dans des phases plus primitives, tandis que c'est l'inverse pour l'avarice."(283-284)

Si l'avarice et la cupidité représentent une même rupture des séries téléologiques qui participent à "la dévaluation des caractères"[11] en prenant l'argent comme finalité absolue, elles n'en divergent pas moins l'une de l'autre dans leurs rapports historiques aux autres contenus sociaux.

Le type de l'avare acquiert une intelligibilité historique quand il devient possible de lui assigner une place dans le

---

(10) Voir, dans cet ouvrage, la contribution de J.-Y. Grenier.

(11) Moscovici S., 1988, p. 390.

processus historique d'abstraction croissante de l'argent ou au moins dans la tendance générale de l'évolution historique de l'argent-substance à l'argent-fonction. Le type de l'avare acquiert toute sa dimension dans la condition nécessaire mais non suffisante du passage d'une économie primitive à une économie monétaire développée :

> "Quiconque, dans des conditions étroites et peu exposées aux mouvements de l'économie monétaire, passe pour économe et rationnel dans ses dépenses, paraitra déjà avare dans les conditions larges des transactions rapides, des gains et des dépenses faciles." (284)

Dans le processus de connaissance historique, l'analyse de Simmel amène à se poser la question d'une possible utilisation du type de l'avare comme marqueur partiel du contenu intelligible de la transition abstraite entre deux civilisations économiques où la catégorie de l'individu acquiert une dimension nouvelle du religieux au monétaire, des principales phases de l'émergence et du développement de l'économie monétaire développée (on entendra avec Simmel, celle des XVIe-XIXe siècles) ; ou si l'on reste dans l'intelligibilité de l'enchaînemenent historique des contenus idéels, comme marqueur littéraire partiel du passage de la conceptualisation de l'économie domestique à celle de l'économie politique. Mais comme le montre précisément J.-Y. Grenier dans sa contribution à cet ouvrage, il ne s'agit à aucun moment de proposer une chronologie de moments uniques qui puisse servir de référence à l'organisation d'un matériau historique. Dans le choix du type de l'avare comme marqueur historique, ce qui est en jeu, ce sont des situations historiques relatives au sein de la logique temporelle du développement finalisé d'une série dont la cohérence émerge de l'analyse régressive de la complexité du présent.

REFERENCES

BORNEMAN, E., 1978, *Psychanalyse de l'argent, Une recherche critique sur les théories psychanalytiques de l'argent,* traduction GUERINEAU, Paris, PUF.

MOSCOVICI, S., 1988, *La machine à faire des dieux. Sociologie et psychologie,* Paris, Fayard.

Georg Simmel et les sciences humaines, 1992, s. l. d. RAMMSTEDT, O. et WATIER P., Paris, Méridiens Klincksieck.

SIMMEL, G., 1988, *La tragédie de la culture,* introduction JANKELEVITCH, V., traduction CORNILLE S. et IVERNEL P., Paris, Rivages.

SIMMEL, G., 1986, *La sociologie et l'expérience du monde,* s. l. d. WATIER P., préface FREUND J., Paris, Klincksieck.

SIMMEL, G., 1984, *Les problèmes de la philosophie de l'histoire,* introduction et traduction BOUDON R., Paris, PUF.

SIMMEL, G., 1981, *Sociologie et épistémologie,* introduction FREUND, J., traduction GASPARNI L., Paris, PUF

Chapitre 7

DE "PHILOSOPHIE DE L'ARGENT" A LA COMPREHENSION DE LA COHESION D'UNE ECONOMIE MONETAIRE DECENTRALISEE : UNE ESQUISSE

Laurence SCIALOM

D'une grille de lecture "ciblée" de *"Philosophie de l'argent".*

G. Simmel revêt un intérêt fondamental pour tout économiste s'intéressant à la théorie de la monnaie et au fondement de la cohésion de sociétés marchandes non planifiées c'est-à-dire où n'existe apparemment aucun mécanisme de pré-conciliation des choix individuels.

En effet, un tel économiste ne peut être que profondément insatisfait des réponses que lui fournit la théorie économique "orthodoxe", dans la mesure où, de l'aveu même d'un des plus éminent spécialiste de la théorie néo-classique à savoir le professeur Frank Hahn

> "Le défi le plus important auquel est confronté le théoricien à propos de l'existence de la monnaie est celui ci : la monnaie ne joue aucun rôle dans le modèle le plus développé de la théorie économique.

Ce modèle c'est, bien entendu, la version Arrow-Debreu de l'équilibre général Walrasien (1)."

D'autre part, le système Walrasien apparait générateur d'un second type d'insatisfaction en ce sens qu'il ne décrit pas une société de contrats privés non planifiée. En effet, la détermination des prix relatifs dans ce système relève de l'action d'un secrétaire de marché, le processus communément appelé "tâtonnement walrasien" fonctionne comme un mécanisme de pré-conciliation des choix privés. Ce faisant, le commissaire priseur joue le rôle d'un agent centralisateur, la décision collective d'échange répondant à une règle d'unanimité puisqu'elle assure la compatibilité des plans individuels, en ce sens que les transactions ne sont effectuées qu'à l'équilibre. Le système walrasien assure donc que les décisions ne sont prises que si leur compatibilité sociale est établie ; en d'autres termes, décision d'échange et validation sociale sont simultanées. De Vroey (2) évoquant cette question écrit fort justement :

"le système walrasien est à la fois une économie de contrats privés et une économie planifiée, alors qu'une "vraie" économie de marché est une économie de contrats privés et une économie non planifiée."

Notre économiste s'interroge donc légitimement sur la nature d'une économie imposant une telle coercition sociale quant au mécanisme de formation des prix, notamment parce que l'analyse lui indique clairement qu'il s'agit d'une économie qui ne laisse aucune place à l'échec marchand et peut effectivement évacuer totalement la monnaie de son fonctionnement. Ce faisant, il parait légitime de s'interroger sur l'existence éventuelle d'un lien entre les deux carences propres au système walrasien, à savoir, l'existence d'un principe centralisateur que constituent le secrétaire de marché et les règles constitutives du tâtonnement, et la non prise en compte effective de la monnaie dans le système.

---

(1) Hahn, F., 1984, *Monnaie et Inflation*, Paris, Economica.
(2) De Vroey, M., 1987, La possibilité d'une économie décentralisée Esquisse d'une alternative à la théorie de l'équilibre général, *Revue Economique*, n°3.

Pour tenter de répondre à cette interrogation il se tournera, entre autre, vers le philosophe G. Simmel, persuadé qu'une plus grande porosité des frontières entre les Sciences Sociales ne peut que se révéler fructueuse. Il ne reviendra d'ailleurs pas déçu de son escapade sociologico-philosophique.

Avant de nous attarder sur les apports de G. Simmel à cet économiste en quête de réponses alternatives à ses interrogations, soulignons que ses inquiétudes sur le statut de la monnaie dans l'économie se sont trouvées accrues par l'émergence d'un courant théorique, surtout développé aux Etats-Unis, affirmant la viabilité des systèmes de paiement concurrentiels sans monnaie. En effet, alors que la tradition économique "orthodoxe" aborde le problème de la monnaie en termes de quantité (ce qui déjà ne satisfait pas pleinement notre économiste), les théoriciens de cette "New Monetary Economics"(3) mettent en cause son existence même. Pour ces derniers, la monnaie dans sa spécificité actuelle doit être analysée comme un "accident historique", une simple création artificielle de l'état, qui, par l'imposition de restrictions ayant force de loi, a entravé le développement d'une économie de contrats purement privés. Ce faisant, leur projet consiste à redéfinir une économie walrasienne de marchés purs où les actifs financiers pourraient acquérir le statut de moyens de paiement. Ils proposent donc comme alternative à nos systèmes monétaires hiérarchisés, des systèmes de paiement concurrentiels, c'est-à-dire que les banques, au lieu d'émettre des dépôts convertibles en monnaie fiduciaire à taux rigoureusement fixe, offriraient des services de paiement sous forme de parts de fonds commun de placement. La valeur d'échange de ces moyens de règlement concurrentiels serait évidemment variable et exprimée en unité de compte abstraite. Ces parts de fonds commun de placement auraient pour contrepartie à l'actif des dites banques un portefeuille de titres négociables dont la variance conditionnerait celle des dettes bancaires servant de moyen de paiement. Dans un tel système, la liquidité serait assurée par la capacité du fonds commun

---

(3) S'y rattachent les noms de Hayek, Black, Fama, Greenfield, Yeager, Hall etc.

d'investissement à vendre une partie de son portefeuille d'actifs négociables, et, sa solvabilité serait garantie par la dépréciation parallèle de la valeur de son portefeuille et des dettes qu'il émet à son passif. Si de tels mécanismes d'ajustement sont "monnaie courante" dans la sphère financière, la viabilité de leur généralisation aux moyens de paiement nous semble pour le moins douteuse. En effet, comme le suggèrent les modèles de substitution de devises (4), l'existence même de prix d'équilibre entre moyens de paiement concurrents semble problématique, et, par ailleurs, les modèles s'intéressant aux modalités de réalisation de l'échange décentralisé(5) contredisent totalement les conclusions des théoriciens de cette "New Monetary Economics". Nous ne développerons évidemment pas une analyse critique de ce type de proposition, car tel n'est pas notre propos ici, simplement nous tenons à souligner que les apports de G. Simmel se trouvent décuplés pour notre économiste face à ce type d'enjeu théorique; notre auteur proposant des bases théoriques fortes à l'irréductibilité de la monnaie aux actifs financiers.

Les réponses du philosophe à nos préoccupations d'économiste insatisfait.

Plutôt que de tenter immédiatement une grande synthèse sur ce que *Philosophie de l'argent* peut apporter à notre économiste, nous adopterons un mode d'exposition par chapitre, centré sur les points saillants de la pensée de

---

(4) Girton, L. & Roper, L., 1980, The theory of currency substitution and monetary unification, *Economie Appliquée*, tome XXXIII, n°1.
Girton, L. & Roper, D., 1981, Theory and Implications of Currency Substitution, *Journal of Money, Credit and Banking*, vol 13, n°1, february.
(5) cf: Jones, R. A., 1976, The origin and development of media of exchange, *Journal of Political Economy*, vol 84, n°4.
Brunner, K. & Meltzer, A. H., 1971, The uses of money: Money in the theory of an exchange economy, *American Economic Review*, 61.
Alchian, A. A., 1977, Why Money ?, *Journal of Money Credit and Banking*, 9.
King, R. G. & Plosser, C.I., 1986, Money as a mecanism of exchange, *Journal of Monetary Economics*, vol 17, n°1.

Simmel exploitables au regard de la problématique qui est la notre; ce faisant, l'approche se voudra volontairement sélective et nous laisserons de coté des pans entiers du cheminement intellectuel de l'auteur, notamment, nous n'exploiterons que la première partie de l'ouvrage, à savoir, la partie analytique. Simmel annonce d'ailleurs dès la préface (15)[6] l'objet de cette première partie : il s'agira "d'éclairer l'essence de l'argent à partir des conditions et relations de la vie générale". Il convient de noter qu'un tel programme de recherche s'oppose radicalement au projet walrasien en ce qu'il pose l'économie monétaire comme objet d'étude spécifique (et non l'économie réelle), et n'assimile pas la question de la viabilité et de la cohésion de la société marchande à celle de l'équilibre.

Ce n'est qu'à la fin de cet exposé du contenu des trois premiers chapitres que nous nous essaierons à proposer quelques pistes plus synthétiques d'exploitation de cet ouvrage par l'économiste.

Premier chapitre : la valeur de l'argent

Le fondement des conceptions de Simmel sur l'argent est à rechercher dans une analyse philosophique spécifique de la valeur que l'auteur nous expose dans ce premier chapitre.

En effet, G. Simmel analyse la valeur comme découlant d'un écart entre le sujet désirant et l'objet désiré ; l'objet ne devient valeur qu'à travers cette distanciation, par un processus subjectif dont l'élément moteur est le désir. Il s'agit là du phénomène originel de l'émergence de la valeur, mais la mesure de celle ci conditionnant son appartenance à la sphère économique suppose l'échange, c'est-à-dire la comparaison des désirs, le mouvement perpétuel de compensation entre gain et sacrifice, renoncement et obtention. Simmel écrit à ce propos :

> "deux constitutions de valeur s'enchevêtrent, il faut qu'une valeur soit misée pour qu'une autre soit gagnée. Le phénomène, alors, se

---

(6) Les numéros entre parenthèses renvoient à la traduction française de *Philosophie de l'argent* de G. Simmel.

déroule comme si les choses déterminaient réciproquement leur valeur entre elles. Echangées les unes contre les autres, elles trouvent dans le contact qu'elles ont ensemble la réalisation pratique de leur valeur et la mesure de celle-ci."(47)

Ainsi, la théorie de la valeur développée par Simmel met en exergue la relativité des valeurs qui seule a le pouvoir de créer une relation objective, supra-individuelle entre les objets, alors que le fondement même de la valeur réside, comme nous l'avons évoqué, dans un processus subjectif. Cette objectivation de la valeur à travers la compensation réciproque des objets s'exprime par le fait que les objets semblent avoir une valeur intrinsèque, c'est-à-dire s'exerçant au delà de l'individu. Simmel écrit à ce propos :

"cette compensation réciproque par laquelle tout objet le l'économie exprime sa valeur dans un autre objet les arrache tous deux à leur pure signification affective : la détermination de la valeur, par sa relativité, les objectivise."(49)

ou encore :

"Ce qui caractérise de manière décisive l'objectivité de la valeur économique, objectivité qui délimite le domaine de l'économie comme un domaine autonome, c'est le fait que, fondamentalement, la validité de la valeur s'exerce au delà de l'individu. Le fait que, pour obtenir un objet, il me faut en abandonner un autre prouve que cet objet est précieux non seulement pour moi, mais aussi en soi, c'est-à-dire pour une autre personne."(52)

Ainsi donc pour Simmel, la valeur n'est pas un contenu substantiel préalable à l'échange, c'est l'échange qui fonde la valeur et l'extériorise par rapport aux individus. Partant de cette conception théorique de la valeur, Simmel définit l'argent comme (84) "sommet et expression la plus pure de la valeur économique (comme) sublimé de la relativité des choses"(111).

La fonction d'échange, de simple support des valeurs est donc l'essence même de l'argent qu'il qualifie de "forme pure de l'échangeabilité" (124). Simmel nous explique que : "La faculté qu'à l'argent de représenter toute valeur économique spécifiquement déterminée - puisque son essence à lui n'est liée à aucune d'elles, mais à leur relation, dans laquelle toutes peuvent entrer indifféremment

- fonde la continuité de la série des événements économiques"(116).

Ce premier chapitre se révèle donc très fécond dans la mesure où il nous décrit un processus par lequel la confrontation des subjectivités individuelles produit des formes qui s'objectivent, c'est-à-dire qui semblent "oublier" leur genèse. Tel est bien la signification de ces valeurs économiques dont l'émergence est à rechercher dans la distanciation entre l'individu désirant et l'objet désiré mais que les individus perçoivent comme des valeurs intrinsèques, c'est-à-dire, dont la formation leur apparait comme totalement déconnectée de leur propres désirs. C'est d'ailleurs cette extériorisation par rapport aux acteurs économiques qui permet à la monnaie, expression la plus pure de la valeur économique, de jouer le rôle de médiateur universel des échanges, cette neutralité apparente permettant son acceptation par les deux protagonistes de l'échange.

La monnaie apparait donc chez Simmel radicalement hors de la sphère des marchandises, irréductibles à celles-ci. Cette radicalité de la différence de nature entre monnaie et objets marchands est exprimée par Simmel de la manière suivante

> "Chaque chose a un contenu défini dont elle tire sa valeur; l'argent, lui, tire son contenu du fait qu'il vaut : un valoir figé en substance, le valoir des choses sans les choses elles mêmes." (111)

Ce faisant, Simmel nous fournit une clef de compréhension de nos sociétés marchandes, en nous présentant le rapport monétaire comme un lien social complètement objectivé. Les chapitres suivant étayeront et étofferont cette thèse.

Deuxième chapitre : la valeur substance de l'argent

Ce chapitre également fondamental aux yeux de notre économiste s'articule autour de la question que pose Simmel dès la page 125, à savoir :

"pour remplir sa fonction de mesurer, échanger, représenter des valeurs, l'argent est-il, doit-il être lui même une valeur, ou bien peut-il se contenter alors d'être simplement signe et symbole, dépourvu de valeur propre : tel le jeton qui représente des valeurs sans être de même essence qu'elles."

Cette question ne peut que passionner notre économiste, dans la mesure où elle reflète un thème récurrent et fondamental en économie monétaire.

Simmel affirme que la fonction de médiation, de simple support à l'échange des valeurs, explique le mouvement historiquement constaté d'avancée de l'argent vers une plus grande symbolisation "sa fonction de mesurer des valeurs ne lui impose pas de posséder une valeur propre"(141).

En effet, de par sa fonction circulatoire, l'argent a tendance à évoluer d'une forme substance (or, cuivre, argent etc.) vers une forme idéelle, un pur symbole. Il écrit :

"Plus étendus et plus divers les services que l'argent est appelé à rendre et plus rapide est la circulation d'un *quantum* donné d'argent, plus sa valeur fonction doit nécessairement dépasser sa valeur substance."(144)

Ou encore explicitant cette évolution :

"Dans sa signification idéelle de mesure et d'expression de la valeur pour des marchandises, il n'a absolument pas changé, tandis que comme marchandise intermédiaire, comme moyen de conservation et de transport de la valeur, il a, en partie changé de caractère, et il est, en partie, sur le point d'en changer encore davantage : de la forme immédiateté et substantialité sous laquelle il a d'abord rempli ses taches, il passe à la forme idéelle, c'est-à-dire qu'il agit purement et simplement en tant qu'idée."(151)

Doit on rappeler que ce texte a été publié en 1900 ?

G. Simmel présente ce mouvement de symbolisation de l'argent comme étant intrinsèquement lié à l'approfondissement de la confiance collective dans la solidité des interrelations sociales, dans la pérennité de l'organisation de la société et de l'ordre étatico-social. Il écrit à ce propos :

"Outre l'influence de conditions locales, c'est la solidité et la fiabilité des interrelations sociales, en quelque sorte la consistance de la sphère économique, qui prépare la dissolution de l'argent substance."(185-186)

Ainsi, la confiance que l'on accorde à l'argent n'est que le reflet d'une confiance dans l'ordre social, dans la mesure où, l'argent est présenté par Simmel comme "une assignation sur la société .../... une lettre de change sur laquelle le nom de l'intéressé n'est pas porté, ou bien sur laquelle le sceau de l'émetteur tient lieu d'acceptation."(195)

Cela signifie que tout paiement en argent engage la communauté dans son ensemble vis à vis de l'ayant droit. Le paiement en monnaie traduit donc une relation liant le collectif à l'individuel, il s'agit d'une relation ternaire et non binaire comme le troc ; le rapport monétaire n'est pas seulement inter-individuel, il met l'individu en relation avec l'ensemble du corps social. C'est ce qui justifie le fait que l'échange monétaire soit une socialisation :

"l'une de ces relations dont la présence transforme une somme d'individus en un groupe social, parce que "société" est identique avec la somme de ces relations."(192)

Cette conception très forte de l'argent comme lien social explique le rôle fondamental qu'accorde Simmel à la garantie accordée à la monnaie par "la plus haute sphère sociologique", à savoir le pouvoir central.

Ainsi définie, la monnaie apparait bien comme le mode de socialisation des individus dans la société marchande en ce qu'elle constitue la forme unique de l'échange. Seule la monnaie étalon et médium de circulation des valeurs permet de délimiter le champs de l'économique, en ce sens qu'elle fournit les deux fondements de toute économie d'échange: un langage commun permettant la quantification en termes de prix absolus des valeurs économiques et donc la tenue des comptes et un support unique de circulation de ces valeurs assurant la multilatéralité des échanges.

De par la possibilité de choix temporel et spatial qu'elle offre, par l'éventail infini des objets économiques qu'elle permet d'acquérir, en vertu de son indifférence quant aux protagonistes de l'échange, la monnaie constitue bien le socle fondamental de toute économie de marché ayant hissé l'individualisme au rang de valeur fondatrice.

La confiance que l'on porte à la monnaie apparait donc traduire une confiance plus profonde dans l'ordre marchand: j'accepte la monnaie en paiement car je crois que la société marchande va se perpétuer et que dans le futur les agents accepteront la monnaie pour les mêmes raisons. Ainsi :

> "le sentiment de sécurité personnelle qu'assure la possession de l'argent est peut-être la forme et l'expression la plus concentrée et la plus aiguë de la confiance dans l'organisation et dans l'ordre étatico-social."(198)

Cette confiance comme le souligne Simmel est apparentée à la foi religieuse. D'aucuns ont pu s'interroger sur la nécessité dans le système simmelien de la garantie apportée par l'Etat à la monnaie émise dans une communauté de paiements; cette question revêt un intérêt particulier, en ce sens que, si cette médiation extérieure n'est pas indispensable à la viabilité du système, la tentation peut se faire jour d'une récupération de l'approche simmelienne par les partisans d'une "privatisation" de la monnaie. Or, si cette tentation existe, elle nous semble parfaitement trahir la pensée de l'auteur, et pour s'en convaincre il n'est pas nécessaire de recourir aux finesses et subtilités d'une interprétation de texte, Simmel étant on ne peut plus clair sur cette question. Il écrit ainsi "une chose me parait claire : le fondement, le support sociologique de cette relation entre les objets et l'argent, c'est précisément la relation des sujets économiques au pouvoir central, émetteur et garant de la monnaie. Le rôle qui consiste à se tenir au dessus de tous les produits particuliers, en tant qu'instance intermédiaire absolue, n'est rempli par l'argent que lorsque son monnayage l'a élevé au delà du simple *quantum* de métal" (194) ou encore "la dépersonnalisation croissante de l'argent, qui entre dans un rapport de plus en plus étroit avec la haute sphère sociale centralisée, est liée de façon précise et active à l'intensification de ses fonctions autonomes par rapport à la valeur du métal. C'est sur la *sûreté* de l'argent que repose sa valeur, et le pouvoir politique central, son garant, grandit en se frayant peu à peu son chemin par delà la signification immédiate du métal, en la refoulant"(205).

L'auteur devient même plus précis dans la suite du texte en affirmant "quand le système monétaire se détache du pouvoir central, cela va de pair avec la dégradation de la monnaie: l'argent est d'autant moins argent véritable qu'il n'est pas garanti par la plus haute sphère sociologique, en l'occurrence par son organe central"(208). Puis plus loin : "si tout un chacun pouvait battre monnaie, la valeur de celle-ci se réduirait à la somme : valeur du matériau plus valeur de la fabrication, ainsi disparaîtrait ce monopole et avec lui les avantages qu'il comporte"(229).

Cette dernière citation par sa clarté, nous semble propre à dissiper toute tentation pouvant se faire jour à classer Simmel parmi les précurseurs et les apologistes d'une privatisation de la monnaie, d'autant plus qu'elle expose un argument communément développé par les détracteurs les plus contemporains des modèles de laissez faire intégral en matière monétaire.

Il est, par ailleurs, intéressant de souligner que Simmel, par une voie sociologique et philosophique arrive à des conclusions parallèles à celles de la théorie monétaire la plus contemporaine, à savoir, la mise en exergue par les modèles à générations imbriquées de l'incapacité des relations de contrats privés à assurer l'allocation intertemporelle des ressources, la monnaie fiduciaire apparaissant capable de surmonter cette externalité, sous la condition qu'elle "synthétise" une confiance généralisée dans la perpétuation de la société marchande et cela jusqu'à un horizon infini (7).

Pour souligner cette convergence autrement que de manière allusive, rappelons brièvement la logique et les conclusions des modèles à générations imbriquées. L'ossature du modèle est la suivante.

Nous sommes dans un monde où il existe deux catégories d'agents : les jeunes et les vieux. Tous les agents vivent deux périodes, ce qui signifie que les jeunes de la

(7) Il convient de souligner qu'André Orléan a déjà relevé le parallélisme de ces conclusions dans Incertitude et paradoxe, *Economie Appliquée*, n°1, tome XXXVIII, 1985.

période (t) seront devenus vieux en (t+1) et que les vieux de la période (t) auront disparu en (t+1), alors qu'une nouvelle génération de jeunes sera apparue. Dans cette économie il n'existe qu'un bien non stockable entièrement produit par les jeunes. Dans un tel cadre, le problème est de savoir comment les jeunes peuvent transférer dans le temps une partie de la richesse qu'ils produisent, afin de la consommer quand ils seront vieux. Il est facile de démontrer que le marché privé du crédit ne permet pas de réaliser une telle allocation intertemporelle des ressources. En effet, les jeunes pourraient échanger la partie de leur production non consommée contre des créances qu'ils n'auraient qu'à renégocier une fois vieux ; mais dans une telle économie, la seule classe d'agents pouvant émettre une telle créance est celle des vieux, or ces derniers ne peuvent constituer une classe de débiteurs, dans la mesure où, à la période suivante ils seront morts. Face à ce problème apparemment difficilement soluble, la monnaie apparait capable de surmonter cette déficience des relations de contrats privés, à la condition que les jeunes anticipent qu'ils pourront utiliser cette monnaie quand ils seront vieux, c'est-à-dire que les jeunes de la période suivante l'accepteront en paiement. On peut en fait démontrer par récurrence, qu'il suffit qu'en (t) les jeunes anticipent qu'à l'horizon T même très lointain les agents rejetteront la monnaie, pour que dès aujourd'hui la monnaie leur apparaisse comme n'ayant aucune valeur. Cette validité de la monnaie fondée sur une chaîne de croyances quant à la pérennité de son acceptabilité dans le temps se retrouve chez Simmel :

> "la garantie de pouvoir réutiliser l'argent, que le souverain ou le représentant de la communauté assume par le monnayage des pièces ou l'impression de son sceau sur le papier, c'est d'escompter l'énorme vraisemblance que chaque particulier, malgré la liberté qu'il a de refuser l'argent, l'acceptera."(199)

On retrouve donc dans les modèles à générations imbriquées l'idée développée par Simmel, selon laquelle la confiance que l'on porte à la monnaie reflète une confiance plus générale dans la pérennité de l'ordre monétaire marchand; en d'autres termes, la monnaie ne fonde pas son acceptabilité sur une quelconque valeur intrinsèque mais sur la chaîne de croyance qu'elle mobilise quant au devenir de la société marchande. Ce qui permet d'éclairer le fait que la monnaie fiduciaire puisse avoir une valeur intrinsèque nulle et une valeur d'échange positive, cette caractéristique unique la plaçant radicalement hors du monde des marchandises.

Chapitre trois : l'argent dans les séries téléologiques

Simmel a jusqu'à présent privilégié une vision instrumentale de l'argent, ce dernier étant appréhendé comme le moyen d'atteindre certains objectifs qui sans lui demeureraient inaccessibles. Il approfondit d'ailleurs cette conception dans la première partie de ce chapitre utilisant une métaphore très communément exploitée :

> "tout comme mes pensées doivent prendre la forme de la langue généralement comprise pour promouvoir mes buts pratiques par ce détour, ainsi mon action ou mon avoir doivent-ils adopter la forme de la valeur monétaire pour servir l'avancée de ma volonté. L'argent est l'outil le plus pur, de l'espèce ci dessus décrite : une institution dans laquelle l'individu verse son action ou son avoir, pour atteindre par ce point de passage des objectifs qui resteraient inaccessibles à un effort directement dirigé vers eux."(243)

Ainsi, de par la possibilité de choix temporel qu'il offre et par l'éventail infini des objets qu'il permet d'acquérir, l'argent constitue le moyen absolu de la jouissance. Ce faisant,

> "la valeur d'une somme d'argent particulière dépasse la valeur de chaque objet particulier obtenable en échange : car elle accorde la chance de choisir tel objet au lieu de tel autre, dans un cercle de dimension illimitée."(246)

Cette potentialité que représente l'argent peut devenir source d'un pouvoir particulier, les deux coéchangistes ne sont plus égaux dans l'échange, l'apparente symétrie de l'échange est rompue. En effet :

> "de cette valeur spécifique de l'argent, due à son indifférence complète envers la particularité de l'objet ou du moment, à sa totale récusation de toute finalité propre, à sa nature abstraite de moyen - découle donc la prépondérance du donneur d'argent sur le donneur de marchandise" (249)

Ainsi dans la première partie de ce chapitre Simmel nous décrit un argent "outil", simple médiateur de l'échange mais indifférent à son contenu propre. Puis il développe un point fondamental aux yeux de notre économiste, car permettant d'éclaircir un aspect souvent occulté par la théorie économique, à savoir, le rapport apparemment contradictoire entre les fonctions de moyen de paiement et de réserve de valeur, ce que certains appelent "l'ambivalence de la monnaie" (8).

Simmel nous explique donc, dans la seconde partie de ce chapitre, la polarité inhérente à l'argent : moyen absolu il devient par la même fin absolue ; l'argent constitue donc, selon l'auteur "l'exemple le plus parfait de la promotion psychologique des moyens au rang de fins" (279) et

> "tandis que sa valeur comme *moyen* grandit, sa *valeur* grandit aussi en tant que moyen, au point qu'il passe pour valeur en soi et que la conscience téléologique s'arrête définitivement à lui."(275)

Ainsi, la fonction circulatoire de moyen de transaction serait bien la fonction première, l'essence de l'argent; et le désir de possession, d'accumulation d'argent que traduit la fonction de réserve de valeur ne serait qu'une fonction dérivée, une dégénérescence, une déviance de cette fonction originelle, explicable par le désir de se prémunir contre l'opacité du futur. En effet, l'accumulation d'argent signifie une capacité de jouissance inutilisée, une potentialité, c'est-à -dire la capacité à dominer un avenir que l'on ne peut prévoir mais que l'on se donne les moyens d'influencer.

Le fait que l'argent, moyen absolu, se transforme en fin absolue à travers la fonction de réserve de valeur, découle bien de l'opacité du futur et de la volonté de se donner un potentiel pour le modeler, cet argent possédé constituant le

---

(8) Cf. Aglietta, M. et Orléan, A., 1982, *La violence de la Monnaie*, PUF, ou Aglietta, L'ambivalence de l'argent, *Revue Française d'Economie.*

seul lien objectif entre le sujet et son devenir. Telle est bien l'idée que défend Simmel quand il écrit :

> "l'argent, moyen *absolu*, ouvre des possibilités illimitées de jouissances, et en même temps, étant le *moyen* absolu, il garde en sa possession inutilisée la jouissance totalement intacte. Sous cet aspect, la signification de l'argent coïncide avec celle de la puissance ; comme elle, il est simple capacité de rassembler les attraits d'un avenir qu'on ne peut anticiper que subjectivement dans la forme d'un présent qui, lui, est objectivement là." (288-289)

Il nous semble que nous ne sommes pas ici, très loin, de l'idée d'une monnaie assurance contre l'incertitude (au sens de Knight ou Keynes) ; Keynes n'écrivait-il pas en 1937 :

> "notre désir de détenir de la monnaie comme réserve de valeur est un baromètre du degré de notre méfiance sur nos propres calculs et conventions concernant le futur ... la possession de véritable monnaie apaise notre inquiétude."(9)

Et, c'est bien cette possibilité de comportement généralisé de recherche de liquidité en période de forte incertitude qui induit un rapport contradictoire entre les fonctions de réserve de valeur et de moyen de paiement, ou pour reprendre la terminologie de Simmel entre le moyen absolu devenant la fin absolue. En effet, détenir de la monnaie comme réserve de valeur signifie bien se placer volontairement en position d'attente, se retirer du circuit des échanges, refuser un engagement sur l'avenir; or, si ce comportement se généralise, c'est bien la perpétuation du système économique qui est en cause, ce qui n'était au départ qu'une crise financière peut se transformer en récession.

Si l'accès à la monnaie, ou la préférence pour la liquidité pour reprendre une terminologie plus keynésienne, revêt une telle importance pour les agents économiques en période d'incertitude, au point, paradoxalement, de constituer une entrave au bon fonctionnement de l'économie de marché, c'est bien parce que la monnaie

---

(9) Keynes, J. M., 1937, The general theory of employment, *Quaterly Journal of Economics*, 51.

revêt le statut d'institution sociale, et synthétise la confiance quasi religieuse que nous avons dans la perpétuation de la société marchande, conformément à l'enseignement de Simmel.

Esquisse de conclusions théoriques sur les lumières de Simmel

En gardant à l'esprit les préoccupations initiales de notre économiste, il est aisé de percevoir l'apport de *Philosophie de l'argent* à ses yeux.

En effet, Simmel nous présente une économie *d'emblée* monétaire contrairement à l'économie orthodoxe qui s'intéresse à une économie réelle. Il nous semble que cet acquis fondamental repose en partie sur une conception rigoureuse de la mesure. Les sciences physiques savent depuis longtemps qu'il existe des critères logiques rigoureux pour pouvoir parler de mesure. La mesure au sens strict étant définie comme l'évaluation d'une grandeur faite d'après son rapport avec une grandeur de même espèce, prise comme unité et comme terme de comparaison; ainsi, la mesure est indissociable de l'interaction entre "objets" mesurés.

A titre illustratif, le poids est indissociable de la pesée, quand on mesure le poids d'un objet, on mesure la résultante de l'action de la force de la pesanteur sur l'objet, on définit ainsi une dimension homogène dans laquelle la mesure peut s'exprimer par une pure quantité, un simple nombre.

Analogiquement parlant, la "force" que l'on se doit de mesurer en économie est la valeur économique. Cette mesure des valeurs économiques est indissociable de leurs interactions, c'est-à-dire de l'échange.

Une telle définition de la mesure permet de comprendre pourquoi l'unité de compte ne prend son sens que dans le mode de formation des prix monétaires, reflètant l'interaction des valeurs économiques, et cela de telle sorte que les agents économiques ne connaissent pas forcément la structure des prix relatifs, et que la mesure de la valeur prenne la forme d'un nombre pur. Simmel écrit à ce propos :

> "l'échange présuppose une mesure objective des évaluations subjectives, mais qui ne leur est pas antérieure, le tout consistant en un seul et même acte."(52)

Une telle affirmation de la simultanéité entre la mesure des valeurs économiques, donc la formation des prix monétaires, et l'échange, réfute bien la possibilité d'une antériorité logique ou temporelle de la formation des prix sur l'échange; antériorité supposée dans l'approche walrasienne comme facteur assurant la cohérence des prix monétaires et leur adéquation au vecteur de prix relatifs. En effet, dans un système walrasien, seul le vecteur des prix relatifs détermine les valeurs économiques, l'unité de compte restant totalement extérieure au mode de formation des prix. Dans un tel système, seuls les prix réels importent, *l'unité de compte n'est pas instrument de mesure mais simple mode de transcription des prix.* Or, une économie monétaire est une économie dans laquelle il n'y a pas de séparation entre négociation et échange, on n'attend pas que les négociations aient conduit tous les marchés à la position d'équilibre pour échanger effectivement. Les prix étant fixés et négociés en monnaie, les "vrais" termes de l'échange entre les marchandises ne sont connus qu'au moment de l'échange. Ce primat des prix monétaires sur les prix réels, condition sine qua non à la compréhension de la cohésion d'une économie véritablement monétaire, économie de contrats privés non planifiée, était donc parfaitement perçu par Simmel. Ainsi affirme-t-il :

> "établir un rapport de mesure entre deux grandeurs, non plus en les comparant directement, l'une près de l'autre, mais de telle sorte que chacune d'elles soit mise en rapport respectivement avec une autre grandeur, et que ces deux rapports soient égaux ou inégaux entre eux - c'est là l'un des plus grand progrès que l'humanité ait accomplis."(148)

Simmel avait donc, dès le début du siècle, parfaitement compris le lien indissociable entre valeur économique, échange et monnaie. Il nous décrit, en effet, une économie où la valeur ne s'exprime que dans l'échange, c'est-à-dire dans le mouvement perpétuel de compensation entre gains et sacrifices. C'est l'échange qui confère son caractère économique à un objet et c'est donc dans l'échange que naissent les valeurs économiques. Simmel met en exergue la relativité des valeurs qui seule a le pouvoir de créer une relation objective supra-individuelle entre les objets : un objet ne peut trouver en lui même sa mesure, l'objectivation de la valeur donc sa mesure, le fait qu'elle puisse s'exprimer par un nombre pur, nécessite la compensation réciproque des objets donc l'échange. L'unité de compte, instrument de mesure des valeurs économiques n'a de sens que comme moyen de paiement capable de médiatiser tous les échanges marchands. Ce faisant, *la dimension dans laquelle la mesure des valeurs prend son sens est la monnaie.*

Simmel, par la théorie de la formation des valeurs économiques qu'il propose, nous permet de comprendre que toute économie monétaire doit partir du principe selon lequel la monnaie constitue la seule réalité économique que les agents ont en commun. En effet, dès que l'on admet que les agents peuvent former des prix sans nécessairement connaître toute la structure des prix relatifs, dès que l'on considère que le résultat de l'échange n'est pas pré-conçu, l'unité de compte apparait comme un langage, le mode d'expression de l'entrée des agents dans la sphère économique, la dimension dans laquelle s'inscrit leur existence même.

En vertu de son indifférence quant aux protagonistes de l'échange et quant aux objets échangés, la monnaie constitue, pour Simmel, le socle de toute économie de marché véritablement décentralisée. Ce faisant, l'approche de Simmel, nous semble devoir être intégrée à toute analyse portant sur les fondements de la cohésion sociale dans des économies décentralisées, fondées sur la pleine liberté individuelle, où se manifeste donc une opacité décisionnelle quant à la validation sociale des choix de production. Dans une telle économie, la question de la compatibilité des plans des agents privés se pose véritablement, dans la mesure où, contrairement au paradigme walrasien, il n'y a plus simultanéité entre la prise de décision et la validation sociale de celle-ci. N'étant pas dans un système de compatibilité pré-conçue des choix, les agents peuvent former des prix sans nécessairement connaître toute la structure des prix relatifs; ce faisant, les individus doivent être considérés comme "faiseurs de prix" et cessent ainsi d'être considérés comme "preneurs de prix". L'échange à "prix faux", c'est-à-dire à un prix n'assurant pas la compatibilité des choix individuels, devient possible. Ce concept de "prix faux" se définit donc en parfaite opposition avec celui de prix d'équilibre développé dans l'approche walrasienne; les prix d'équilibre étant ceux correspondant à une situation où les agents ayant maximisé leurs objectifs, toute possibilité de gains mutuels résultant de l'échange est épuisée.

Comme l'écrit fort justement Frankel, étayant ainsi notre lecture des conceptions simmeliennes de la monnaie :

> "le fait que la monnaie doive son origine au processus d'échange est de première importance car cela implique la liberté d'évaluation individuelle - sans laquelle la monnaie ne peut fonctionner totalement comme monnaie (...) Sans cette liberté la monnaie perd sa "raison d'être" comme moyen d'expression, d'intégration et de symbolisation de la relation contractuelle entre les individus : que cette dernière ait été créée dans le passé, le présent ou perpétuée dans le futur."(10)

Or, c'est bien cette fonction particulière de la monnaie, mode d'expression des évaluations privées quant à la valeur des marchandises, dans un environnement caractérisé par une information limitée et une capacité différenciée des agents à acquérir l'information pertinente, qui génère cette possibilité d'échange à prix "hors équilibre". En revanche, l'antagonisme entre les conceptions simmelienne et keynesienne de l'économie monétaire que Frankel cherche à démontrer nous semble quelque peu erroné (11). Nous nous efforcerons, au contraire, de mettre en exergue la "parenté" ou dumoins la complémentarité entre ces deux "visions du monde", dans l'aide qu'elles peuvent nous apporter à une meilleure compréhension de la cohésion des économies monétaires décentralisées.

L'opposition que Frankel présente comme fondamentale et irréductible entre Keynes et Simmel se focalise sur une question spécifique, à savoir l'usage aux fins de politique

---

(10) Frankel, S.H., 1977, *Money: two philosophies*, Basil Blackwell, Oxford. p.12.

(11) Frankel, S. H., 1977,A op. cit. in chapter V : The keynesian morality of money.

conjoncturelle de l'illusion monétaire. Or, il nous semble qu'il ne s'agit pas là d'un terrain propice à la comparaison, la politique monétaire étant absolument exclue du champ de l'analyse simmelienne. De plus, Frankel se place sur le terrain normatif des principes moraux, ce qui de nouveau nous semble parfaitement dissonant aux regards des analyses des deux auteurs concernés.

Nous soutenons au contraire, que la conception que développe Simmel quant à la nature de la monnaie, conception dont nous nous sommes efforcée de dégager les points saillants, s'insère étonnamment bien dans la "vision du monde" que nous propose Keynes; et, que le couplage de ces deux analyses fournit quelques clefs quant à la compréhension des sociétés marchandes complexes décentralisées.

En effet, l'introduction d'un temps irréversible crée une incertitude additionnelle sur la validation sociale des évaluations privées en unités de compte, dans la mesure où, les producteurs s'engagent sur des opérations de production dont la rentabilité est conditionnée non par le pouvoir d'achat et donc les débouchés d'aujourd'hui, mais par la dépense de revenus futurs. Or, ces décisions de dépense sont par définition inconnues des producteurs qui s'engagent aujourd'hui. Tout producteur dans une telle économie doit donc porter un jugement sur le futur de la société marchande à laquelle il participe, pour ce faire, il doit intégrer les anticipations des autres producteurs puisqu'elles conditionnent ses propres débouchés donc son devenir en tant que producteur. On aura reconnu, dans ce jeu d'anticipations réciproques, le principe keynésien de la demande effective. Or un tel processus d'anticipations autoréférentielles nécessite pour se stabiliser l'existence de points d'ancrage assurant une certaine régularité des comportements. La *monnaie* apparait alors comme le *principe de coordination des engagements économiques des agents,* en ce sens que, l'accès à la monnaie (quelles que soient les règles qui le gouvernent et qui varient selon les systèmes de paiement) constitue le mode d'enregistrement du score économique des agents. L'échec marchand, la faillite, traduction de la non validation sociale des choix privés, s'appréhende comme la rupture de l'accès à la monnaie, cette contrainte de solvabilité s'exprimant de manière plus ou moins rigide selon l'organisation monétaire en cause.

Si l'on admet que l'économie monétaire se définit comme une économie de marché où tous les échanges marchands prennent la forme de demi-transactions, et tel est bien l'univers dans lequel s'insère la pensée de Simmel, il convient de reconnaître la conséquence qui en résulte, à savoir que cette dissociation entre les achats et les ventes individuelles permet l'existence d'écarts entre recettes et dépenses des agents. Ces positions nettes dans les comptes des individus (déficits ou excédents) ne sont que la manifestation monétaire de l'existence de prix qui ne sont pas d'équilibre, de l'incompatibilité des plans individuels, de la possibilité d'une non validation sociale des engagements des agents et donc de l'échec marchand. Ce faisant, certains agents se verrons rationnés dans la réalisation de leurs transactions. Comme l'expriment C. Benetti et J. Cartelier , dans une économie monétaire ainsi définie:

> "le déséquilibre s'exprime à la fois *au niveau des marchés* (ce qui est traité par la procédure usuelle de modification des prix d'une période à l'autre par le secrétaire de marché) et *au niveau des individus* par l'existence de soldes monétaires non nuls."(12)

La monnaie, comprise comme une entité collective, une institution sociale, va se révéler être un principe centralisateur (mais non planificateur à la différence du commissaire priseur walrasien), en ce sens qu'elle sanctionne socialement les incompatibilités dans les plans individuels des agents, et agit en quelque sorte comme une "force de rappel".

La procédure visant à traiter le problème de l'existence de soldes monétaires non nuls dans les comptes des agents n'est pas une procédure de marché. Elle est gérée par l'institut d'émission qui, fixant le taux d'intérêt et le seuil d'endettement des agents (ce dernier étant conditionné par

---

(12) Sur ce type de question on se réfèrera utilement à Cartelier, J. 1990, Payment systems and dynamics in a monetary economy, paper prepared for the conference on *Monetary Theory: keynesian and circulation approaches*, Jerome Levy Economics Institute at Bard College.

une contrainte de solvabilité, c'est-à-dire par la validation sociale des projets individuels), détermine l'intensité de la contrainte monétaire s'appliquant aux agents à déficits. Cette contrainte monétaire qui s'impose aux agents est gérée de manière différenciée, plus ou moins rigide selon les systèmes monétaires, mais, dans tous les cas, la contrainte à la Clower: "pour consommer il faut précédemment avoir vendu" apparait exorbitante. En effet, le système fondé sur la contrainte de solvabilité introduit la possibilité de report des scores économiques d'une période sur l'autre, la connexion monnaie-finance se révèle donc centrale dans le traitement des déséquilibres monétaires dans les comptes individuels. Ce faisant, les opérations financières apparaissent comme des opérations par lesquelles les soldes plutôt que d'être payés en cash sont transférés à la période suivante. La finance traduit donc en partie l'existence de soldes monétaires individuels non nuls, et vise à résoudre de tels déséquilibres; mais le degré d'intensité de la contrainte monétaire représente un pari sur l'avenir, puisqu'il s'agit d'évaluer la capacité des agents à faire face à leurs obligations de paiement dans les périodes futures. Une telle évaluation, dépourvue de base objective est forcément conventionnelle et c'est la Banque Centrale qui a en charge de fixer le point d'ancrage à cette évaluation sociale, à savoir le taux d'intérêt. Le résultat de ce pari que constitue la finance n'est jamais assuré, la faillite n'est donc pas exclue du fonctionnement d'une économie monétaire, mais elle peut toujours être évitée par l'action du prêteur en dernier ressort, si celui-ci juge que la stabilité ou la perpétuation du système de paiement est en cause. Ainsi, l'institution monétaire centrale doit gérer ce lien monnaie-finance, dans la mesure où, les éventuelles incompatibilités dans les plans des agents se manifestent lors de ce passage du monétaire au financier.

Dans ce cadre, la contrainte budgétaire des agents dépend non seulement des modifications du système de prix relatifs d'une période sur l'autre résultant d'une procédure de marché, mais également du score économique qu'ils ont réalisé dans la période précédente, ce dernier étant valorisé ou sanctionné au taux d'intérêt déterminé par la Banque Centrale, et du plafond d'endettement qui leur est alloué, et qui dépend lui même d'un critère de solvabilité (c'est-à-dire des résultats économiques obtenus lors des périodes antérieures).

L'analyse de Simmel de la formation des valeurs économiques se révèle donc particulièrement fructueuse en ce sens que, couplée à une approche keynésienne de l'économie, elle nous fournit quelques clefs de compréhension des économies monétaires. En effet, dans ce type d'économie, où la socialisation des agents passe par la proposition de prix en monnaie, prix qui ne sont pas forcément d'équilibre et qui peuvent donc conduire à une non validation sociale des plans des agents, le calcul économique s'opère forcément en termes monétaires et non réels. La monnaie, institution sociale, apparait alors comme la seule réalité économique que les agents ont en commun, comme un principe de coordination économique et sociale totalement décentralisé dans ses modalités d'action. Ce faisant, la monnaie doit être analysée comme génératrice d'une énorme efficacité sociale. L'analyse que développe Simmel quant à la nature de la monnaie et des rapports monétaires rejoint donc les conceptions des économistes qui insistent sur le fait que l'existence même de la monnaie n'est compréhensible que dans un univers d'incertitude, où l'organisation et la circulation de l'information n'est pas conforme à celles supposées par le paradigme walrasien(13) .

L'apport de *Philosophie de l'argent* de Simmel nous semble donc fondamental pour tout économiste s'intéressant au problème de la viabilité des économies d'échange véritablement décentralisées, c'est-à-dire où la compatibilité des plans individuels n'est pas prédéterminée. En effet, la monnaie y apparait comme le fondement même de l'économie marchande, le médiateur de la socialisation des agents économiques. En tant que forme pure de l'échange marchand, elle délimite le champs de l'économique. Cependant, cette monnaie lien social, entité collective, n'est pas pour autant transcendante; contrairement à la tradition étatiste de la monnaie (cf. Knapp (14) où celle-ci est présentée comme une "créature de la loi", Simmel nous présente une monnaie au coeur d'une

---

(13) A ce propos, on peut utilement se référer à Goodhart, 1989, *Money, Information and uncertainty*, second edition, MIT Press.

(14) Knapp, G. F., 1924, *The state theory of money*, Macmillan.

société régie par un principe d'auto-organisation. En effet, c'est bien l'inter-subjectivité qui chez Simmel, fait émerger les valeurs économiques, celles-ci par l'oubli collectif de leur genèse, apparaissent aux sujets économiques comme des valeurs intrinsèques aux marchandises. La monnaie "sublimé de la relativité des choses", est donc une pure convention sociale, qui, comme toute convention apparait aux agents comme extérieure bien qu'étant le fruit de leurs interactions, ce faisant, cette extériorité apparente lui permet de médiatiser tout échange marchand.

REFERENCES

AGLIETTA, M., 1988, L'ambivalence de l'argent : essai sur la nature de l'économie monétaire, *Revue Française d'Economie*.

AGLIETTA, M. et ORLEAN, A., 1982, *La violence de la monnaie*, Paris, PUF.

ALCHIAN, A. A., 1977, Why money ?, *Journal of Money, Credit and Banking*, 9.

BRUNNER, K. & MELTZER, A. H., 1971, The use of money: Money in the theory of an exchange economy, *American Economic Review*, 61.

CARTELIER, J., 1990, Payment systems and dynamics in a monetary economy, paper prepared for the conference on *Monetary Theory : Keynesian and circulation approaches*, Jerome Levy Economic Institute at Bard College.

DE VROEY, M., 1987, La possibilité d'une économie décentralisée - Esquisse d'une alternative à la théorie de l'équilibre général, *Revue Economique*, n°3.

FRANKEL, S. H., 1977, *Money : two philosophies*, Basil Blackwell, Oxford.

GIRTON, L. & ROPER, L., 1980, The theory of currency substitution and monetary unification, *Economie Appliquée*, tome XXXIII, n°1.

GIRTON, L. & ROPER, D., 1981, Theory and Implications of Currency Substitution, *Journal of Money, Credit and Banking,* vol. 13, n° 1.
GOODHART, C. A. E., 1989, *Money, Information and uncertainty,* second edition, MIT Press.
HAHN, F., 1984, *Monnaie et Inflation*, Paris, Economica.
JONES, R. A., 1976, The origin and development of media of exchange, *Journal of Political Economy,* vol 84, n°4.
KEYNES, J. M., 1937, The general theory of employment, *Quaterly Journal of Economics,* 51.
KING, R. G. & PLOSSER, C. I., 1986, Money as a mecanism of exchange, *Journal of Monetary Economics,* vol 17, n°1.
KNAPP, G. F., 1924, *The state theory of money*, Macmillan.
ORLEAN, A., 1985, Incertitude et paradoxe, *Economie Appliquée*, tome XXXVIII, n°1.
SIMMEL G., 1987, *Philosophie de l'argent,* Paris, PUF.

Chapitre 8

LES MEDIATIONS SYMBOLIQUES ENTRE ECONOMIE ET POLITIQUE SIMMEL AU DELA ET EN DEÇA DE MARX

Bruno THERET

Contrairement à certains autres chapitres de cet ouvrage, on ne se propose pas ici d'examiner la cohérence de l'oeuvre simmélienne(1). Notre propos est plus modeste et, pour l'essentiel, consiste à "utiliser" Simmel à des fins que peut-être celui-ci aurait réprouvé ou dans lesquelles il ne se serait pas reconnu. Notre propos est, en effet, de considérer l'étude de *Philosophie de l'argent* comme un moyen dans une "série téléologique" personnelle dont la finalité est de penser, selon une approche "en extension", le rapport entre économie et politique et ce que cela implique quant à l'analyse de ces deux champs. En cela, nous recherchons une cohérence non pas tant dans Simmel qu'avec lui ou, plus exactement, avec son épistémologie(2). Cela dit, dès lors que les énoncés simmelliens sont insérés dans notre "série", le problème de leur cohérence se repose, et on est conduit *in fine* à revenir dessus.

Simmel réduit à l'état de moyen, voilà qui n'étonnera pas sans doute de la part d'un économiste. Pourtant, Simmel n'est

(1) Cf. notamment infra chapitre 9.
(2) Sur cette épistémologie cf. supra chapitres 1 et 2 .

pas un moyen "économique" pour celui qui cherche moins à comprendre et expliquer le réel qu'à fournir des modèles d'action et de prédiction politique. C'est au contraire un détour de production couteux; son rendement apparaitra à l'économiste orthodoxe d'autant plus hasardeux qu'il se sera facilement perdu dans les méandres d'une philosophie se déployant dans un espace littéraire monotone où les repères sont peu nombreux, terre étrangère pour le lecteur acquis aux rigueurs réductrices de l'économie mathématique et/ou quantitative. Bref, seul l'économiste non utilitariste en théorie et en pratique nous paraît susceptible d'investir dans l'oeuvre simmelienne en en tirant profit(3).

On peut d'ailleurs voir en Simmel un fondateur de nombre des positions des économistes hétérodoxes qui se reconnaissent dans les trois importants principes suivant. Il n'existe pas d'individus indépendants susceptibles de construire à partir de leurs seuls calculs individuels les rapports qu'ils désirent entretenir entre eux(4), mais des relations sociales complexes qui définissent les individus et leur donnent éventuellement, différentiellement et dans certaines sphères de pratiques, diverses autonomies de comportement. L'économie marchande est d'emblée monétaire et non pas une économie réelle simplement recouverte par un voile d'argent. Enfin, pour passer du seuil d'épistémologisation au seuil de scientificité, pour parler comme Michel Foucault (1969), l'économie politique doit s'attacher à analyser dans leur positivité les fondements macro-sociaux des comportement micro-économiques et non pas, à l'inverse, rechercher des fondements micro-économiques normatifs à la macro-économie(5).

Sans doute Simmel n'est-il pas le seul sociologue qui apporte des fondations à ces principes, les travaux d'un Norbert Elias notamment étant aussi particulièrement précieux dans cette perspective(6). L'apport de Simmel, en revanche, est particulièrement important en ce qui touche le second point concernant la critique de l'argent comme voile

---

(3) Cf. dans cette perspective Orléan (1992).

(4) "Les individus livrés au jeu du miroir de leur intersubjectivité ne peuvent former un lien social" (Aglietta 1989).

(5) Cf. Gerber, Singh et Frantz (1990).

(6) Cf. Elias (1985).

recouvrant un monde marchand "réel" soumis à des lois propres.

Philosophie de l'argent, en nous livrant des analyses profondes qui extrapolent jusque dans leurs conséquences ultimes les tendances contradictoires de l'évolution sociale des sociétés soumises à des processus de monétarisation des relations sociales, fait voir que la monnaie n'est pas seulement l'instrument de la genèse du marché capitaliste (que son institutionalisation objectivante permettrait alors de refouler à sa surface), mais aussi la médiation entre les hommes et les choses qui fonde en permanence l'échange marchand. Toutefois, Simmel sous-estime le caractère de grande transformation du social que représente le développement du travail salarié dans ses formes modernes et l'intronisation corrélative du travail comme valeur sociologique fondamentale. Bien que *Philosophie de l'argent* soit écrite en 1900 près de vingt ans après la mort de Marx et alors que l'Allemagne connait un développement impétueux de la salarisation et du capitalisme industriel(7), Simmel considère que le travail n'est jamais qu'une marchandise comme une autre. Ce faisant, il se place en deçà de Marx, alors qu'en ce qui concerne son approche de l'économie monétaire, il est au delà et préfigure par certains aspects le keynésianisme(8).

Ces appréciations annoncent la structure de ce chapitre. Dans une première partie, nous exposons comment Simmel élabore une théorie de la valeur économique et de la monnaie comme médiation entre l'économie - soit le niveau des rapports des hommes aux choses - et la politique - soit le niveau des rapports des hommes entre eux(9). On montre également que Simmel conçoit le processus d'apparition de cette médiation "symbolique" comme allant de pair avec un mouvement de séparation entre une sphère économique marchande où elle vaut pleinement et d'autres "provinces de vie" dans lesquelles les "intérêts" et les finalités des individus sont différents. On verra toutefois, dans la deuxième partie, qu'il accorde moins d'attention à ce second mouvement qu'au premier, et que notamment il ne se pose pas le problème de

(7) Cf. Sternberg (1958).
(8) Cf. supra chapitre 7.
(9) On se réfère ici à la distinction entre économie et politique que propose Dumont (1977).

la coexistence de ces diverses sphères d'activités individuelles en tant qu'entités séparées d'une société qui doit alors se doter d'instances régulatrices de cette séparation afin d'assurer sa cohésion. En partant du parallèlisme que Simmel, sur la base de leur statut commun de médiation symbolique, développe entre l'argent, le droit et ce qu'il appelle l'intellectualité, on peut montrer cependant que celui-ci généralise son "modèle monétaire" aux autres ordres de pratiques finalisées. Bien qu'il élargisse ainsi implicitement la question des médiations au problème de la co-existence de divers systèmes de valeurs (économique, politique, symbolique), Simmel s'arrête alors au seuil de ce qui peut être appellé une conception topologique du social dans laquelle le parallèlisme de la monnaie et du droit ainsi que l'isomorphisme entre les ordres monétaro-marchand et juridico-politique seraient poussés jusqu'à leurs termes de telle sorte que la monnaie et le droit se voient également dotés du statut de médiations entre le marché et l'Etat(10). Dans une dernière partie, on recherche la raison de cette limite dans la place que Simmel accorde dans sa théorie de la valeur à la question du travail et de sa marchandisation, place qui, paradoxalement dans la perspective simmelienne, découle d'une conception substantialiste de la force de travail.

La monnaie comme médiation entre économie et politique dans l'ordre marchand.

Philosophie de l'argent, dans ses chapitres dit de synthèse ("La liberté individuelle", "L'équivalent monétaire des valeurs personnelles" et "Le style de vie"), décrit un processus de double différenciation du macrocosme sociétal lié au développement de l'économie d'échanges monétaires. En même temps que diverses "provinces de vie" (563)(11) se séparent et s'autonomisent, l'économie se distancie de la politique, notre intérêt pour "les objets du trafic économique" qui ne se trouvent plus "directement face à nous" étant "d'abord brisé par le médium argent" (614).

---

(10) On développe une telle approche topologique dans Théret (1992).
(11) Les numéros entre parenthèses renvoient à la page de *Philosophie de l'argent* de l'édition française aux PUF.

"La monétarisation des relations, manifeste ou déguisée, glisse une distance invisible, fonctionnelle entre les hommes, qui est en fait une protection intérieure et une compensation pour cette proximité bien trop étroite, pour ces frottements inhérents à la vie dans notre civilisation. Or cette même fonction exercée par l'argent sur le style de vie pénètre encore plus profond dans le sujet particulier lui-même, exerçant une distanciation non vis-à-vis d'autres personnes, mais vis-à-vis des contenus factuels de la vie. Le simple fait qu'une fortune aujourdhui consiste en moyens de production et non en moyens de consommation comme dans des époques primitives, c'est déjà une énorme distanciation (613)".

Finalement, au terme de ce processus, l'argent ne sert plus directement à évaluer et compenser les valeurs personnelles, une de ses principales fonctions dans les sociétés peu ou pas différenciées, il perd sa valeur proprement politique comme en témoigne le déclin du "wergeld" : "étant donné qu'il peut maintenant compenser beaucoup plus de choses et perd en proportion sa couleur et son caractère, il ne saurait remplacer les rapports très particuliers et très exceptionnels qui doivent atteindre l'intime et l'essence de la personnalité" (459). Ainsi, pour Simmel, "un des facteurs d'évolution les plus importants quant au rôle de l'argent", c'est qu'il couvre désormais "les besoins d'ordre inférieur plus directement que les besoins d'ordre élevés" et que la valeur de l'homme est dissociée "toujours davantage de celle de l'argent" (460-461). Bref,

"ce sont (...) les différents intérêts, les différentes sphères d'activité de la personnalité qui prennent, à travers l'économie monétaire, leur relative autonomie. Si je dis que l'argent extrait et détache la prestation économique de la personnalité totale, cette prestation demeure cependant toujours, dans l'absolu, une partie de la personnalité, tandis que cette dernière, pour sa part, ne représente plus l'absolue totalité d'elle-même, mais seulement la somme des contenus et forces physiques qui demeurent en elle après séparation de ses contenus et forces économiques. On peut aussi désigner l'action de l'argent comme une atomisation de la personnalité particulière, comme un processus d'individualisation en son propre sein. Cependant, ce n'est qu'une tendance de la société toute entière, se prolongeant jusque dans l'individu : de même qu'il agit sur les éléments de l'être particulier, l'argent agit avant tout sur les éléments de la société, c'est-à-dire les individus"(427).

Cela dit, l'argent n'est pas seul coupable dans ce processus de différenciation de l'individu et du social : "eu égard à la formule initiale (l'argent dissocie l'être et l'avoir) dans laquelle est à replacer aussi cette évolution, l'argent ne fait jamais qu'exprimer le plus nettement, et conclure approximativement, un processus déjà en cours à d'autres stades de la vie historique" (395) et qu'en venant s'y ajouter "l'économie monétaire parachève" (396). Ainsi, "l'économie monétaire se présente simplement comme le facteur et l'expression les plus puissants, en quelque sorte les plus conscients, d'un mouvement à base plus large" qui, entre autres, conduit également "du régime patriarcal à l'Etat de droit, accordant l'égalité de tous les citoyens devant la loi" (ibid). On reviendra dans la deuxième partie sur le parallèlisme que Simmel introduit alors entre monnaie et droit (et intellectualité). Et on se contentera pour l'instant d'illustrer par le schéma suivant ce mouvement général de complexification du social et d'obscursissement des relations interhumaines "par des médiations" (429).

Cela fait, on notera qu'au plan analytique, Simmel s'intéresse essentiellement au mouvement interne de distanciation de l'être et de l'avoir au sein de l'ordre marchand, cette province monétaire par excellence du nouveau paysage social. Pour lui, ce mouvement se confond avec la genèse de la valeur économique et, sur ce point, sa démarche est très éclairante. On considère parfois que Simmel, en fondant sa théorie de la valeur économique et de la monnaie sur la croyance et le désir, construit une théorie subjective de la valeur qui s'opposerait à la théorie objective des économistes classiques. Ceci nous paraît être une fausse opposition étrangère à la démarche simmelienne, car, comme le montre dans le chapitre suivant de cet ouvrage Lucien Gillard, Simmel récuse aussi bien la théorie de la valeur utilité que celle de la valeur rareté. En fait, Simmel construit une théorie "supra-subjective" - au sens de "supra-individuelle" - et "infra-objective" - au sens où il ne réfère pas non plus la valeur à une "réalité factuelle inhérente à la chose" (47) - de la formation de la valeur, soit ce que nous appellerons ici une théorie symbolique dans laquelle *la valeur économique ne peut pas exister en dehors de son expression monétaire*(12).

Selon lui, en effet,

"la valeur ne naît pas de l'unité encore intacte de l'instant de jouissance, mais à partir du moment où le contenu de celui-ci, devenu objet, se détache du sujet, se présente face à lui comme ce qui est actuellement désiré, ce dont l'obtention exige de surmonter distances, obstacles et difficultés (31). La valeur qui apparaît ainsi en même temps que le moi désirant, tel son corrélat au sein d'un seul et même processus de différenciation, relève en outre d'une autre catégorie; (...) les contenus qui sont réalisés dans le monde objectif et d'autre part vivent en nous à titre de représentations subjectives, possèdent encore, par delà, un dignité idéelle spécifique (32). Toute valeur que nous ressentons est par là un sentiment; mais nous visons à travers lui un contenu significatif pour soi, psychologiquement réalisé par le sentiment, mais non identique à lui, et ne s'épuisant point avec lui. Manifestement pareille catégorie se situe au-delà du problème controversé de la subjectivité ou de l'objectivité de la valeur, puisqu'elle récuse la corrélation avec le sujet sans laquelle, à son tour un «objet» est impossible; disons plutôt qu'elle constitue un tiers élément idéel qui s'intègre à cette dualité sans s'y dissoudre. Conformément au caractère pratique de son champ d'application, elle dispose d'une forme de rapport bien particulière avec le sujet ... "(33).(13)

On peut schématiser ainsi la morphogenèse de la société moderne selon la *Philosophie de l'argent* de Georg Simmel :

---

(12) La valeur est, dans cette perspective liée à des institutions qui assurent la conversion de la subjectivité politique des individus en objectivité économique; elle est l'expression de normes sociales et apparaitra sur un marché, marché qui doit alors être conçu comme institution, instance symbolique.

(13) Ou encore, la valeur économique relève de ce "royaume idéel ne résidant pas en nous et n'adhérant pas non plus aux objets de l'évaluation telle une de leurs qualités propres; car tout est bien plutôt dans la signification que ces objets possèdent pour nous sujets dans les ordonnancements du royaume idéel en question. Cette valeur (...) est au-delà du dualisme sujet-objet, de même que la jouissance immédiate en-deçà" (34).

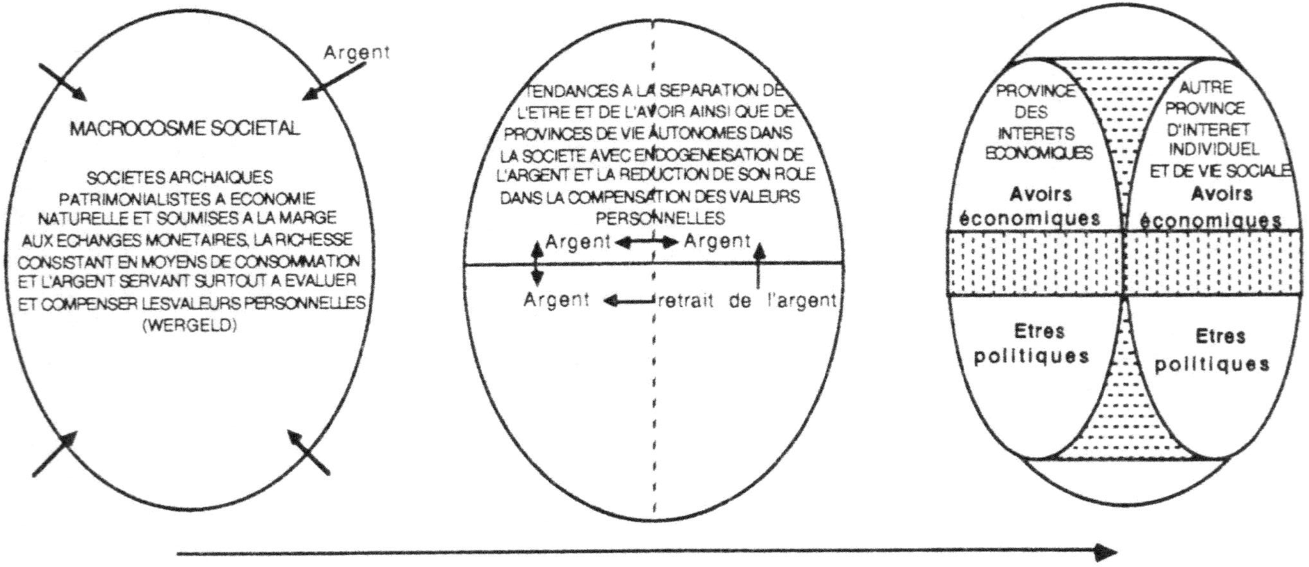

FLECHE DE LA CIVILISATION

Ainsi, pour Simmel, la valeur économique est du type de ces

> "exigences qui s'éprouvent ou se réalisent exclusivement à l'intérieur du moi, sans correspondance ni début d'effectuation du côté des objets eux-mêmes, et qui, en tant que telles, se localisent cependant aussi peu dans le moi que dans les dits objets. Du point de vue de l'objectivité naturelle, ces exigences paraitront subjectives, du point de vue du sujet, objectives; en vérité, elles relèvent d'une tierce catégorie, non constructible à partir des deux premières, située pour ainsi dire entre nous et les choses"(34).

Dit autrement, la valeur économique relève d'un niveau symbolique situé entre celui des rapports purement subjectifs (imaginaires) entre êtres humains, lequel peut être défini comme le domaine de l'intersubjectivité politique, et celui des relations purement objectives où les avoirs des hommes n'apparaissent que comme choses dotées de propriétés matérielles, domaine, quant à lui, de l'économie.

Mais ce domaine symbolique qu'introduit de la sorte Simmel, ce "royaume idéel", "situé au delà du dualisme sujet-objet" et qui est donc le niveau spécifique du social où est assurée l'équivalence entre les relations entre hommes et les relations entre hommes et choses, c'est aussi celui où règne en maître l'argent, cet argent qui, tout en resserrant leur lien, "disloque et brise plus nettement que tout la détermination" de l'être par l'avoir (397). Ainsi, "toute la chaine de l'être à l'avoir et de l'avoir à l'être", "relation bien particulière assignant aux hommes une possession déterminée en vertu de leurs dispositions propres, alors que cette possession les détermine en retour dans leur essence même", paraît "se dissoudre entièrement" avec l'argent en même temps qu'a contrario, celui-ci la recompose d'une nouvelle manière, à travers la forme de représentation qu'est la valeur économique des objets désirés et, corrélativement, des hommes qui les désirent (378-379)(14). En même temps qu'il est le "facteur le plus tranché et le plus tranchant" de la dissociation de l'avoir et de l'être dans l'économique, le

---

(14) Notons au passage que Simmel nous livre ici le concept d'habitus qu'on retrouve dans les travaux de Pierre Bourdieu.

matériau de cette "couche isolante" qu'est la symbolique, "l'argent construit le pont" entre le monde des choses et l'individu qui peut désormais éprouver un désir exacerbé d'objets (405)(15).

Selon Simmel, cette fonction symbolique de l'argent ne fait qu'exprimer "la prestation fondamentale de notre esprit qui détermine l'ensemble de sa structuration" et qui permet "que nous décomposions le moi ressenti comme unité, en un moi-sujet, source de représentation, et un moi-objet représenté, sans qu'il perde son unité, mieux, de telle sorte qu'il en prenne vraiment conscience" (28)(16). Médiation par laquelle cette capacité symbolique de l'homme s'actualise, l'argent permet que la politique s'autonomise de l'économie, autonomisation qui est au fondement des formes marchandes de la liberté individuelle dont le lien salarial est une des formes les plus achevées (415-416), ce sur quoi on reviendra. Soulignons surtout ici que Simmel met ainsi en évidence une structure ternaire de l'ordre marchand où les pratiques monétaires sont des pratiques symboliques mettant en rapport les rapports économiques hommes-choses et les rapports politiques hommes-hommes, rapport de rapports donc selon lequel les hommes vont pouvoir être considérés comme ayant une valeur économique au même titre que les choses, celles-ci en tirant réciproquement une capacité d'anthropomorphisation. A sa manière, ce faisant, Simmel prolonge Marx, le Marx de la théorie du fétichisme de la marchandise et des trois formes interdépendantes de la valeur marchande que sont la valeur d'usage, la valeur d'échange et la valeur (tout court), et dont le dernier terme de la série exprime à la fois ce qui est la dimension commune à toutes les valeurs d'échange et établit le pont entre la sphère économique des usages des choses et la sphère politique des échanges intersubjectifs(17).

---

(15) "En franchissant ce pont, l'âme éprouve le charme de posséder, y compris quand elle n'accède pas à la possession elle-même" (ibid).

(16) Ici, Simmel préfigure les travaux de Jean Piaget pour qui la fonction symbolique est "une fonction spécifique et caractéristique de l'espèce humaine" (cf. Molino 1978).

(17) Valeur qui ne s'identifie pas au travail comme le veut le marxisme simplifié auquel, par ailleurs Simmel se réfère (cf. infra), travail qui, sous une certaine forme, n'en est que la substance alors que ce concept de valeur implique également une "forme sociale" spécifique que la monnaie en tant

De la monnaie comme vecteur de l'autonomisation de la "province de vie" économique au parallélisme entre monnaie, droit et intellectualité.

Venons-en maintenant au second terme du mouvement de différenciation précédemment relevé, à savoir la diversification des sphères d'intérêt et d'activité dans lesquelles les individus et/ou leurs personnalités peuvent s'investir. Sans doute, si Simmel s'était proposé d'écrire une *Philosophie du droit* ou une *Philosophie de la connaissance* sur le modèle de sa *Philosophie de l'argent*, nous aurait-il laissé des réflexions plus poussées et plus systématiques sur ce thème que celles qui émaillent ce dernier ouvrage. A vrai dire, en effet, Simmel y laisse entendre plus qu'il ne s'attache à analyser l'autonomisation de ces "provinces de vie" où peuvent se développer des processus d'«accumulation du capital» spécifiques[18], champs où se déploient des "séries téléologiques" propres n'entretenant que des interdépendances lâches avec les séries économiques. Il alimente même une lecture économiciste de l'évolution sociale en traitant parfois des interdépendances entre ces provinces sur un mode proche du déterminisme économique. Ainsi, par exemple, considère-t-il, à l'occasion, l'Etat comme une simple superstructure de l'économique qui "n'intervient pas dans la genèse de la monnaie, mais seulement dans son fonctionnement"[19] et parle-t-il alors du "gouvernement en tant que représentant de la sphère économique dans sa totalité" (195). Dit autrement, l'Etat considéré comme simple garant de la valeur-fonction de l'argent est lui-même réduit à une fonction économique, et l'argent ne peut plus être traité en tant que moyen de l'Etat, intermédiaire dans les séries téléologiques propres du

---

qu'équivalent général représente. Sur ce point, cf. Roubine 1978. On se reportera également à Guibert (1986) pour une analyse rigoureuse et éclairante du système des formes de la valeur et de la structure ternaire de l'ordre marchand.

(18) Pour Simmel, en effet, "«l'accumulation du Capital» est un cas relevant d'une norme très générale, qui s'applique aussi à toutes les sphères de pouvoir étrangères à l'économie" (481).

(19)Gillard, infra, ce livre.

politique[20]. De même, lorsqu'il introduit la notion de superadditum et l'idée d'un surcroit de puissance politique lié à l'argent, Simmel ne donne pas d'indications sur les modalités de conversion de cette puissance dans l'ordre marchand en un pouvoir dans l'ordre politique, sauf pour des périodes historiques où "l'économie monétaire n'a pas encore partout pénétré" (291) et où donc le lien entre richesse monétaire et pouvoir est "patent" car il n'y a pas encore eu entière séparation des ordres économique et politique (257).

Néanmoins, même si elles sont vues à partir de l'économique comme des "phénomènes négatifs" (302) plutôt que comme des traits positifs des autres sphères d'intérêt, il y a dans *Philosophie de l'argent* de nombreuses indications, d'une part, sur l'autonomisation des "provinces d'intérêts non déterminées par l'économie monétaire" (545), d'autre part, sur les modalités de conversion de la valeur économique en valeur politique. Surtout, Simmel construit un parallélisme éclairant la généralité de la structure ternaire des ordres de pratiques finalisées, puisqu'il confère au droit et à l'intellectualité, respectivement dans l'ordre politique et l'ordre proprement symbolique, un rôle de médiation identique à celui qu'il a élucidé pour l'argent dans l'ordre marchand[21].

Tout le chapitre sur "L'équivalent monétaire des valeurs personnelles" est consacré à l'analyse de la perte de valeur directement politique de l'argent et de son remplacement par une évaluation juridique première de la valeur des individus. Avec la tendance à la monopolisation de la violence physique dans l'Etat, l'argent se retrouve de plus en plus déclassé dans l'ordre politique,

> "les notions d'homme et d'argent évoluent de plus en plus dans des directions opposées - leur opposition subsistant (...) elles s'éloignent ou se rapprochent l'une de l'autre en fonction des problèmes particuliers" (461)

Et alors que

(20) Pour plus de détails sur ce point, cf.supra chapitre 7.
(21) Cette méthode analogique a une portée plus large dans l'oeuvre simmelienne puisqu'elle vaut également pour la construction de son modèle de la femme comme l'a développé Martin Gorin au chapitre 5 de ce livre.

"la destruction d'une valeur personnelle pouvait se compenser par une somme versée à la victime, (...) le droit pénal moderne refuse (...) de conclure que le préjudice découlant de la tromperie soit suffisamment expié par le paiement de la victime"...même si ..."il attache à l'objet du méfait l'idée que toute valeur ainsi extorquable est nécessairement convertible en une somme d'argent" (463).

Plus exactement, selon Simmel qui articule en ce cas les modes d'évaluation monétaire et juridique des hommes, "la civilisation en développement pousse l'évolution de l'argent" dans "un combiné de deux directions typiques" :

"d'une part, elle lui confère une importance telle qu'il devient en quelque sorte l'âme universelle du cosmos des intérêts objectifs, et que, poursuivant l'élan ainsi obtenu bien au-delà de ses frontières imparties, il va envahir aussi les valeurs personnelles; mais d'autre part, elle l'éloigne de ces dernières, rend sa signification de moins en moins comparable à celle de tout ce qui est authentiquement individuel, et préfère étouffer le rôle des valeurs personnelles plutôt que de leur attribuer un équivalent aussi peu adéquat" (465).

Pour Simmel, c'est cette seconde tendance qui est la plus forte car, dans une économie monétaire, l'argent, par son uniformité et la réduction qu'il opère du qualitatif au quantitatif, "ne pourra jamais être un médiateur adéquat" dans les "relations interhumaines qui recherchent par essence la durée" (473)(22). Bref,

"l'argent présente le moment de l'objectivité inhérent aux actes d'échanges pour ainsi dire détaché de tout contexte et personnifié dans une figure autonome, puisqu'il est indépendant de toutes qualifications unilatérales propres aux objets particuliers à échanger (...). (...) Cette objectivité-là trouve dans les intérêts purement économico-monétaires

---

(22) Simmel se réfère ici à la valeur monétaire des femmes et au mariage contre argent. Par contre, selon lui, l'argent "fournit la prestation la plus parfaite, tant réellement que symboliquement" en ce qui concerne le "plaisir vénal, qui récuse toute relation au-delà de l'instant et de la pulsion sensuelle" dans lequel le rapport inter-sexes "se trouve rabaissé à son pur contenu générique; il consiste en ce que chaque exemplaire de l'espèce peut faire et sentir, et en ce qui permet la rencontre de personnalités opposées par ailleurs et paraît abolir toutes les différences individuelles" (473-474).

son expression la plus intégrale. Ce qui est cédé contre argent va à celui qui en donne le plus, qu'importe ce qu'il est ou qui il est par ailleurs; mais là où entrent en jeu d'autres équivalents, quand on se défait d'une possession pour l'honneur, pour un service ou pour de la reconnaissance, on regarde la qualité de la personne à laquelle on donne" (554-555).

Dans le chapitre sur "L'argent dans les séries téléologiques", Simmel développe également une analyse des figures sociales contradictoires que sont l'avare et le prodigue, analyse qui évoque irrésistiblement l'opposition anthropologique entre les comportements économiques des individus respectivement insérés dans des séries (téléo)logiques marchandes et "purement" politiques[23]. Ainsi, pour Simmel, l'avare ne peut apparaître que lorsqu'existe un ordre économique dans lequel l'argent peut devenir une fin en lui-même et être ainsi thésaurisé[24]. Il devient alors un type à la fois contraire et apparenté à celui du prodigue (296). Contraire, car alors que le premier se situe toujours dans les séries téléologiques économiques qu'il se borne à interrompre, le second tourne le dos à la finalité économique et transforme la valeur économique de l'argent "en d'autres valeurs" (297) : "son sentiment de valeur se conforte au moment où l'argent passe dans d'autres formes de valeur" (ibid), formes politiques de la valeur qui passent par une "dépense" de l'argent qui sera d'autant plus valable (et valorisante) qu'elle sera "sans rapport avec les ressources"[25]. Mais apparenté aussi, car en refusant tout conversion ultérieure de sa chose-signe en choses réelles, l'avare préfère "la liquidité" et n'opère plus le retour à l'économie qui est au principe du "circuit économique"; l'argent perd alors sa fonction de médium économique comme chez le prodigue, ce qui "explique qu'avarice et prodigalité se rencontrent souvent dans la même personne, soit réparties sur différents champs d'intérêt, soit en connexion avec des états d'âme variables ..." (300).

---

(23) On retrouve une telle opposition pensée en termes d'éthos de la bourgeoisie professionnelle et d'éthos aristocratique dans Elias (1985). Sur la logique purement politique comme négation de la logique économique marchande, cf. Bourdieu (1980).

(24) Pour une analyse détaillée du type de l'avare, cf. supra chapitre 6.

(25) Sur cette logique et l'économie de la dépense comme fin en soi, cf. Bataille (1976).

L'avare n'est-il pas ainsi la figure limite du thésauriseur qui économise l'argent pour l'investir à d'autres fins qu'économiques, c'est-à-dire dans une économie "politique" de la dépense ostentatoire et du don où la valeur de l'être ne se mesure pas tant monétairement et en rapport avec la masse de choses matérielles détenues que juridiquement en fonction du statut social et en rapport avec le "capital humain" contrôlé ?

C'est aussi par la négation de la valeur-fonction de l'argent dans l'ordre marchand et en se plaçant dans une autre économie que le prodigue peut accéder à d'autres sphères d'intérêt et de pouvoir (politique et/ou symbolique), où on se mesure à une échelle des valeurs personnelles autre que l'échelle monétaire. Certes, s'il n'y a pas de don gratuit(26), il peut aussi y avoir des "investissements" "à fonds perdus", et le prodigue est surement aussi une figure limite, puisque, comme l'avare , en dépensant sans limites et en préférant la jouissance immédiate, il interrompt la série téléologique qui lui permettrait de se reproduire comme prodigue. En ne se souciant pas de mobiliser la médiation juridique propre à l'ordre politique, laquelle lui permettrait d'accéder au contre-don d'un droit politique lui assurant une (re)distribution permanente de ressources économiques, il se borne à n'accèder qu'à une jouissance auto-destructrice et à ne détenir qu'un pouvoir politico-symbolique fugace.

Bref, le prodigue oublie que "le mieux que l'on puisse faire pour le but final, c'est de traiter le moyen qui y mène comme s'il était lui-même le but" (273) et se faisant consume toute son énergie dans "l'élément final" de ses "séries pratiques" (ibid), lesquelles sont ainsi condamnées à tourner court. Au contraire, l'avare perd de vue la finalité de l'argent en étant obsédé par l'accumulation de moyens et en faisant de l'argent une oeuvre d'art; tout en parvenant au comble de la puissance dans l'ordre marchand, il n'en est pas moins alors parfaitement impuissant(27). Dit autrement, un ordre politique stabilisé nécessite que les individus qui y

(26) Comme le rappelle Mary Douglas (1989).

(27) Sur ce point, cf. supra chapitre 4. On peut ainsi considérer que l'avare convertit la valeur économique de l'argent en une valeur purement symbolique, c'est-à-dire valant dans l'ordre esthético-symbolique où les "représentations" des hommes et des choses sont leurs propres fins.

investissent leurs intérêts soient des avares-prodigues, avares au niveau des moyens, prodigues au niveau des fins; n'est-ce point là, d'ailleurs, une bonne définition du notable bourgeois libéral ?

Simmel propose enfin une analyse des provinces de vie non soumises à l'équivalence monétaire en éclairant la nature des "équivalents" qui y prévalent à partir d'un parallèle très suggestif déjà évoqué entre argent, droit et intellectualité. On y verra ici une définition générale des médiations symboliques qui, en tant que relations abstraites de mesure des valeurs dans un domaine téléologique donné, président également aux interdépendances qui lient de façon non fonctionnelle (et donc selon un certain "arbitraire culturel") les diverses provinces d'intérêts formant la carte de vie des hommes en société.

Simmel développe son parallélisme sur la base des caractères d'objectivité et d'universalité communs à ces "représentations", mais aussi de leur nature identiquement contradictoire au niveau de leur contenu et de "l'utilisation qui en est faite" (556). L'intellectualité, en tant qu'abstraction et objectivation du contenu du savoir qui lui permet de circuler plus aisément, en tant que "représentation théorique" "universellement communicable" des "contenus de la vie pratique" (556-557), ou encore en tant que "représentant subjectif de l'organisation objective du monde" (546-547), permet à la vie psychique de quitter "la subjectivité personnelle pour entrer dans la sphère de l'objectivité que maintenant elle reflète" (556)(28). En cela, elle opère comme l'argent qui place également "certaines activités et relations humaines en dehors de la subjectivité de l'homme" (555). De même, le droit commercial, lorsqu'il "passe d'un cercle étroit à un cercle très vaste", se transforme en droit commun à travers une représentation universaliste; il "s'affranchit (alors) complètement de la relation à de simples personnes et se mue en droit des transactions objectives" (436).

---

(28) "Partout où nous sommes guidés par l'intellect, nous sommes absolument dépendants, car il ne nous guide qu'à travers les connexions objectives des choses, il est la médiation par laquelle le vouloir s'adapte à l'être autonome. Si nous prenons le calcul des moyens dans toute sa rigueur et si nous tenons à ce concept, alors nous sommes des êtres purement théoriques, absolument non pratiques" (546).

Pour Simmel, les trois mouvements de la monétarisation, du développement de l'intellectualité et de l'universalisation du droit (d'abord décélable dans le droit commercial) sont corrélés et renvoient au processus de différenciation examiné précédemment. L'évolution du droit "a tout autant été portée par une réalisation de plus en plus achevée du trafic monétaire, que ce dernier était porté par lui" (ibid), évolution concomitante prolongée par une "corrélation entre intellectualité et économie monétaire, qui se fonde sur l'objectivité et l'indétermination caractérologique communes aux deux" au principe de l'individualisme (556). Ainsi,

> "en se construisant comme une figure abstraite à partir des interactions économiques d'une sphère relativement grande, en permettant de plus, par son caractère purement quantitatif, l'expression mécanique la plus précise de toute exigence spécifique, de toute valeur de la prestation individuelle, de toute tendance personnelle, l'argent (ne fait qu')accompli(r) (...), dans l'économique, cette corrélation sociologique universelle entre extension du groupe et développement de l'individu" (439).

Ces trois types de médiation symbolique se développent pour Simmel corrélativement, agissant simultanément "dans le sens d'une atomisation de la société" (559)(29) qui contient les deux tendances opposées de l'égalité universelle et abstraite, et de la domination aristocratique poussée à l'extrême.

> "Tous trois, droit, intellectualité et argent se caractérisent par l'indifférence vis-à-vis de la particularité individuelle; tous trois extraient, de la totalité concrète des mouvements vitaux, un facteur abstrait, général, qui se développe d'après des normes spécifiques et autonomes, et intervient depuis celles-ci dans le faisceau des intérêts existenciels, leur imposant sa propre détermination. En ayant ainsi le pouvoir de prescrire des formes et des directions à des contenus qui par nature leur sont indifférents, ils introduisent tous trois,

(29) Ainsi le passage suivant où Simmel parle de l'intellectualité vaut-il également pour l'argent et le droit : "chaque individu apparaît, tant au moyen d'elle qu'à partir d'elle, comme un élément fermé sur soi auprès de chaque autre individu, sans que cette généralité puisse de quelque façon passer à une généralité concrète, dans laquelle l'individu pourrait alors former une unité de concert avec les autres" (559).

inévitablement, dans la totalité de la vie, les contradictions qui nous occupent ici. Quand l'égalité s'empare des fondements formels des relations interhumaines, elle devient le moyen d'exprimer de la façon la plus aiguë et la plus fructueuse les inégalités individuelles; en respectant les limites de l'égalité formelle, l'égoïsme a pris son parti des obstacles internes et externes et possède désormais, avec la validité universelle de ces déterminations, une arme qui, servant à chacun, sert aussi contre chacun. Les formes de l'égalité des droits caractérisent bien ce type-là, repris d'une côté par l'intellectualité (...), et de l'autre par l'argent (563).

Bref,

"le droit, les processus et résultats de l'intellectualité, l'argent" acquièrent une universalité de plus en plus grande de leur contenu, leur signification maîtrise un nombre de plus en plus élevé de particularités et de relations, leur concept englobe, indirectement ou directement, une part de plus en plus importante de la réalité (...). Mais allant de pair avec cela, c'est aussi leur accentuation en formes de vies subjectivement différenciées, c'est l'exploitation pour la praxis de l'égoïsme de leur signification expansive qui s'empare de toute manière d'intérêt, c'est le complet développement des différences personnelles grâce à ce matériau nivelé, universellement accessible et valable, qui n'offre donc aucune résistance à la volonté spécifique" (ibid).

Ainsi, pour Simmel, ce n'est pas seulement l'argent qui, en tant que médiation symbolique, simple forme vide de contenu *a priori* et, par là, susceptible d'accueillir divers contenus et fonctions, est tout autant un moyen de domination qu'un médium généralisé de communication(30). Intellectualité et droit sont également au fondement de processus d'accumulation de pouvoir et de développement des inégalités sociales dès lors qu'ils acquièrent une valeur propre dans les ordres de pratiques où ils fonctionnent, et qu'ils sont ainsi accumulés, mis en réserve, capitalisés, niant alors leur fonction de communication(31).

---

(30) Simmel ainsi se situe au delà de la sociologie contemporaine qui fait largement abstraction de cette "fonction" de l'argent et des médiations. Sur ce point, cf. Ganßmann (1988).

(31) Ainsi, "la fixation des connaissances par la langue et l'écriture (qui sont, dans l'abstrait, le support de leur nature communiste) rend possible

Pour Simmel, l'argent est analogue à l'intellectualité en ce que "dès que sa fonction et son utilisation entre en jeu, l'impersonnalité et l'universalité de son être abstrait, objectif, se mettent au service de l'égoïsme et de la différenciation" (561). Il est

> "comparable aux formes logiques, se prêtant de la même façon à n'importe quel contenu, à son évolution et à ses combinaisons, pour accorder autant de chance de recevoir présentation et exactitude formelle à la chose objectivement la plus insensée et la plus pernicieuse, qu'à la plus précieuse; et il est non moins analogue aux schémas du droit, à qui trop souvent manquent les garde-fous pour empêcher que la plus grande injustice matérielle ne se pare des attributs d'une justice formelle inattaquable" (562)

Simmel est ainsi conduit à une critique extrêmement forte du libéralisme juridique comme l'indique encore plus particulièrement le passage suivant :

> "L'égalité apparente avec laquelle le matériau culturel s'offre à tous ceux qui veulent s'en saisir est en réalité une sanglante farce : exactement comme ces autres libertés des doctrines libérales qui, certes, n'interdisent pas au particulier l'accès à des biens de toutes sortes, mais passent sous silence que seul celui qui est déjà favorisé par de quelconques circonstances possède la possibilité de se les approprier. Or, comme les contenus de la culture (malgré, ou plutôt à cause de leur universelle mise à disposition), ne s'approprient que par activité individuelle, ils engendrent l'aristocratie la plus inattaquable parce que la plus insaisissable, une différence entre le haut et le bas qui ne peut, à l'instar d'une différence socio-économique, s'effacer par décret ou par révolution, pas plus que par la bonne volonté des gens concernés" (560).

Toutefois, il reste peu disert quant au statut général de médiation symbolique du droit. Certes, en fonction de ce qui vient d'être relevé, on peut s'autoriser à généraliser au droit certains énoncés concernant l'argent, et donc à continuer l'analogie quant au statut du droit comme "équivalent

---

leur accumulation et notamment leur intensification, à tel point, que sous ce rapport le fossé entre le haut et le bas ne cesse de s'élargir" (560).

général" dans l'ordre politique, droit qui peut ainsi objectiver la citoyenneté dans un accès égal aux "services publics". De même, si Simmel insiste sur la vacuité *a priori* du contenu des diverses médiations symboliques, vacuité qui leur permet d'être les moyens de processus d'accumulation respectivement économique, culturel et politique par lesquels s'exacerbent les inégalités réelles, il ne faut pas perdre pour autant de vue que ces médiations tirent également une partie de leur contenu de leurs interdépendances. D'ailleurs, cette vacuité des médiations qui structurent les différentes provinces de vie, soit en fait leur arbitraire, n'est-elle pas le reflet de ce qu'elle valent également en dehors de leurs frontières "naturelles" et interfèrent ainsi entre elles comme le suggère toute l'analyse que fait Simmel de la rémanence d'une certaine évaluation monétaire des valeurs personnelles dans le droit pénal et civil moderne.

Malheureusement, il est difficile d'aller plus loin avec Simmel en ce sens et notamment d'envisager, par exemple, une ambivalence de la monnaie et du droit dans les ordres marchands et étatique. Simmel, en effet, ne développe ni une analyse de la monnaie comme moyen dans les séries téléologiques de l'Etat fiscal, ainsi qu'on l'a déjà noté, ni du droit comme forme des rapports marchands[32].

Simmel, la valeur travail et le rapport salarial.

Cette limite de *Philosophie de l'argent* quant à une conception des médiations symboliques plus large qui les considérerait comme vecteurs d'homogénéisation des valeurs d'une province à l'autre, il faut sans doute en voir l'origine dans la conception somme toute substantialiste du travail qu'adopte Simmel. Celui-ci, en effet, considère le travail comme n'importe quelle autre marchandise et donc comme un simple objet, ce qui fait qu'il rejette en bloc la théorie de la valeur travail, dès lors incompatible avec sa conception symbolique de la valeur économique. Ce faisant, il se prive de la possibilité de penser le travail comme valeur sociologique unificatrice de la société au fur et à mesure que s'étend la salarisation, c'est-à-dire comme une représentation

(32) Comme a pu le faire, par exemple, un quart de siècle plus tard en 1926 le juriste marxiste russe E. Pasukanis (1969).

d'un état de l'homme s'imposant dans les différentes provinces de vie et passant, en conséquence, par diverses formes, monétaires, juridiques, intellectuelles. Or *seule cette considération du travail comme valeur simultanément économique, politique et symbolique peut conduire à se poser le problème des interdépendances entre les sphères qui divisent le système des valeurs, et donc des manières selon lesquelles les médiations symboliques se concurrencent les unes les autres.*

A vrai dire toutefois, la position de Simmel en ce domaine n'est pas très claire et elle laisse place à deux interprétations opposées, celle défendue par exemple par Lucien Gillard dans ce même ouvrage et selon laquelle il n'y a pas de lien possible entre la théorie simmelienne de la valeur et la théorie marxienne, et celle contraire que nous voudrions défendre ici sur la base d'une approche non-substancialiste du concept marxien de force de travail. Dit autrement, selon nous, il est possible de tirer Simmel d'une position en deçà de Marx vers une position au-delà.

Philosophie de l'argent. traite la question du travail essentiellement dans trois passages. Dans la deuxième partie du premier chapitre (70 à 83), Simmel l'examine à propos de la valeur-coût et des normes sociales stabilisatrices des valeurs d'échange. Dans la troisième partie du cinquième chapitre (519 à 544), il revient sur ce qu'il appelle alors la théorie du travail et qu'il considère comme la plus intéressante d'un point de vue philosophique de toutes les théories qui cherchent à "unifier la valeur" (520). Enfin, dans la troisième partie du quatrième chapitre, Simmel aborde le problème des rapports de travail et du salariat moderne à propos des relations générales entre l'économie monétaire et la liberté individuelle.

Dans le premier passage auquel nous venons de faire référence, Simmel cherche à établir le pont entre sa théorie "micro-économique" de la valeur et une théorie macro-économique permettant de concevoir la monnaie comme assignation sur la société dans son ensemble. La construction simmelienne, qui consiste à établir une équivalence entre des quanta monétaires et des quanta de valeur économique (relativement aux masses globales de monnaie active et de biens), est exposée dans le chapitre suivant par Lucien Gillard et il n'est pas nécessaire d'anticiper sur ses développements si ce n'est pour insister sur le fait que, pour Simmel, c'est seulement au moment de l'échange (et non dans la production) que naissent les valeurs économiques.L'échange est pour lui "le support et le producteur de cette distance entre sujet et objet qui fait passer de l'état de subjectivité affective à la valorisation objective" (65). Il insiste beaucoup sur ce caractère en quelque sorte instantané de la valeur économique et sur le fait que l'échange "n'est nullement conditionné par la représentation préalable d'une égalité de valeur entre les objets" (72). Simmel semble donc d'abord contester la notion de valeur égale au coût et ce qui lui "paraît le plus vraisemblable : c'est que le jugement d'égalité soit tout simplement un résultat d'expérience, l'expérience de bon nombre d'échange réalisés sans la moindre estimation préalable" (73). Toutefois, immédiatement après, il revient sur ce point dans un passage qui ne peut que laisser perplexe dans la mesure où les développements concernant le coût y sont très équivoques.

On peut alors se demander si, pour Simmel, ce n'est pas seulement l'échange en tant que tel qui ne suppose aucun préalable quant à l'égalité des valeurs, et non pas la valeur d'échange qui, quant à elle, semble bien nécessiter accumulation d'expériences, normes sociales, etc... préexistantes. Simmel n'admet-il pas qu'en

> "échangeant et en payant, on se soumet à une norme objective devant laquelle une personnalité forte et autonome est obligée de s'incliner (...). D'où ce mépris du commerce dans des natures aristocratiques très indépendantes. (...) Il faut supposer d'emblée qu'il existe une série de stades intermédiaires, dans le changement de propriétés, entre la subjectivité pure, représentée par la rapine et le don, et l'objectivité pure, constituée par la forme de l'échange, où les choses sont échangées en fonction d'un égal quantum de valeur contenu en elles" (78).

Ainsi, il semble bien qu'*in fine,* il y ait chez Simmel une réduction de la valeur économique à un quantum de valeur contenu dans les marchandises, ce qui n'est pas sans évoquer la forme valeur commune aux valeurs d'échange dans la problématique marxienne telle qu'elle a été notamment développée par Isaac Roubine (1978).

Il y aurait donc

> "fixation supra-subjective de la valeur dans l'échange : plus tard elle n'a fait que se frayer un chemin plus concret, plus immanent. L'échange accompli par des individus, en toute liberté et indépendance, suppose tarification des prix en fonction de critères inhérents à l'objet; c'est pourquoi il faut que, dans le stade précédent, le contenu de l'échange soit fixé, et que cette fixation soit garantie par la société, pour que l'individu ne soit pas privé des points de repère dans l'estimation des objets; tout comme ce même motif avait en tous lieux conféré, y compris au travail primitif, une orientation et un mode d'exécution socialement réglés, il démontre là aussi l'identité essentielle entre échange et travail, ou plutôt l'appartenance du second au premier comme à la notion la plus large (79-80).

Sans pour autant que la valeur économique représente une "réalité factuelle inhérente à la chose," comme on l'a vu dans la première partie, son caractère symbolique n'interdit donc pas, bien au contraire, la référence à des critères "réels" immanents aux objets dont l'appréciation permet seule la stabilisation dans le temps et la stabilité dans l'espace des valeurs d'échange et donc des valeurs économiques (monétaires).

On peut alors interpréter les développements critiques du cinquième chapitre sur la théorie du travail dans une autre perspective que celle présentée ci-dessous par Lucien Gillard. On rappellera d'abord que dans ce passage, Simmel ne vise pas tant l'idée de valeur travail que la théorie socialiste de la monnaie travail, théorie qui était développée par le socialisme proudhonien et que, précisèment, Marx critique aussi dans *Misère de la philosophie et philosophie de la misère*. Ainsi, c'est parce que la monnaie travail est aliénante par rapport au pur argent que Simmel argumente contre ce qu'il appelle "la théorie du travail" et non l'inverse. De plus, les arguments développés par Simmel lui-même comme quoi le travail n'est pas la substance adéquate pour mesurer le quantum de valeur contenu dans les marchandises et permettant de les rapporter les unes aux autres - ou de rapporter l'une à l'ensemble des autres - sont aisément dépassables. Ils sont, en effet, eux-mêmes liés à la conception substantialiste de la valeur développée par le marxisme "vulgaire" que reprend à son compte Simmel et qui fait qu'il ne juge même pas utile de différencier le travail de la force de travail (520).

En fait, comme le reconnait d'ailleurs Simmel, "il suffit d'ouvrir assez largement la notion de travail" (525) pour considérer que la valeur de la force de travail fait office de norme sociale stabilisatrice des évaluation monétaires des marchandises. Cela n'est pas contradictoire avec les présupposés de la conception simmelienne si, en évitant de voir dans le travail abstrait une simple opération de réduction des divers contenus physiologique et/ou psychique du travail concret, on veut bien le considérer comme le travail "qui a pris la forme d'échangeabilité d'un produit"(33), la force de travail étant le concept de ce travail abstrait "particulier". Evidemment, la force de travail n'a plus alors le sens d'une force physico-psychique, mais est une représentation symbolique de la ressource naturelle que constitue une population donnée sur un territoire, soit la représentation monétaire marchande de cette population qui ne naît que dans le moment de l'échange salarial sur le dit marché du travail.

La force de travail ainsi conçue n'est ni purement réelle, ni purement imaginaire : elle n'est pas réellement une chose car elle n'est pas détachable de son support qu'est l'humain; elle n'est pas non plus la personne qui la porte et le rapport d'un individu à sa force de travail ne peut pas non plus être considéré comme un rapport politique qu'il entretiendrait avec lui-même. Elle est une réalité supra-individuelle et infra-objective qui n'apparaît que dans la relation salariale sous la forme monétaire du salaire; elle est alors le résultat de l'opération symbolique qui l'a construite comme chose-signe dans son rapport avec cet autre chose-signe qu'est l'argent

---

(33) "Maintenant, quand nous considérons la valeur du point de vue de la substance et de la forme, nous mettons la valeur en relation avec le concept qui la précède, le travail abstrait (et en dernière analyse avec le procès matériel de production), le contenu. D'autre part, par l'intermédiaire de la forme valeur, nous avons déjà mis en rapport la valeur avec le concept qui la suit, la valeur d'échange. En fait, une fois que nous avons établi que la valeur ne représente pas du travail en général, mais du travail qui a la forme d'échangeabilité d'un produit, nous devons ensuite passer directement de la valeur à la valeur d'échange. On voit ainsi que le concept de valeur est inséparable du concept de travail d'une part, et du concept de valeur d'échange d'autre part" (Roubine 1978, 171).

formant le salaire. Seule cette opération permet désormais au travailleur salarié d'être socialement positionné à la fois comme être politique en tant que propriétaire de lui-même et comme avoir économique de «l'homme aux écus». En d'autres termes, *la catégorie de force de travail n'existe que par le salaire qui la représente monétairement et en fait une marchandise commensurable avec les autres; elle représente l'individu dissocié de sa capacité de travail et pouvant ainsi aliéner son indépendance réelle au niveau de l'économie tout en s'imaginant libre au niveau de la politique.*

On retrouve ainsi le Simmel du quatrième chapitre, là dans lequel il montre comment la monétisation du rapport de louage de service, c'est-à-dire sa transformation en un rapport salarial moderne, libère le travailleur de la chaine qui reliait encore son être (politique) et son avoir (économique) (ses forces physico-psychiques). Il y a en ce cas, en effet, pour Simmel, "libération de la personnalité de la contrainte que lui impose son enchainement économique direct à la prestation objective particulière" (425), "totale dissociation de la prestation économique de la personnalité" (ibid).

"Comme il apparaît d'abord clairement, cette libération de principe, due au passage de la subordination à la forme objective, est déjà liée très étroitement à l'efficience, plus inconditionnée , du principe monétaire. Aussi longtemps que le rapport de travail salarié est considéré comme un contrat de location, il comporte essentiellement un moment de subordination du travailleur à l'entrepreneur : en effet, l'homme qui travaille se loue et nos domestiques en fournissent encore l'exemple le plus rude, car là, réellement, l'homme se loue avec tout le complexe de ses forces sans qu'il ait été concrètement et exactement circonscrit, entrant ainsi avec toute sa personne dans un rapport de non liberté et de subordination à un autre homme. Mais dès que le contrat de travail, poussant l'économie monétaire jusque dans ses dernières conséquences, se traduit par l'achat de la marchandise travail, il s'agit alors de fournir une prestation totalement objective qui, selon la formule connue, est insérée, en tant que facteur particulier, dans le processus coopératif; là, elle rejoint, se coordonnant pour ainsi dire avec elle, la prestation de l'entrepreneur" (416).

Et si on admet qu'il n'y a pas simultanéité de l'échange de la force de travail contre salaire et travail effectif, mais plutôt échange préalable à ce travail, on peut garder la distinction entre travail et force de travail, et considérer que Simmel a les mêmes accents que le Marx parlant de la chaine qui entravait l'esclave romain et qui, dans le salariat, est remplacée par une chaine (monétaire) invisible reliant l'individu à l'Etat.

Simmel tire cependant de cette conception une utopie totalement opposée à celle de Marx, puisqu'il voit alors dans le rapport salarial une forme sociale dont il suffirait de modifier le contenu pour en faire un instrument de réel progrès par une objectivation jusqu'au bout du rapport de domination capitaliste. En permettant de couper les rapports de subordination-supériorité, que Simmel considère comme une condition technique nécessaire pour le progrès économique, des rapports intersubjectifs qui structurent l'imaginaire politique des individus, l'argent permettrait "de séparer la chose et la personne de telle sorte que les exigences de la première, quelle que soit la place qu'elles impartissent à la seconde dans le processus social de production et de circulation, laissent entièrement intacts son individualité, sa liberté, le sentiment intime de sa vie propre" (418-419).

> "Supériorité et subordination sous toutes les formes possibles, telle est désormais la condition technique permettant à la société d'atteindre ses buts. Mais elle a ses répercussions également sur l'importance inhérente à l'homme, sur la liberté de sa formation, sur ses rapports purement humains avec d'autres individus. Si cette imbrication était dénouée, si toute position d'en haut ou d'en bas, tout commandement et toute obéissance devenaient pure technique externe, constitutive, n'ayant pas le pouvoir, pour ce qui concerne tout le reste, de jeter ni lumière ni ombre sur la position et l'évolution individuelles, alors tous ces sentiments douloureux disparaitraient : aujourdhui en effet, où les aspects extérieurs et fonctionnels de la hiérarchie sociale sont encore par trop étroitement associés à la subjectivité personnelle de l'individu, c'est bien à cause d'eux qu'on peut en appeller à la suppression radicale de la hiérarchie. Par cette objectivation des prestations et de leurs conditions organisationnelles, on conserverait tous les avantages techniques de ces dernières en évitant leurs inconvénients pour la subjectivité et la liberté, sur lesquels se fondent aujourdhui l'anarchisme et en partie le socialisme. Or c'est précisément la direction culturelle dans laquelle (...) l'économie monétaire s'engage. La séparation du travailleur d'avec ses moyens de travail, qui passe, en tant que problème de propriété, pour le nœud gordien de la

misère sociale, pourrait justement, en un autre sens, se présenter comme une délivrance : si cette séparation signifiait différenciation de la personne du travailleur, en tant qu'être humain, d'avec les conditions purement objectives dans lesquelles le place la technique productive. Ainsi l'argent accomplirait l'une de ces évolutions qui ne sont pas rares, où la signification d'un élément se tourne directement en son propre contraire, dès qu'elle est passée de son efficacité originelle, limitée, à une pleine efficacité permanente, cohérente, partout présente. En enfonçant ainsi un coin entre la personne et la chose, l'argent commence par déchirer des liens bienfaisants et utiles, mais il introduit cette autonomisation de l'une par rapport à l'autre dans laquelle chacune des deux peut trouver son plein et entier développement, à sa satisfaction, sans subir les entraves de l'autre" (419-420).

D'où un second problème de cohérence. N'y-t-il pas, en effet, dans cet appel à faire véritablement fonctionner la monnaie comme "couche isolante" entre l'économie et la politique une aporie du discours simmelien ? Car cette direction ne suppose-t-elle pas que l'argent se dépouille de sa fonction de réserve et de sa valeur propre qui en est au principe et dont Simmel, par ailleurs, dans ses analyses du caractère contradictoire des médiations dans une économie monétaire, nous a laissé entendre qu'elle était inhérente à leur concept (562) ?

De plus, sur ce terrain, Simmel ne se situe pas non plus au-delà de Marx. Son socialisme, sorte de communisme mystique, actualisation du "communisme potentiel" (563) des médiations symboliques dans laquelle l'âme de l'homme aurait sublimé les contraintes du corps, est d'un autre ordre que le communisme matérialiste marxien qui, quant à lui, résulte d'une démarche rigoureusement inverse recherchant l'unité de l'homme, ce qui passe finalement par la suppression des médiations symboliques (tout au moins dans les ordres économique et politique de pratiques). Et rétrospectivement, on peut se demander si ce n'est pas plutôt l'utopie simmelienne qui a été privilégiée et tentée dans les pays du socialisme réellement existant, là où les logiques salariales et hiérarchiques fonctionnelles - alignées sur le modèle du commandement et de l'organisation militaires que précisément Simmel prend comme exemple d'une relation de subordination purement technico-fonctionnelle - ont été poussés à leur comble et où l'argent a été grandement dépouillé de sa fonction de réserve de valeur.

REFERENCES

AGLIETTA, M., 1989, L'ambivalence de l'argent. Essai sur la nature de l'économie monétaire, Document de travail *CEPII*.

BATAILLE, G., 1976, *La part maudite*, Paris, Minuit.

BOURDIEU, P., 1980, *Le sens pratique*, Paris, Minuit.

DOUGLAS, M., 1989, Préface à la nouvelle édition anglaise de l'Essai sur le don de Marcel Mauss, *Revue du Mauss*, n°4.

DUMONT, L., 1977, *Homo aequalis*, Paris, Gallimard.

ELIAS, N., 1985, *La société de cour*, Paris, Flammarion.

FOUCAULT, M., 1969, *L'archéologie du savoir*, Paris, Gallimard.

GANßMANN, H., 1988, Money - a symbolically generalized medium of communication ? On the concept of money in recent sociology, *Economy and Society*, Vol. 17, n° 3.

GERBER, J., SINGH, H. & FRANTZ, R., 1990, Macrofoundations for microanalysis ? *Méthodus*, Vol. 2, n° 2.

GUIBERT, B., 1986, *L'ordre marchand. Réflexions sur les structures élémentaires de la vénalité*, Paris, Cerf.

MOLINO, J., 1978, Sur la situation du symbolique, *L'Arc*, n° 72.

ORLEAN, A., 1992, La monnaie comme lien social. Etude de Philosophie de l'argent de Georg Simmel, *Genèses*, n° 8.

PASUKANIS, E., 1969, *La théorie générale du droit et le marxisme*, Paris, E.D.I..

ROUBINE, I., 1978, *Essai sur la théorie de la valeur de Marx*, Paris, Maspéro.

STERNBERG, F., 1958, *Le conflit du siècle. Capitalisme et socialisme à l'épreuve de l'histoire*, Paris, Seuil.

THERET, B., 1992, *Régimes économiques de l'ordre politique. Esquisse d'une théorie régulationniste des limites de l'Etat*, Paris, PUF.

Chapitre 9

LES CONDITIONS D'UNE COHERENCE ECONOMIQUE : QUANTA, BONUS ET SUPERADDITUM

Lucien GILLARD

Tenter une analyse économique de *Philosophie de l'argent* est une opération risquée, voire même illégitime. Pour Simmel, seule la multiplication des points de vue peut produire une éventuelle vérité sur les choses. Et son discours économique ne se délivre que par fragments, constamment imbriqués dans des discours d'une autre nature : philosophique, historique, sociologique ou psychologique.

Aborder ce livre en économiste risque en outre de trahir les intentions de son auteur. Simmel avertit en préface qu'"aucune ligne des études qui suivent n'est entendue au sens de l'économie politique" (15)*. Sa matière concerne bien l'économie pourtant, et il semble que l'on doive avec Schumpeter interpréter cette phrase comme une simple manoeuvre de protection(1). Toute son analyse conduit d'ailleurs à la conclusion que "l'argent est le concept

---

* Les chiffres renvoient aux pages de *Philosophie de l'argent*, traduction Cornille et Ivenel, 1987. Idem pour notre glossaire, p. 271, infra.

(1) Voir Schumpeter, 1983, vol. 3, p. 43.

universel des choses dans la mesure où elles sont économiques" (661).

On admettra ici qu'on reste fidèle aux intentions de Simmel en extrayant un discours économique de son ouvrage, à condition de respecter sa méthode d'analyse. Deux principes la caractérisent : c'est la façon dont on se représente les choses qui les font exister pour nous, et c'est par l'abstraction conceptuelle qu'on leur donne un sens. L'argument de Simmel pourrait alors s'énoncer en une phrase : l'argent, en tant que matérialisation du point de vue économique, constitue une représentation conceptuelle qui résume la multiplicité de tous les points de vue sur les choses, et qui en permet la meilleure compréhension.

L'exercice auquel je me livre à ce propos se résume lui-même ainsi. Pour que le discours de Simmel soit pleinement recevable du point de vue économique, deux conditions de cohérence sont requises, dont l'une est relative à la valeur et l'autre au prix. Ces conditions ne sont pas explicitées par Simmel, mais du moins ne trouve-t-on pas chez lui des indications permettant de les contredire. On résumera d'abord l'apport de *Philosophie de l'argent* concernant le mode de socialisation monétaire (I), avant de présenter le modèle économique auquel il renvoie implicitement (II), puis d'en indiquer quelques implications (III).

L'analyse que je présente se limite volontairement aux mécanismes de l'économie monétaire dans le cadre historique que lui fixe Simmel (du XVIe au XIXe siècle), sans considération pour les nombreuses réflexions qu'ajoute l'auteur sur la genèse de cette société ou sa comparaison avec d'autres sociétés.

L'argent comme expression de la relativité générale : la socialisation monétaire.

En aucun domaine il n'existe de "référence absolue" permettant de porter un jugement sur les gens et les choses (88) : méthodologiquement, on doit partout choisir le principe (nietzschéen) selon lequel "la connaissance est un processus flottant librement et dont les éléments déterminent mutuellement leur position mutuelle"(90). L'interaction continuelle de tous ces éléments est un "trait fondamental" de la connaissance (109), comme on peut tout particulièrement s'en rendre compte avec l'analyse de la Société. C'est la dépendance réciproque de l'individu et du collectif qui exprime l'état d'une Société à un moment donné (98) ; et la même réciprocité entre le présent et le passé permet d'expliquer son histoire. De façon plus générale, la philosophie de Simmel pourrait se définir comme une dynamique relativiste (ou relationniste) des contenus et des formes dans laquelle aucun des deux termes n'est jamais donné, mais où chacun s'exprime au contraire par une fonction dont l'autre est la variable. Concernant la connaissance que le sujet acquiert sur le monde, cette dynamique implique, selon les termes de Jankelevitch que "l'objectivité soit toujours relative à un sujet qui la transforme au moins autant qu'elle le transforme".(2)

Or, l'argent est en soi la relativité faite substance (120). Envisagé du point de vue des objets, l'argent est une forme : il exprime de façon la plus condensée possible la vérité des choses issue de leurs rapports d'échange réciproque. Envisagé du point de vue des sujets, il est une construction de l'esprit (un contenu, donc) qui exprime de façon la plus extensive possible (et Simmel en explorera toutes les dimensions) comment l'homme prend conscience du monde dans la "réciprocité de ses normes cognitives" (101). L'argent figure ainsi l'opérateur analytique grâce auquel on peut accéder à la vérité corrélative des sujets et des objets.

L'ambition du propos justifie donc que le terme de monnaie ne se soit pas substitué à argent dans la traduction du titre en français(3) tout comme currency fut écarté en

---

(2) Citation extraite de Jankelevitch (1925) in Simmel, 1988, p. 46. Au chapitre 2 du présent ouvrage, Alain Guery montre comment l'investigation des formes de réciprocité revient chez Simmel à écrire un manuel de savoir vivre.

(3) Dans le corps de l'ouvrage en français, par contre, le terme de monnaie (et aussi celui de monétaire) remplace épisodiquement celui d'argent sans que cela corresponde toujours à une quelconque nuance du texte allemand, (Münze, ou Währung). Le passage du féminin au masculin (ou au neutre en allemand) n'est pourtant pas innocent. Voir la contribution de Martin Gorin sur ce thème au chapitre 5.

anglais. En aucun cas il ne s'agit pour l'auteur de parler technique ou analyse économique mais toujours de multiplier les points de vue *à propos* des évènements ou des discours économiques, en repérant notamment leurs présupposés subjectifs (17). Considéré du strict point de vue des fragments d'un discours économique qu'il exprime, l'ouvrage de Simmel n'aurait d'ailleurs pas davantage été correctement qualifié par le terme de monnaie. Car son objet concerne à la fois : 1/ les supports originels de l'équivalent général des échanges, et notamment le métal précieux préalablement considéré comme valeur d'usage; 2/ le métal monnayé et garanti par une institution collective comme valeur d'échange, au sens strict de la monnaie pour les économistes de la fin du XIXème siècle, dans un contexte d'étalon-or généralisé; et 3/ les instruments de circulation privés créés par les commerçants et les banquiers, dont l'analyse était alors encore assez peu unifiée avec celle de la monnaie.

Georg Simmel opte résolument pour une intégration du crédit dans l'analyse monétaire, en reprenant la thèse de l'argent-assignation sur la société, thèse "souvent soulignée" (427) selon lui et qu'il attribue à un économiste du début de son siècle (216). L'économiste en question n'est pas désigné nommément, mais il pourrait s'agir de Thornton dont "l'Enquiry into the nature and effects of the paper credit of Great Britain" date de 1802 ; et au cours des siècles, les écrits de J.S. Mill et de Mc Leod notamment ont souvent souligné le caractère monétaire du crédit.

Dans son premier chapitre, Thornton définissait la monnaie comme un morceau de métal certifié officiellement et ayant un certain pouvoir d'achat sur les biens (une créance). Il consacrait ensuite tout son ouvrage aux papiers qui promettent de payer en métal et en évitent l'usage. En précisant d'ailleurs au passage que cela ne constitue pas globalement du crédit, puisque la créance des uns correspond dans les livres à la dette des autres. Un siècle étant passé, cette conception restait minoritaire. Dans son compte rendu de la première édition de *Philosophie des Geldes,* Emile Durkheim concluait ainsi : "Nous ne croyons pas qu'un économiste puisse accepter la théorie qui est à la base de tous ces développements, car elle repose sur une notion ambigüe et confuse" ; confusion résultant de l'amalgame entre monnaie réelle et monnaie fiduciaire, qui "ne reposent pas sur le même principe" [4]. On notera que Schmoller énonçait exactement la même critique au même moment dans une revue allemande.

S'opposant aussi à l'approche dominante qui faisait alors de la monnaie une marchandise ayant sa valeur substantielle (substratum), Simmel en fait une "forme universelle" (232) construite par l'esprit humain (275) et ne présentant "aucune parenté de contenu avec ce qu'elle représente" (157). L'argent reçoit ainsi le statut de richesse artificielle, comparable à la langue (243, 247) dans la tradition aristotélicienne : c'est un signe (168), un symbole (231), dont la valeur provient exclusivement de sa fonction de mesure (230). "Il est hautement signifiant et pleinement indispensable que tout système monétaire possède l'unité de base dont chaque valeur monétaire sera un multiple ou une fraction. Cette détermination première, en l'absence de laquelle il n'y aurait simplement pas de système monétaire (....) constitue en quelque sorte le fondement absolu des relations quantitatives présidant aux échanges monétaires" (447). Cette fonction de mesure requiert cependant une garantie sociale (168), et c'est ce qu'opère le monnayage (194). L'argent n'est donc pas seulement un signe, c'est aussi une institution.

La monnaie vaut ainsi quelque chose (parce que et) tant qu'elle exprime correctement la mesure des choses qui s'échangent. En sorte que plus les échanges se multiplient dans la société et moins la substance monétaire importe (144). A l'origine, "l'argent commence par pouvoir exercer les fonctions monétaires parce qu'il est une valeur ; ensuite il devient une valeur parce qu'il exerce ces fonctions" (228) et le "support de cette valeur est devenu tout à fait secondaire" (233). A la limite, l'argent n'est plus qu'une "forme pure"

(4) E. Durkheim, 1900-1901, p. 140-145 ; voir également Schmoller, 1901, p.4 et 5..

(340)[5] sans aucune qualité propre (275), et l'on peut "transférer la capacité de faire office de monnaie sur n'importe qu'elle substance" (159). Quand le support s'est enfin débarrassé de tous ses usages non monétaires, il coïncide alors totalement (162) avec cet argent numéraire qui fait le passage de la "monnaie métal" à la "monnaie calcul" (217).Une telle situation ne peut toutefois survenir que si la sphère économique est déjà "consistante" au sens où la "fiabilité des interrelations sociales"(185) est pleinement établie.

* * *

Ces précisions sur la nature de la monnaie étant données, il convient de voir quel rôle joue l'argent dans cette dynamique relativiste que construit Simmel pour accéder à la connaissance des choses. En l'espèce, comment se forment les prix.

Une marchandise acquiert un prix au terme d'une mécanique objective et impersonnelle des quantités (48) qui s'impose aux çoindividus (49) sans qu'ils en aient conscience (131).[6] Cette mécanique est celle du circuit des marchandises et de l'argent. Il existe un "axiome" fondamental (138) qui règle chaque échange particulier tout comme le circuit global : c'est l'équivalence des valeurs échangées. L'équivalence individuelle du bénéfice avec le sacrifice (61-62) fait écho à l'équivalence globale (133, 141) entre l'ensemble des biens qui changent de propriété dans la période avec l'ensemble des moyens monétaires qui permettent de les acheter (la monnaie n'étant rien d'autre qu'une créance sur tous les biens de la communauté, 195).

Cette relation d'équivalence étant posée, on peut alors formuler l'équation des prix. "L'équation de valeur entre une marchandise et une somme d'argent représente l'égalité des

---

(5) Peu d'années avant (1895), Simmel avait esquissé une analyse de la mode dans les mêmes termes : forme pure sans contenu. Cf. Simmel, 1988, p. 94. Dans *Philosophie de l'argent* , la comparaison se prolonge p. 263.

(6) Le thème de l'inconscience se retrouve à maintes reprises (72, 131, 133, 166, 167), voire même la nécessité d'une certaine opacité pour que la machine sociale fonctionne (176-77,485).

relations fractionnaires entre les deux grandeurs prises comme numérateurs, et les *quanta* globaux de marchandises et d'argent entrant économiquement en ligne de compte pris comme dénominateurs" (145). Du point de vue de l'économiste, il s'agit sans doute de la proposition essentielle de Simmel, à laquelle tous les commentaires vont se ramener(7). L'auteur la juge d'ailleurs comme telle, puisqu'il considère cette mise en rapport de deux grandeurs sous l'angle de leurs proportions (on dirait sans doute aujourd'hui structures) comme l'une des plus grandes inventions de l'esprit humain (148).

Dans la Société, il existe donc une relation générale entre la quantité totale des biens et la quantité totale d'argent, telle que : une partie définie de ce "quantum" de biens (une marchandise isolée, ou un quantum partiel) est avec la totalité dont elle relève dans la *même proportion* que le quantum partiel d'argent vis à vis de la totalité de l'argent (128). Cette proportion d'argent qui sert à acheter la marchandise considérée apparaît formellement au numérateur de la fraction monétaire (169) et exprime le prix de cette marchandise(8) : sa grandeur de valeur économique.

Remarquons immédiatement que le prix de *chaque* marchandise ne se comprend qu'à travers une structure sociale globale qui n'a rien à voir avec l'équilibre général des marchés dont la théorie est en train de s'élaborer à la même époque. Haesler est, me semble-t-il, le seul commentateur de Simmel à avoir signalé que le concept de marché ne jouait pour lui aucun rôle dans la socialisation monétaire.(9) Car les objets s'échangent de façon organique, en soumettant les individus à leur logique d'objectivation, parfaitement indifférente à la petite cuisine des utilités maximales. Pour

---

(7) Un de ces commentaires pourrait d'ailleurs concerner l'histoire des idées. On trouve déjà cet axiome exposé exactement dans les mêmes termes chez Montesquieu en 1748, cf. *l'Esprit des lois*, Livre XII, chap. 7.

(8) Dans le passage où Simmel explique comment les prix monétaires se fondent sur des valeurs qualitatives, le "Preis" devient systématiquement le "coût" en français (pages 70 à 75). Ce serait un contresens que d'y voir une analyse de la valeur par les coûts de production, cf. Simmel, 1907, pages 49 à 54.

(9) Voir Haesler, 1986a, p. 131.

Simmel, l'impulsion à l'échange est première et c'est après coup seulement qu'une représentation rationnelle se fait jour (72-73). L'échange se trouve alors interprété *comme si* existait une égalité des choses échangées. Alors que spontanément c'est plutôt l'inégalité des prestations que chacun ressent (53,357), une représentation de l'échange en termes d'égalité objective permet que se crée et se développe un circuit des échanges (69-79). Elle permet tout à la fois d'exorciser la méfiance réciproque, de "légitimer" les échangistes et de "valider" socialement leurs échanges (52, 103).

Une telle approche se distingue radicalement de la théorie du marché qui s'élabore au même moment. Car pour cette dernière, l'échange ne se réalise *que si* une logique individuelle de calcul a permis d'établir préalablement que les conditions du marché rationnel existent bien.

Pour Simmel deux quanta globaux sont requis afin de permettre une détermination des prix par application d'un axiome social sur les proportions. Disons déjà qu'entre la valeur qualitative du quantum de biens et la valeur économique exprimée par le "prix monétaire" (128, 140) dont l'essence est purement quantitative (70, 111) il n'y a pas de point commun. C'est à un processus de transformation de la valeur d'un langage dans l'autre (164) qu'il nous est donné d'assister, non pas à un processus de conservation comme dans le modèle thermodynamique.(10) En particulier, il n'existe aucune raison de poser a priori que la somme des valeurs subjectives soit égale à la somme des prix (129, 229). Au contraire, l'argent apparaît comme le "substitut d'intensité absolue" ayant pour rôle principal de "condenser" les valeurs qualitatives (222, 225) dont les critères sont toujours multiples et les formes variées (650). La médiation globalisante que réalise la monnaie permettra d'affiner et de rendre plus opératoire (91, . 233) les appréciations parcellaires préalablement portées sur la valeur.

---

(10) Pour une démarche similaire dans l'analyse économique contemporaine voir Meek, 1956, p. 103-104. L'auteur résume l'histoire des débats autour de la "contradiction" entre les livres 1 et 3 du Capital de K. Marx ; il en propose une solution en termes d'égalité prix/valeur *dans leur proportion* aux biens salariaux.

Comment spécifier d'abord le quantum d'argent ? Il s'agit de la somme purement arithmétique des unités de compte (330), corrigée par le nombre de transactions que chacune de ces unités permet d'effectuer dans la période : la vitesse de circulation (135, 137). Précisons que Simmel n'exclut pas de ce quantum l'argent servant aux transactions intermédiaires entre les producteurs : l'équation des prix s'applique à la totalité des transactions et non pas au seul produit net. Par ailleurs, on voit que cette masse monétaire globale va servir de référence pour mesurer les grandeurs nominales, puisque tous les prix se manifestent par un certain nombre (fractionnaire) de ce numéraire. Loin d'être une substance fixe, l'étalon des valeurs est donc une variable, en conformité avec l'option relativiste de l'auteur.

Incontestablement le fait d'envisager l'activité économique sous l'aspect d'une circulation plus ou moins fluide de créances qui s'annulent en fin de période relève bien dans son esprit (sinon dans la lettre)[11] d'une problématique qualifiée aujourd'hui de "circuit". Des images populaires confortent d'ailleurs cette vision des choses selon Simmel, puisqu'on parle de "liquidité" pour qualifier l'argent (638) et qu'on le compare souvent au sang (601) qui circule dans le corps social dont il préserve ainsi l'unité. De fait, il existe bien dans *Philosophie de l'argent* tous les ingrédients qui permettent de définir une analyse du circuit. C'est d'abord le bornage de l'espace économique à l'intérieur de frontières nationales (138, 329). A la limite, il pourrait s'agir d'ailleurs de l'espace mondial quand l'économie monétaire aura fini de transformer les diverses nations en provinces d'un seul et même organisme. Toujours est-il que la question du change

(11) Si la traduction française avait été faite au début du siècle, il est probable qu'on n'y aurait pas trouvé le mot "circuit" aux pages 49,69,136 et 176. Les termes allemands de Simmel, 1907, auxquels il correspond sont en effet beaucoup moins précis aux pages 30,48 (Verkher) et 110 (Bewegung) de l'édition originale (et non pas Kreislauf). En général, Bewegung renvoie à "mouvement" et Verkher à "circulation", mais on trouve aussi le terme circulation (192,210,220,ter,227) pour traduire indifféremment Bewegung (161), Umlauf (185) ou Zirkulation (176,185,bis,191). Notons une autre modernisation du texte avec la traduction de Edelsinn (noblesse) par le très évocateur "distinction".

des monnaies ne se pose pratiquement pas dans cet ouvrage (112, 267).

L'analyse du circuit implique aussi la délimitation d'une période opératoire. On la repère chez Simmel par le rachat de toutes les marchandises disponibles grâce à la dépense de tout le revenu occasionné par leur production (137). Il y faut encore un pôle initiateur qui relance le mouvement de période en période : c'est le monnayage des dettes qui joue se rôle, avec le devoir qu'a la société dans son ensemble de les honorer (195). Le fait que toutes les promesses soient tenues est conforme au principe d'égalité dont dérive la représentation du circuit (69) : c'est la condition nécessaire de sa reproduction. Le circuit apparaît donc chez Simmel comme une forme supra-individuelle qui homogénéise les échanges : tout désir qui ne serait pas conforme à sa propre logique sera éliminé (121-122).

Le quantum de biens est beaucoup plus difficile à cerner.

On peut d'abord exclure qu'il s'agisse d'une somme purement arithmétique : les biens sont par nature hétérogènes et les compter chacun pour une unité reviendrait à les affecter tous d'un même prix. Ce problème ne recevrait de "solution" qu'à la condition de définir l'économie au moyen d'une seule catégorie de biens. La part de monnaie affectée à chacun des biens particuliers serait alors proportionnée au nombre de biens constituant la catégorie. C'est là précisément l'exemple que donne Simmel pour illustrer le principe de formation du prix (128). Il va de soi que cet exemple ne peut être généralisé à une économie où se trouvent juxtaposés des biens de qualité différente. Pour pouvoir construire un quantum de biens avant même qu'existent des prix de marché (48), il faut donc affecter chaque bien d'un indice d'évaluation qualitative. Cet indice permettra d'établir une "somme eudémoniste" de biens (114) dont chaque composante recevra une pondération correspondant à son importance.

Simmel reconnaît que cette construction du quantum de biens pose problème (133). Avant d'explorer les quelques pistes qu'il propose, disons que la démarche visant à établir une échelle imaginaire des valeurs entre les biens n'est pas a priori plus artificielle que celle des théoriciens du marché construisant leurs courbes de contrat. Et rappelons de surcroît que cet artifice ne vise pour Simmel qu'à représenter de façon apaisante les échanges qui viennent d'avoir lieu, au contraire de la théorie néoclassique des marchés qui vise à montrer de façon nécessaire les conditions pour que les échanges aient effectivement lieu.

-1. La première piste à propos du quantum de biens concerne sa genèse. Pour Simmel, l'attribution d'une valeur aux choses se fait d'instinct, avant toute construction intellectuelle (25). L'évaluation psychologique du quantum de biens résulte d'un "sentiment de valeur" (75) que le sujet prête aux objets selon un mouvement spontané qui le pousse à hiérarchiser toutes choses (21) pour mettre un peu d'ordre dans le chaos naturel (150). Ce "jugement sur les choses" (27, 149) qui précède tout acte d'échange procède d'une "anticipation" sur les jouissances et sacrifices que procurera l'objet convoité (66-67). L'appréciation subjective qui est ici à l'oeuvre prend comme repère l'importance relative des besoins humains (141), hiérarchisables du plus nécessaire au plus superflu (143-144). Et seule une erreur de perspective peut faire qu'on attribue aux objets eux-mêmes une qualité intrinsèque (45), alors qu'ils ne prennent leur valeur que parce qu'ils fournissent aux sujets les moyens de réaliser un projet (181).

Avant même d'aborder la question de l'objectivation des valeurs, indiquons plusieurs traits caractéristiques du traitement de la subjectivité chez Simmel et qui le distinguent de celui en usage chez les théoriciens de la valeur subjective appliquée au marché.

L'évaluation subjective du quantum de biens est d'abord expérimentale et non pas spéculative. La valeur des choses s'apprécie à l'occasion d'activités pratiques (46, 240) ; elle est par suite toujours incertaine et modifiée à mesure que s'entrecroisent et se reformulent les projets individuels (159, 378). Cette évaluation s'apprécie en outre à l'intensité de l'effort qu'y met le sujet, en termes de volonté, d'énergie et de sacrifice (58). Contrairement aux analyses qui font tout partir de la demande, ici "l'étendue du sacrifice qu'il faut investir dans l'échange, c'est cela le moment proprement constitutif de la valeur" (83). Et cela donne aussi son sens à l'échange, car c'est seulement dans la mesure où l'on s'implique soi-même que l'on peut impliquer l'autre (148) : c'est ce qu'on offre qui fait sens.

Dernière caractéristique de l'évaluation subjective : elle est finalisée par des préoccupations d'éthique universelle et non pas de pure jouissance personnelle. Chaque projet vise la conquête d'une plus grande liberté en vue d'accomplir au mieux sa personnalité (224, 380). Les objets servent d'outil dans la maximisation de ce bien commun à tous, et chaque chose peut donc s'évaluer selon la dose d'aliénation et d'épanouissement qu'elle implique (403, 409).

-2. Outre ces indications sur l'impulsion, on trouve aussi chez Simmel quelques pistes concernant le mécanisme d'attribution de la valeur. On quitte ici le terrain de l'individuel pour celui de l'intersubjectif (45). Car l'attribution d'une valeur s'effectue selon un mécanisme spécifique dans lequel la pure consommation subjective n'est qu'un "accident" (43). Au point même qu'il conviendrait logiquement d'exclure du champ de l'analyse économique les questions de besoin et de consommation (64, 116).

La valeur naît de "l'objectivation" des choses effectuée par le sujet qui précisément s'en distancie et les constitue de façon autonome par rapport à ses propres jouissances (40). C'est le moment où l'appréciation que porte spontanément chaque individu sur les choses prend une forme objective qui s'impose à tous (25) et devient une catégorie supra-personnelle (120, 193). Plusieurs traits caractérisent chez Simmel ce moment de la valorisation.

Il ne s'agit pas d'isoler arbitrairement des objets singuliers pour en estimer la valeur, il faut au contraire considérer d'emblée chaque catégorie d'objet dans sa combinaison avec les autres espèces (253). Tous les produits sont liés dans le choix d'un style de vie (240), et ils se valorisent réciproquement comme autant de composantes d'un projet global (50, 83). On notera surtout que le jugement de valeur dont il est ici question concerne des comparaisons *entre* marchandises (réelles) de genres différents, et non pas des comparaisons portant sur des doses (potentielles) plus ou moins grandes d'une même marchandise donnée. Les deux seules allusions qui soient faites à l'utilité marginale de Carl Menger (en 1871) et autres dans tout l'ouvrage consiste à montrer le caractère exemplaire des exceptions (les biens intermédiaires, page 248 et les indivisibilités, page 329) qui limitent la portée de cette théorie ! (12)

De façon générale, les catégories de l'utilité (67) et de la rareté (70) ne sont "pas très adéquates" pour l'analyse des jugements de valeur. Elles n'expliquent pas pourquoi la volonté d'échange se met en oeuvre, à partir du désir de surmonter un obstacle pour réaliser un projet (71), ni comment les comparaisons s'effectuent d'emblée entre tous les objets, sans possibilité d'en isoler un seul a priori (69). En bref, ces catégories ne permettent pas d'engendrer le circuit (68, 82), et c'est le circuit au contraire qui permet d'en rendre compte après-coup. Utilité et rareté établissent seulement les limites supérieures et inférieures à l'intérieur desquelles se déterminent les grandeurs de la valeur économique (39, 229). Elles sont nécessaires pour qu'existent une valeur et des échanges, mais ne suffisent pas à en déterminer le montant.

Deuxième trait de l'objectivation des valeurs dans *Philosophie de l'argent :* elle implique aussi la totalité des sujets, car l'autre est toujours présent dans le jugement que chacun porte sur les choses (100, 376). Cela résulte à la fois d'un besoin spontané de réciprocité et de reconnaissance (70), d'une exigence morale (75) et aussi d'une contrainte liée à l'imbrication des projets (223).

Une des formes que revêt cet aspect supra-individuel est le besoin de conformité. Le jugement de valeur ne fait alors que répéter de façon routinière des normes sociales préexistantes, et notamment la hiérarchie des prix (45, 47). Dans l'histoire de chaque société, les valeurs économiques habituelles rétroagissent sur les jugements affectifs (50) et génèrent des "normes objectives" (119). Il faut donc relativiser aussi la subjectivité, car dans la majorité des actes

(12) Il importe d'insister sur ce point, en contradiction avec l'opinion de Laidler and Rowe 1980, p. 98 et 101, qui inscrivent la problématique de Simmel dans le courant néoclassique : influencée par C. Menger et annonçant M. Friedman, via L. von Mises et L. von Hayek.

de l'échange les normes de références sont quasiment fixes, voire "sublimées"(74) ; l'individu est devenu "le support ou réalisateur de normes fixées en dehors de lui" (49). En particulier, l'hétérogénéité sociale qui a pu jouer autrefois pour déterminer des systèmes de valeur différents au même moment (en raison de niveaux de revenus et de besoins totalement incomparables) laisse place aujourd'hui à une appréciation moyenne, valable pour l'ensemble des individus composant la société (324, 325). Et ces normes de valeur qui se cristallisent en nous inconsciemment, "qui se solidifient psychologiquement" (174), sont le résultat historique du développement de l'économie monétaire[13] ; elles ne relèvent plus de réglementations sociales a priori comme c'était le cas autrefois (80).

Pour autant, cette acceptation de valeurs toutes faites n'est pas le cas général (175), du fait notamment que l'économie monétaire ne cesse de stimuler des changements (328), et qu'il faut bien que des nouvelles valeurs se forment.

- 3 Une dernière piste à propos du quantum de biens concerne donc la transformation des valeurs. Rapprochons pour cela deux propositions de Simmel : la forme monétaire que prend l'objectivation de la valeur sera l'unicité du prix pour toute marchandise d'une même catégorie, quels que soient les échangistes (111, 324) ; et la forme monétaire de la valeur sera la projection proportionnelle dans le monde quantitatif de la hiérarchie qualitative des valeurs (axiome). Il faut en conclure que la formation d'un "prix standard" dans la période du circuit économique implique donc qu'une norme commune de valeurs s'est imposée préalablement dans la société. Dans l'intersubjectivité des rapports non contractuels, des règles sociales sont à l'œuvre qui conduisent à une évaluation commune des choses.

Pour Simmel, le social n'est pas la simple généralisation de rapports bilatéraux (81). La façon dont s'élaborent, se

(13) Ce retour du prix sur la valeur indique que le fonctionnement normal de l'économie monétaire est compatible avec une valeur collective, supra subjective. A. Orléan, 1992, p. 94, pense à l'inverse que Simmel néglige l'intersubjectivité des valeurs et passe de ce fait à côté du principal facteur de crise.

diffusent et se déforment ces règles sociales à propos de la valeur fait l'objet de l'analyse sociologique, qui englobe donc l'économie politique, car ni les marchands ni la monnaie n'ont un rôle exclusif dans le processus de socialisation. Simmel accorde notamment un rôle à la structuration de la société en classes, à l'encontre de l'hypothèse de l'égalité des statuts qui caractérise l'analyse économique : pour lui, l'inégalité est créatrice.

Les classes aisées jouissent de considération, d'un prestige et d'une estime morale, qui leur permettent d'influencer l'opinion sur la juste valeur des choses (255, 324) :au delà de la rationalité moderne, le sentiment continue ainsi de jouer un rôle dans la socialisation. La classe moyenne paraît "prévalente" (591) au motif qu'elle est à la fois dotée d'un revenu discrétionnaire et motivée aussi par les nouveautés économiques. Elle est ainsi la mieux placée pour porter un jugement objectif sur les choses (258), car ce jugement requiert à la fois (370, 376) : le dépassement des intérêts égoïstes, et l'appréciation des biens du point de vue de la collectivité tout entière. La classe moyenne est porteuse de valeurs normatives(14). J'y reviendrai quand il sera question de dynamique.

Quelques réflexions personnelles pour conclure sur la question du quantum des biens.

Von Wieser écrivait déjà en 1888 que la valeur d'échange monétaire est l'expression d'une valeur subjective préalable, et que cette dernière (dite naturelle) résulte d'un jugement porté sur les choses par la société, divisée pareillement en trois classes(15) . Mais pour lui, chacune de ces trois classes n'est concernée, du fait de son pouvoir d'achat, que par une catégorie de biens et une seule (luxe/confort/nécessité). Le système global des valeurs résulte donc d'une juxtaposition de trois jugements partiels, sans qu'il y ait jamais un jugement collectif sur les choses. Les prix se modifient du seul fait que la répartition du revenu entre les classes change, alors même que les valeurs restent les mêmes. Pour Simmel

(14) Cf. Simmel, 1988, p. 119.

(15) Wieser, 1971, notamment les pages 52,60,61.

au contraire, la structure globale des prix reflète un système collectif des valeurs, car il existe déjà un processus d'objectivation sociologique au niveau même des valeurs.

Autre réflexion : la manière dont s'objectivent les valeurs chez Simmel ressemble fort à la façon dont les économistes définissent aujourd'hui les biens collectifs. Tout bien particulier appartient à une catégorie indivisible au sein de laquelle il y a une complémentarité et non une rivalité des utilisations ; et dans l'estimation supra- individuelle des valeurs partagées, la propriété de quelques-uns n'exclut pas la possibilité des jouissances pour tous. Tout échange bilatéral produit des satisfactions qui débordent les protagonistes (172, 357) : d'abord grâce à l'ambiance pacifiante qu'il génère, mais aussi à travers une nouvelle appréciation des valeurs ou même par le simple fait du spectacle des richesses existantes(16). Quand il est question de valeurs chez Simmel, on pourrait donc l'entendre aujourd'hui comme une proposition pour étendre à la richesse tout entière l'analyse des biens collectifs et des externalités.

La dernière réflexion sur le quantum de biens portera sur la nécessité où se trouve la société selon Simmel de penser l'existence d'un fondement qualitatif aux valeurs économiques. La logique quantitative des prix n'est pas arbitraire, car elle renvoie à quelque chose de plus fondamental, qui lui donne son sens. Et peu importe en l'occurrence si le raisonnement est quelque peu circulaire, dans la mesure où les prix servent de référence à un bon nombre de valeurs qui sont pourtant censées fonder les prix. Car on est en présence ici d'une conviction profonde, qui cimente la société et ne s'embarrasse pas trop de démonstration logique.(17)

Ce point me paraît crucial, dans la mesure où l'on tente de retrouver la cohérence de Simmel plutôt que de récupérer

(16) Cette dernière proposition est avancée en 1895 à propos de la mode ; cf. Simmel, 1988, p. 102.

(17) A propos de la circularité des raisonnements, voir Boudon, 1990. Un "modèle simmélien" des vraies fausses croyances est notamment explicité aux pages 54,108, et 421. L'auteur cependant ne relève pas cet exemple d'effet Simmel qui contredirait plutôt sa lecture (p. 439) d'un engendrement du social à partir de l'individuel.

telle ou telle de ses intuitions. C'est donc une erreur de négliger cette règle de la proportionalité des quanta, comme on le fait généralement, voire d'affirmer son caractère superflu dans la démonstration. Comme on le verra tout à l'heure, les transferts de valeur entre catégories d'individus ne peuvent se penser, au chapitre 3 de *Philosophie de l'Argent*, que par rapport à une situation d'équilibre décrite par l'équation des prix du chapitre précédent. Par ailleurs, l'équilibre lui-même doit posséder quelque légitimité dans l'esprit des individus. Comme Simmel le suggère en 1908 dans un passage de sa *Soziologie*, il reste dans la mémoire collective une trace des subjectivités enfouies sous la mécanique de l'échange. Et chacun s'emploie à réactualiser ce résidu subjectif, à rattacher sa confiance en la monnaie au concret des choses vécues quotidiennement. C'est la fonction du quantum de marchandises dans la construction simmélienne, et peu importe que ce fondement soit indémontrable au sens de l'économie politique, car c'est de croyance dont il est ici question et non pas de science.

Une telle problèmatique ne s'accorde pas avec quelques interprétations récentes de la pensée de Simmel.(17 bis). Dire avec Orléan que l'économie monétaire fonctionne sous l'effet statistique de la loi des grands nombres, ou dire avec Aglietta que c'est l'autoréférence qui produit l'effet de persuasion nécessaire, revient dans les deux cas à négliger les fondements anthropologiques qui légitiment et perpétuent l'économie monétaire selon Simmel. C'est du moins la façon dont je propose d'interpréter le quantum des biens.

***

(17 bis) Aglietta, 1988, p. 100 ; Orléan, 1987, p. 7 ; Haesler, 1986a, p. 122 et 1986b, p. 124. Ce dernier auteur dénie tout intérêt à l'axiome des quanta et considère ensuite très logiquement que le fragment de *Soziologie* (chap.10) ici évoqué contredit *Philosophie de l'argent*. Voir encore Servet, 1981, p. 441-443, qui repère bien chez Simmel une rationalité supérieure aux pratiques monétaires mais estime qu'il a tort de ne pas la rapporter aux conditions de la production.

Le sens des échanges monétaires étant ainsi explicité, on peut dès lors spécifier l'équation des prix et des échanges dans l'économie telle qu'elle fonctionne au tournant du XXème siècle, sur la base des indications que nous venons de rassembler à propos des deux quanta. Le principe en est que le prix est une fraction de la "réserve globale d'argent économiquement active" (disons, de la masse monétaire en circulation), telle que la marchandise dotée de ce prix représente la même importance (psychologique) relativement à la réserve globale de marchandises économiquement actives (disons, ayant fait l'objet de transaction dans la même période). Rappelons qu'on se situe pour simplifier en économie fermée (137), excluant tout déséquilibre de balance commerciale qui obligerait à réévaluer les deux quanta (138).

Dans la formulation présentée par Simmel à la page 128, (a) désigne l'unité élémentaire de marchandise isolée du quantum global de marchandises (ma) et telle que la valeur psychologique de cette unité élémentaire sert d'étalon (elle est égale à 1). Cette marchandise représente dans le quantum total une fraction (1/ma) qui doit égaler par définition la fraction d'unité d'argent monétaire (b) dans la totalité de l'argent servant aux échanges de la période (mb), soit :

b/mb = 1/ma, où b/mb figure le prix de la marchandise (a). On notera que Simmel propose plutôt (128) le rapport 1/mb comme expression de ce prix,[18] ce qui introduit l'hypothèse implicite d'une égalité entre la somme des valeurs et la somme des unités monétaires (si ma=mb, alors b=1). Une telle restriction, qualifiée d'hypothèse "naïve" et caractéristique des sociétés primitives (145), est d'ailleurs abandonnée quelques pages plus loin au bénéfice d'une formulation plus générale (mais l'auteur ne reprenant pas les mêmes symboles, notre expression des prix b/mb apparaît page 131 sous la forme a/B, différant donc du 1/B qu'aurait impliqué l'hypothèse dans sa formalisation de la page 128).

La généralisation de l'èquation des prix à la totalité des échanges n'est pas présentée par Simmel. L'exemple qu'il fournit concerne un quantum de marchandises homogènes

---

(18) Il ne s'agit pas d'une coquille de la version française, comme on peut le vérifier dans l'édition allemande : Simmel, 1907, p. 104.

(une série dont tous les éléments ont la même valeur) en sorte que la marchandise isolée (a=1) reçoit sans équivoque le prix (unitaire) qui obéit à l'équivalence des proportions. Mais une vision globale de l'économie monétaire requiert une formulation qui puisse s'appliquer à l'ensemble hétérogène de toutes les marchandises. Simmel en reconnaît le principe (131-133) qu'il soumet à la nécessité préalable de définir exactement les deux quanta globaux de façon numérique. A supposer cette question résolue (pour le quantum de biens notamment), il resterait encore à définir l'unité de base du système d'équations des échanges (exigence logique également reconnue page 447).

Dans l'exemple particulier traité par Simmel, il était pertinent d'isoler une unité de marchandise au sein d'une série dont les éléments étaient aisément dénombrables. Dans le cas général, on voit mal quelle référence pourrait servir de base dans l'évaluation de toutes les proportions sinon la masse globale de la monnaie utilisée dans la période. On reste dans la logique de Simmel en posant que la cohérence de l'économie monétaire requiert une normalisation du système des équations de l'échange à partir du quantum global de monnaie (mb = 1). Si la pondération de chaque catégorie (i) de marchandises dans la "valeur" totale des marchandises est (a^1/ma, a^2/ma,...a^i/ma,...a^n/ma), les fractions successives de la masse monétaire (b^1/mb, b^2/mb,....b^i/mb,.... b^n/mb) affectées aux achats respectifs de ces diverses catégories de marchandises sont telles que chacune des "valeurs" relatives est équivalente à son prix, à savoir :

$$a^1/ma = b^1,\ a^2/ma = b^2,\dots\ a^i/ma = b^i,\dots\ a^n/ma = b^n.$$

Le prix d'une marchandise (b^1, b^2,...) apparaît sous la forme d'une valeur absolue tout en étant cependant une fraction de la masse monétaire globale. Simmel nous dit qu'on n'a pas conscience du dénominateur de la fraction (131), ce qu'exprime effectivement la présente formulation : à la fois grâce à la procédure de normalisation (puisque le dénominateur disparaît dans $b^i/1$) et aussi à travers la contrainte globale implicite (la somme des prix constitue la masse monétaire $\Sigma\ b^i = 1$).

Pour autant, il va de soi que la somme des prix n'égale pas la somme des valeurs (ma ≠ mb). On pose par principe les deux quanta "équivalents" (133) pour que l'égalité des proportions ait un sens, mais "il n'y a pas de commune mesure entre les deux" (135).

Normaliser par le quantum global de monnaie permet de formaliser les équations de l'échange dans leur état d'équilibre, en écartant provisoirement la question des variations conjoncturelles du quantum de monnaie. Dans une logique de bilan comptable, l'équation quantitativiste (telle que la formule I. Fisher en 1907) ne fait déjà pas de doute pour Simmel (128). De même qu'il en développe déjà une critique de sa transposition dans le temps historique (172-175). Un accroissement absolu de l'un ou l'autre quantum ne se fait jamais à l'identique, mais modifie au contraire les proportions entre les composantes, empêchant donc toute "neutralité" de la monnaie. Cette restructuration des prix et des revenus, illustrée par l'exemple de l'inflation au XVIème siècle (648) est d'ailleurs une condition de l'activité économique, dans la mesure où c'est la comparaison des situations qui stimule l'effort de chacun.

A côté de ces équations théoriques de l'échange qui déterminent les prix d'équilibre (120), il existe des situations concrètes qui sont génératrices d'écarts par rapport au modèle(75). La première tient aux limites actuelles de l'esprit humain, qui n'est pas encore totalement capable d'aller au bout de ses abstractions. Des résidus de valeurs qualitatives subsistent dans l'argent, et ces "imperfections" parasitent la pure équation des échanges (166). La seconde est plus circonstancielle. Les contingences de l'activité économique (112), notamment dans les périodes de grandes transformations (118), peuvent ainsi engendrer un écart transitoire entre les prix théoriques et ceux que l'on constate effectivement (130). Il importe alors que la valeur de l'argent lui-même ne soit pas compromise, et que seuls les prix relatifs soient réaménagés dans cette conjoncture, sans perturber l'équation du circuit global (117, 645).

C'est en ce point précis que l'argent se fait monnaie. Tant qu'il est perçu comme simple bien durable privatif, l'argent peut voir son prix varier sans produire d'autres effets sur les individus qu'un réaménagement de leur patrimoine. Mais la variation du prix de la monnaie, entendue comme bien public, empêche précisément que toutes choses restent égales par ailleurs dans l'exercice des choix individuels(19). En l'espèce, la crédibilité de la procédure marchande se trouve alors mise en cause si l'argent ne reste pas lui-même à "l'extérieur" du marchandage (117).Dès que la mesure des choses n'est plus incontestable et que le moyen d'échange perd sa neutralité vis à vis des contractants (251), l'intérêt privé et l'intérêt social "entrent en totale opposition" (177).

L'unité de compte doit conserver une valeur constante pour qu'il n'y ait pas d'interruption dans le circuit des échanges (116), pour qu'on ne fuie pas devant la monnaie (171) et que la confiance collective perdure (197). En un mot, la "cohérence organique" (117) de l'économie monétaire en dépend, et donc son existence même. Prenant conscience de cette exigence, la "communauté" sociale organise et garantit la pérennité de cette valeur (205, 230, 382) en empêchant notamment que la masse monétaire s'accroisse de façon excessive (168). Dans le cas contraire, une spéculation sur la monnaie détruirait rapidement la proportionnalité entre les prix et les valeurs (169, 171) : l'équation sociale des échanges ne subsisterait plus.

La régulation de l'offre de monnaie relève donc de l'ordre public et le privilège étatique du monnayage a la nature d'une "patente" au sens où c'est le gouvernement qui fixe d'autorité le prix de la monnaie et en organise par là-même la rareté (229). Où l'on constate in fine que l'automatisme des échanges requiert une instance et une conscience extra-économique qui en assure la reproduction à travers les règles du jeu monétaire. Avant d'être une catégorie économique, la monnaie est une catégorie sociologique (193) : c'est

---

(19) La redécouverte de Georg Simmel par les économistes américains semble se faire autour de cette idée que la théorie contemporaine en matière de monnaie (comme actif privé et/ou comme instrument politique) aurait avantage à récupérer les acquis oubliés d'une tradition plus sociologisante. Cf. Laidler and Rowe, 1980, p. 102 ; Frankel, 1977, p. 87. Au chapître 7 du présent ouvrage, Laurence Scialom montre comment la dimension sociale des prix écarte systèmatiquement de l'équilibre purement économique.

l'ensemble du corps social et de ses règles présent dans chaque échange interindividuel (195).

A propos de l'institution étatique, il faut d'ailleurs dire que son évocation par Simmel (peu fréquente au demeurant) n'a rien du doigt de Dieu dans les affaires humaines. L'Etat n'est qu'un "assemblage de prestations individuelles différenciées" (597) : loin de figurer comme un super-sujet, l'Etat est d'abord l'objet des conflits d'intérêts particuliers, qui le prennent pour un enjeu crucial (639). Aucun point de vue totalisant n'est d'ailleurs possible à propos de la société, qui se cherche continuellement au travers de processus fragiles et de formes morcelées. C'est en quoi l'analyse de Simmel s'oppose radicalement à une autre philosophie de l'argent développée en Allemagne au même moment, et qui faisait de la monnaie une pure création étatique (Knapp, en 1905). Pour Simmel, l'Etat n'intervient pas dans la genèse de la monnaie, mais seulement dans son fonctionnement ; et encore doit-on entendre l'Etat comme une fraction seulement (mouvante de surcroît) de la communauté sociale, et non pas comme la société tout entière. Il est la "forme objective qui représente la communauté" à un moment donné, et la garantie monétaire est d'autant plus faible que la totalité des intérêts est moins bien représentée (203). Historiquement, l'économie monétaire s'est constituée en liaison avec la centralisation du pouvoir politique (207), et tout système concurrentiel de monnayage privé conduit à une dégradation de la monnaie (208).

Par essence, la monnaie est une institution publique (205) qu'un gouvernement représentatif se doit de réguler selon les moeurs et traditions locales, en évitant surtout d'en faire un instrument d'expérimentation politique(20). C'est le sens qu'il faut attribuer à la règle de couverture-or des émissions de billets par la Banque Centrale. Cette tradition ne possède aucun fondement objectif (171) mais elle maintient

(20) Sur l'opposition entre les deux problèmatiques (constructiviste et organiciste), voir par exemple Frankel, 1977, p. 33 et 51. Rappelons que depuis les lois de 1871-75, l'émission de la Banque Centrale est soumise en Allemagne à la règle du tiers des réserves en or, agrémentée d'une taxe de 5% au-dessus d'un certain plafond.

opportunément la croyance de chacun dans une limitation automatique de la masse monétaire. La production d'or viendrait-elle à croître énormément qu'il faudrait d'ailleurs trouver autre chose. Quelles que soient les procédures techniques utilisées, il convient surtout de perpétuer dans l'esprit de tous l'idée d'une stabilité de la valeur de la monnaie, car cette "fiction" est essentielle à la pratique des échanges (214)

La dynamique sociale et sa conceptualisation : le modèle d'économie monétaire.

Pourquoi l'esprit humain conceptualise-t-il ? Pour des raisons• pratiques, et notamment dans les relations que chacun entretient avec les autres (153), il est nécessaire de recourir à un "principe homogène et unilatéral"(179), qui apaise nos inquiétudes face à la diversité et à la mobilité des choses, et qui permette de donner une certaine cohérence à nos comportements. Mais il existe aussi des raisons théoriques qui font du concept une "exigence" même de l'esprit (149), toujours à la recherche d'un ordre unifié (226). La multiplicité et la "disharmonie" des formes sous lesquelles nous apparaît la réalité ne peut se penser comme simple juxtaposition de caractéristiques (222) mais requiert la construction des objets dans leur unité.

Sans doute le concept n'exprime-t-il que "l'unité idéale" de ces diverses formes concrètes (215), à laquelle la réalité des choses ne se conforme jamais exactement, en raison d'imperfections inéliminables (180). Du moins converge-t-elle vers lui infailliblement. Avec les concepts, l'esprit indique donc les tendances de toute chose, "fixant par anticipation rigide ce qui ne se réalisera jamais que par approximation sans fin"(158). La présence de contre-tendances est d'ailleurs inhérente au concept lui-même, qui n'est pas un principe mort mais qui se réalise au contraire dans une lutte continuelle contre les forces adverses(177). Le concept veut ainsi désigner" l'universel sans son caractère abstrait" (233), et tout ce qui combat le principe unifiant en fait encore partie (97).

Appliquée à notre propos actuel, "la pureté symbolique des valeurs économiques est l'idéal vers lequel tend l'argent au cours de son évolution, sans qu'il l'atteigne jamais complètement" (166). Et l'appréciation de tous les phénomènes du point de vue de leur concept (dans leur unité essentielle) pose la question traditionnelle des rapports du logique à l'historique. Pour Simmel, la tendance de "toutes les formations historiques est d'accéder à la pureté de leur concept" (120), en sorte qu'on peut légitimement analyser toutes les formes concrètes du social du point de vue de leur aboutissement : celui qu'elles connaissent dans le modèle de société monétaire le plus achevé.

Cette problématique suscita rapidement des oppositions(21). Dans le compte rendu qu'il en faisait pour les américains, un collègue berlinois y voyait le point faible de toute la construction : quant au fond, cette façon (certes inédite) de poser la valeur au seul plan logique ne convaincra pas totalement, annonçait-il ; quant à la forme, cette hyper-abstraction des phénomènes ne satisfera sans doute que les "happy few". Durkheim à l'évidence ne fit pas partie de ceux-là : pour lui, l'essentiel de l'argent ne tient pas à l'abstraction mais à l'institution. C'est aussi l'atemporalité du modèle qui formera l'essentiel de la critique marxiste du modèle simmélien. Critique qui se retrouve dans un ouvrage récent de macro-sociologie où l'auteur estime que l'objectivation monétaire décrite par Simmel manque de fondements matériels et s'agrémente même d'illustrations historiques erronées(22). Voyons quelle formulation pourrait prendre cette critique du point de vue de l'économiste.

En choisissant une problèmatique (hégélienne) de l'aboutissement, Simmel est conduit à concevoir le social sous une forme homogène, à la fois dans l'espace et dans le

---

(21) Altmann, 1906 p. 49 et 68, pour la critique ; Durkheim, 1900-1901, p. 145 ; Léger, 1990, p. 104 et 107 à propos des réactions de Lukacs. Notons que le matérialisme historique n'est pour Simmel qu'une "hypothèse psychologique" (592).
(22) Miller, 1987, p. 80. L'auteur intitule son chapitre 5 : "Simmel, objectification as modernity". Dans le premier chapitre de notre ouvrage, Jean Yves Grenier dissèque les avantages et inconvénients de l'analyse simmélienne en termes de concepts limites.

temps. Le "corps social comme unité" transcende toujours les hétérogénéités contingentes à travers lesquelles il se reproduit, en sorte que "toutes les différences se concilient en une seule et même quintessence" (97).

La modernité monétaire inaugurée à la fin du XVIème siècle avec les foires de Gênes (216) et le mercantilisme (150, 187) s'achève trois siècles plus tard dans une sorte d'équilibre stationnaire qui implique la répétitivité indéfinie des mêmes phénomènes ayant atteint leur forme-limite. Les vicissitudes du cheminement historique relèvent d'un moindre niveau d'abstraction.

Reprenons l'équation des échanges pour illustrer d'abord les limites de cette problèmatique dans le cas d'homogénéité temporelle. La vérité axiomatique du circuit est en effet de réaliser l'équivalence des valeurs échangées. Et les ratés éventuels du mécanisme marchand sont à comprendre comme des avatars du fonctionnement économique : la notion de crise ne fait *pas* partie du concept de circuit caractérisant l'économie monétaire. "L'harmonie dont fait preuve la machine économique"(167) ne fait que croître, en raison de la rationalité toujours plus grande de ses éléments, et non pas comme pure hypothèse ad hoc (efficacité inconsciente, sagesse supra-individuelle) venant combler un besoin théorique (167). Les soubresauts qui peuvent encore subsister dans l'activité économique indiquent seulement l'inachèvement de l'économie monétaire (627), alors que les perfectionnements incessants de celle-ci en limitent de plus en plus les occurrences (634). Simmel énonçait déjà cette idée quelques années plus tôt : "les mouvements du marché se surveillent mieux qu'autrefois, les besoins peuvent se calculer à l'avance plus exactement, la production se réguler plus précisément, si bien que la rationalisation de cette dernière ne cesse de gagner du terrain sur le hasard des conjonctures et des oscillations désordonnées de l'offre et de la demande".(23)

Quand l'éventualité d'une crise apparaît dans l'analyse de Simmel sous les formes d'un excès de production par rapport à la demande (256), c'est alors le principe de la correspondance biunivoque entre un prix standard moyen et

(23) in Simmel, 1988, p. 121.

une norme psychosociale de valeur qui est compromis. Une hétérogénéité sociale surgit à l'occasion de la crise, qui détruit l'harmonie algébrique globale de l'équation des prix. Sous l'effet d'une baisse de prix (non homothétique), la fraction de monnaie affectée aux diverses marchandises se modifie brutalement et ne correspond plus à leur valeur estimative initiale ($b^i/mb = a^i/ma$). Ce n'est plus la classe moyenne qui donne la norme, et une partie du corps social bénéficie d'un écart subjectif de valeur sans aucun sacrifice correspondant. En cas de crise, on voit donc que l'évaluation du quantum de marchandises perd son caractère univoque et que l'argent ne possède plus une égale signification pour tout le monde (cette "rente du consommateur," comme on l'appelle depuis, venait d'être exposée par Alfred Marshall)[24].

On chercherait en vain dans le texte de Simmel les raisons qui ont pu produire cette situation ou encore les modalités de la sortie de crise. A partir d'autres passages sur la contingence des variations conjoncturelles, on peut supposer que les prix de crise seront bientôt rectifiés après écoulement des productions excédentaires et sans avoir eu le temps de se cristalliser dans de nouvelles normes sociales. La codification sociale des normes est un processus routinier (74) ; la crise reste partielle et ne détériore pas définitivement l'équation des échanges ; enfin l'hétérogénéité du tissu social révélée à cette occasion se cicatrise sans laisser de traces quand on retrouve le régime permanent. Sans pouvoir dire si le contexte historique joue un rôle dans cette vision des choses (la Grande Dépression de 1873-96), on peut au moins reconnaître dans l'analyse de Simmel une économie fonctionnant selon l'unité de son concept et assez indifférente au déroulement concret du temps.

Concernant maintenant les limites inhérentes au traitement de l'homogénéité spatiale, il faut se reporter au

---

(24) Au livre 3 (chap.6),Marshall, 1890, définit le "consumer surplus" comme l'excédent du prix qu'on accepterait de payer par rapport au prix effectivement payé (p. 124 de l'édition de 1916). Rappelons que pour Von Wieser, l'hétérogénéité sociale des jugements de valeur est l'essence même du mécanisme de formation des prix et non pas l'expression d'une crise passagère. Cf. Wieser, 1888, livre 2, chap. 6.

chapitre 3. Deux phénomènes quantitatifs y sont introduits, dont le traitement paraît intimement lié à la nécessité axiomatique de préserver l'unité du corps social en son concept. Il s'agit du supplément de valeur dont l'argent bénéficie dans l'échange ("Zugabe", traduit par "prime" et que je nommerai bonus, pages 246-252), et du supplément de pouvoir que l'argent accumulé procure à partir d'un certain seuil (que Simmel nomme superadditum pages 253-259). La question sera de savoir si bonus et superadditum relèvent ou non de l'analyse des quanta précédemment exposée, et de voir quels rapports ils entretiennent avec l'équation des échanges.

***

Dans ses échanges avec les marchandises, "l'argent bénéficie d'un supplément de valeur" (247) en raison de son extrême fluidité qui permet à son possesseur de choisir tous les usages qu'il désire (246) et au moment qu'il veut (249). Ces caractéristiques constituant ce qu'on nommera plus tard la liquidité font l'objet d'une "prime" spécifique (249) qui conduit à rechercher l'argent pour lui-même. L'intérêt de ce passage réside (outre la découverte de l'encaisse désirée, également chez Walras à la même époque)[25] dans la tentative tout à fait originale d'intégrer cette prime de liquidité dans l'équation des échanges, à savoir d'articuler le prix des marchandises en argent avec le prix de l'argent par rapport à lui-même.

On se trouve ici confronté à l'axiome de l'échange des équivalents, préalablement posé comme fondement de l'économie monétaire. Si, à cause du bonus de l'argent, l'échange ne se fait *pas* à l'équilibre, comment établir les nouvelles équations de prix ? Et quel effet ces prix effectifs produisent-ils en retour sur les normes psychosociales dans lesquelles se cristallisent les valeurs qualitatives? Si au contraire l'échange se fait bien à l'équilibre, comment

---

(25) Cf. Walras, 1898, p. 95 : "Le besoin qu'on a de la monnaie n'est autre chose que le besoin des marchandises qu'on achètera avec cette monnaie ; sa satisfaction se paie au prix d'un intérêt".

déterminer la valeur des marchandises avant l'échange ? Pour pouvoir en effet affirmer l'existence d'un bonus de l'argent dans l'échange (et donc un malus de la marchandise), il est nécessaire de dire par rapport à quelle valeur préalable, sans bonus, on mesure le phénomène. Le fait que Simmel illustre le bonus par des exemples où il est question d'un surcroît de marchandises délivré à l'acheteur n'empêche pas au plan analytique que c'est bien d'une réduction du prix unitaire de la marchandise qu'il s'agit.

Quand l'auteur globalise l'analyse du bonus, il parle d'une "majoration" des valeurs monétaires par rapport aux valeurs qualitatives des marchandises (246, 252) de sorte que la somme des valeurs (quantum d'objets) serait inférieure à la somme des prix (quantum d'argent). Mais cela contredit quelque peu le présupposé antérieur qui affirmait l'irréductibilité radicale de ces deux quanta, lesquels ne possèdent aucune mesure commune et qui n'entrent en relation que par le biais de fractionnements homothétiques (128, 130). Cette incommensurabilité devrait donc logiquement empêcher de dire par rapport à quoi il y a (ou non) bonus.

Il me semble possible cependant de conserver à la construction simmelienne une cohérence économique. Il suffirait pour cela de mesurer le bonus intervenant dans les échanges précisément à l'aune de la préférence globale pour la liquidité.

Du fait de cette préférence, une quantité plus ou moins grande de réserve monétaire globale se détourne du circuit des échanges de la période. Dans chaque transaction, le bonus représenterait ainsi la différence entre ce que sont les prix en présence d'une rétention monétaire globale et ce que les prix seraient *en l'absence* de cette rétention. La cohérence logique entre le bonus et l'équation axiomatique des échanges se trouve donc préservée si l'on mesure le bonus au taux d'intérêt de l'argent.

Une telle condition ne me paraît pas incompatible avec le texte de Simmel. D'abord, elle désigne bien le bénéficiaire du bonus : celui qui cède ce qui fait l'objet d'une préférence, et donc l'acheteur. "La prépondérance du donneur d'argent sur le donneur de marchandise" (249) est posée comme loi générale de l'économie monétaire, quelle que soit la nature des marchandises, des contractants ou de la période envisagée.

Pour ce qui concerne l'homogénéité ou non du bonus par rapport aux différentes marchandises, rien n'est dit par Simmel en dehors de la remarque générale selon laquelle, en situation normale, la monnaie conserve sa neutralité par rapport à tous les échanges (251). Puisque la préférence pour la liquidité résulte d'une ambiance générale, on peut supposer que la rétention de monnaie se répercute de façon similaire sur chacun des échanges particuliers. Cela est requis pour préserver l'équation des échanges à système de valeurs inchangées (Simmel ne suggère nulle part que la rétention pourrait modifier *aussi* les valeurs qualitatives). La rétention de monnaie est donc neutre tant que le bonus ne modifie pas la structure des prix, et qu'il se répartit à travers tous les échanges, en proportion de l'importance de chacun.

Par ailleurs, on sait que la préférence pour la liquidité se modifie au cours du temps(26), allant même jusqu'à prendre des valeurs négatives dans les périodes de fuite devant la monnaie (171, 647). Simmel ne donne pourtant aucune indication qui permettrait de relier son analyse du bonus à des variations conjoncturelles dans la préférence pour la liquidité. La question se trouve même vidée de son contenu dans la mesure où l'économie monétaire a pratiquement réussi selon lui à stabiliser le taux d'intérêt (634). En toute logique, il n'y a donc rien à dire sur les variations du bonus.

Plutôt que des mouvements périodiques de l'économie, la vitesse de circulation de la monnaie semble donc résulter d'une sorte de structure comportementale de la société, composée d'un conglomérat de tempéraments divers (plus ou moins prodigues, cupides ou avares, p.283-301), sans modifications historiques particulières en direction de l'un

---

(26) Il n'y a chez Simmel qu'un arbitrage psychologique entre monnaie et biens, sans considération pour le rôle qu'on attribue aujourd'hui aux actifs financiers dans cette affaire. Il en résulte une *baisse* de la préférence pour la liquidité monétaire quand la confiance se détériore, et non pas une hausse par liquidation d'actifs comme l'interprète Orléan, 1987, p. 56.

ou de l'autre. Que le bonus de l'argent dans l'échange soit indifférent à la nature particulière des diverses marchandises ou des divers contractants participe du même esprit : il n'existe implicitement *que* des marchés d'acheteurs. Discourir sur l'irréalisme de l'hypothèse (au moins pour les biens finals) est toutefois secondaire(27). Car c'est beaucoup plus la façon dont apparaît ce concept de bonus dans le texte de Simmel qui fait symptome, puisque c'est à l'occasion de réflexions sur le capital et le travail (247). Ces réflexions apparemment destinées à illustrer seulement la plus ou moins grande rigidité des deux facteurs et la liberté de choix qui leur est associée incitent cependant le lecteur à réfléchir sur la relation salariale.

Le capital n'étant rien d'autre que cet argent particulier qui sert à acheter cette marchandise spécifique qu'est le travail,(28) il s'en dégage comme dans tout échange un bonus pour l'argent, qui dispense fort opportunément des schémas de "l'exploitation" d'un facteur par l'autre. Basées sur la valeur-travail, les analyses de l'exploitation sont pour Simmel erronées d'un triple point de vue : 1/ il n'est pas logiquement besoin d'une substance commune entre le mesuré et le mesurant, comme il est prouvé par le thermomètre (154) ; 2/ s'il en était besoin, le travail ne serait de toutes façons pas la substance adéquate en raison de l'hétérogénéité de ses divers contenus (530) ainsi que de ses diverses utilités (542) ; 3/ cette impossibilité est heureuse car la monnaie-travail serait beaucoup plus aliénante encore que le pur argent fonctionnel,en éliminant toutes les qualités personnelles des individus (544).

Pour Simmel, au contraire , l'achat du travail n'est donc qu'un cas particulier de l'achat des marchandises en général (76), de même que le capital n'est qu'une catégorie phénoménale de l'argent en général, et la production une

(27) Quelques exceptions sont d'ailleurs signalées par Simmel à propos des prestations de services (513).

(28) Travail ou force de travail, il n'y a là qu'une "affaire de terminologie" (520). Dans le même sens, la coupure entre salarié et capitaliste n'est qu'un cas de division du travail parmi d'autres en économie marchande (583). Au chapitre précédent, Bruno Théret montre les carences de l'analyse qui résultent de cette problématique simmélienne.

catégorie d'échange (avec la nature) : il n'y a pas lieu de différencier théoriquement ces phénomènes. "L'échange est exactement aussi productif et créateur de valeurs que ce qu'on appelle proprement production. Dans les deux cas, il s'agit de recevoir des biens au prix d'autres biens que l'on abandonne, et de telle sorte que l'état final procure un surplus de sentiments de satisfaction par rapport à l'état antérieur"(56).

L'échange et sa logique de l'équivalence fonctionne bien comme concept unifiant : c'est dans sa généralité qu'il créé des valeurs, et non pas dans telle ou telle de ses portions. Dans la théorie de la valeur-travail, le bénéfice du capital est proportionnel à la seule force de travail qu'il emploie, de sorte que le passage du schéma des valeurs au système des prix exige une "transformation" particulière des proportions initiales. Simmel évite toutes les difficultés analytiques de cette opération en adoptant une optique de l'échange généralisé. Quel qu'en soit l'initiateur, toute avance de monnaie procure ici un bénéfice, et ce bonus se distribue égalitairement dans tous les échanges en proportion de leur importance quantitative. Les valeurs qualitatives sous-jacentes ne sont pas affectées par ce phénomène qui relève du seul circuit monétaire. La course au bonus stimule l'activité, mais il se transmet d'acheteur en acheteur sans s'accumuler en un point quelconque des échanges. Dans chaque période, le jeu du bonus est globalement un processus à somme nulle.

***

Qu'en est-il maintenant du superadditum ? Ce concept est en quelque sorte la généralisation intertemporelle du bonus apparu d'abord dans la période de l'échange. Il désigne les "bénéfices usuraires" (254) que procure au cours du temps l'argent accumulé(29) sans avoir occasionné à son possesseur

(29) Il s'agit à la fois du flux actuel de ressource (Einkommen), de la fortune disponible (Vermögen) et de toute la richesse accumulée, y compris sous forme non monétaire (Reichtum). La traduction française n'est pas toujours homogène avec le texte allemand (comparer les pages 254-258,315 avec 215-219,271)

d'autre sacrifice (253) que la contrepartie de l'acquisition initiale. Curieusement, ce surplus, généré hors de l'échange survenu à un moment donné, possède le même statut que la rente foncière, en tant que fraction de la valeur globale qui revient périodiquement au propriétaire (terrien), alors même que la terre, avec ses caractéristiques propres qui l'inscrivent dans l'histoire concrète de la société, possède une nature exactement opposée à cet objet sans qualité qu'est l'argent.

La simple énonciation de cette analogie désigne précisément le problème analytique posé par ce superadditum. Car autant la rente s'analyse traditionnellement comme un prélèvement sur des valeurs économiques préalablement déterminées, prélèvement dont le repérage quantitatif est possible, autant le superadditum échappe à une telle détermination. On peut vérifier ce point à partir des illustrations que fournit Simmel pour qualifier le superadditum, au niveau subjectif d'abord, puis au niveau objectif.

La première source de superadditum réside dans la subjectivité de l'individu, appréciant pour son compte la valeur qualitative du quantum des marchandises, étant donné la masse d'argent précédemment accumulée par lui. Si l'on veut préserver le principe d'un prix unique par catégorie de marchandise et sa correspondance psychique sous forme d'une évaluation sociale moyenne du quantum des marchandises, alors le superadditum ne peut être qu'un phénomène individuel. Pour un individu, il y aura superadditum quand le sacrifice (258) ou le risque (316) associé au désir de possession de telle marchandise à tel prix n'est pas ressenti aussi fortement qu'il l'est par d'autres, eu égard à ses dotations pécunières initiales. En raison de son caractère purement abstrait, l'argent apparaît dans le texte simmelien comme le seul objet auquel il soit possible d'appliquer légitimement le calcul des utilités marginales (175, 248). Car son efficacité au moment considéré varie selon l'importance des doses qu'on est susceptible de détenir en supplément.

Psychologiquement, le coût de tout échange est d'autant plus faible qu'on est plus riche, et il semble bien qu'on ait localisé ainsi le seul fondement pertinent de la structuration sociale selon Simmel. Entre deux seuils de richesse, la façon dont sont ressentis le sacrifice et le bénéfice de l'argent caractérise (subjectivement, donc) la "classe" sociale beaucoup mieux que peuvent le faire les références à une communauté d'intérêts ou à une relation vis à vis des moyens de production. Il existe d'abord un "seuil économique" (325) en dessous duquel la notion de richesse n'a tout simplement pas de sens. Sur cette classe des exclus de l'économie monétaire, rien n'est dit. Par contre Simmel estime qu'on sort de la classe inférieure dès l'instant où "le coût ne fait pas question" (258). Entre le "seuil de jouissance" et le seuil de blasement se situe la classe moyenne particulièrement sensible aux valeurs nouvelles (591), contrairement au conservatisme de la classe supérieure pour qui "toute partie de revenu possède dès lors la même qualité" (256).

Le superadditum devient ainsi le critère psychologique de reconnaissance de la classe moyenne par rapport aux deux autres. On notera que les seuils de richesse qui permettent de repérer les classes ne se définissent pas en niveau mais en variation : il ne s'agit pas de simples échelles de revenus (391), il s'agit de sensibilités différentes aux variations monétaires. Bien entendu, cette structuration sociale ne s'accompagne d'aucun déterminisme au niveau des individualités particulières (199). Non seulement chacun reste libre dans sa classe, mais beaucoup de surcroît changent de classe (591). Enfin l'inégalité qui s'exprime en économie monétaire n'est d'aucune façon humiliante pour les personnalités car elle est seulement fonctionnelle (418, 419).

La structuration sociale en trois plutôt qu'en deux est particulièrement significative de la logique de Simmel : comme il l'expose dans un article de 1897, les interrelations d'une classe à l'autre seront toujours relatives à une classe tierce. Car la sociologie commence avec le chiffre trois[30]. D'une part cela autorise les renversements périodiques

---

(30) Cette formule est reprise de Julien Freund, dans sa préface à Léger, 1990, p.III. La structuration en trois classes et les caractéristiques de la classe moyenne sont particulièrement étudiées aux pages 99-104 de Simmel, 1897, p. 71-109. Caplow, 1984, p. 33-35. attribue à Simmel l'invention de la dynamique des relations sociales comportant trois éléments, avec effets catalyseurs de l'un d'entre eux.

d'alliances et d'antagonismes : on sait combien le conflit est facteur de dynamique sociale et de solidarité chez Simmel. Par ailleurs, la classe intermédiaire est la seule qui soit délimitée strictement par deux seuils : cela rend son contenu flottant et l'oblige à des comportements continuels d'adaptation. Enfin, la circulation incessante d'individus entre ses frontières confère à la classe moyenne une grande plasticité qui est un facteur d'homogénéisation de l'ensemble social. Par l'attitude particulière dont elle fait preuve vis à vis de la monnaie, la classe moyenne sera donc à la fois dynamisante, normative et unifiante.

A partir de ces quelques réflexions de Simmel sur le superadditum, il paraît possible de schématiser ainsi la structuration psychologique de la société selon les trois classes de richesse :

	Classe inférieure	Classe moyenne	Classe supérieure
Bénéfice d'une unité monétaire marginale	↗	↗	→
Sacrifice d'une unité monétaire marginale	↗	→	→

Mais le superadditum s'alimente à une seconde source. Il s'agit des conséquences objectives que la richesse d'un individu produit sur l'ensemble ou une partie des autres individus en termes de puissance ou de pouvoir (257). On peut voir ainsi comment le problème essentiel que pose ce concept de superadditum résulte de son originalité même. A partir d'un certain seuil d'accumulation d'argent dans une même main, cette valeur économique, d'essence purement quantitative, se met à produire des effets qualitatifs qu'il est difficile de ramener à l'analyse initiale des prix. De l'échange inégal apparaît ici, qu'il est impossible de traiter dans le cadre du circuit simmelien et dont aucune catégorie individualisante de l'économie politique ne permet l'analyse.

C'est pourquoi je propose d'introduire ici une condition de cohérence qui rende possible le traitement du superadditum en termes économiques. Sans doute cette condition n'est-elle pas explicite chez Simmel, mais du moins ne peut-on la contredire par aucun passage de son texte. Il faut et il suffit que le superadditum exerce un effet, non pas directement sur les prix mais sur le quantum des valeurs qualitatives elles-mêmes. L'équation des échanges subsiste dans son principe, mais elle se retrouve déformée sous l'effet d'un remodelage des anciennes valeurs. Et ce remodelage s'effectue précisément à partir de la classe moyenne dont Simmel affirme par ailleurs la "prévalence" (591). C'est à la classe moyenne qu'il revient fonctionnellement de faire accepter à la communauté tout entière les nouvelles valeurs qui seront porteuses d'un accroissement objectif de bien commun (c'est-à-dire, on l'a vu précisément, de liberté collective et d'épanouissement individuel).

On pourrait alors résumer toutes les indications de Simmel en situant de cette façon le superadditum par rapport au bonus dans l'équation générale du circuit des échanges : tandis que le second diminue le quantum efficace d'argent dans les transactions, le premier accroît le quantum sous-jacent de marchandises dans les esprits.

Tout en étant radicalement incommensurables, ces deux phénomènes relèvent de la même logique conceptuelle et sont d'ailleurs complémentaires. Tous deux agissent dans le sens de la valorisation de l'unité de compte tant au plan objectif (en freinant la vitesse de circulation de l'argent) qu'au plan subjectif (en suscitant un sentiment général d'accroissement des valeurs par rapport aux prix). Tous deux préservent aussi l'unité du social. Si le bonus n'engendrait pas d'inégalités spécifiques, ce n'est certes pas le cas du superadditum. Mais qu'on l'envisage sous la forme d'une rente individuelle ou du pouvoir collectif que l'accumulation de richesse procure à la classe moyenne, le superadditum apparaît comme un supplément de valeurs qui est par nature inexprimable en termes quantitatifs. En bref, l'inégalité sociale ne relève *pas* de l'analyse économique. Et pour peu qu'on tente de le faire, cela risque de compromettre l'unité organique de l'économie monétaire.

Transposé dans le champ de la valeur quantitative, le superadditum signifierait en effet qu'une même quantité d'unité de compte ne représenterait pas la *même* fraction de marchandises pour tous les individus de la société (256, 324). Que l'échelle numérique au lieu d'être homogène en toutes ses parties, comme il est requis pour effectuer les comptes algébriques de créances et de dettes, serait devenue une sorte d'élastique empêchant l'argent de réaliser son concept d'unité globalisante. Formellement, il faut aussi noter l'intérêt du seuil maximum de richesse (256) dans la définition de la classe moyenne, car en son absence la superadditum des valeurs subjectives ne convergerait pas vers une limite. Au contraire, le quantum des marchandises est ici circonscrit à l'intérieur d'un ensemble de valeurs fixes. De ce point de vue l'introduction du superadditum ne compromet pas le jeu de la correspondance théorique entre les quanta.

En interprétant de cette façon le pouvoir que confère le superadditum, un modèle dynamique d'économie monétaire se trouve entièrement constitué dans *Philosophie de l'argent.* La cohérence se lit au niveau des prix et du circuit, la dynamique au niveau des classes et des valeurs. Le processus de socialisation (via le prix standard) ne peut être disjoint du processus de formation des richesses (via l'axiome des quanta), tandis que les nouvelles opinions sur les valeurs engendrent bientôt de nouveaux prix dont la hiérarchie est telle qu'ils permettent précisément l'enrichissement ultérieur de la classe sociale qui fut à leur origine. Valeurs et prix entrent dans un continuel processus d'ajustement dont ni l'analyse du marché ni la procédure d'optimisation ne dévoilent la véritable nature : il faut se situer pour cela directement au niveau social.

Résumons schématiquement le modèle complet d'économie monétaire tel qu'il résulte de l'interprétation que nous avons donnée du texte de Simmel.

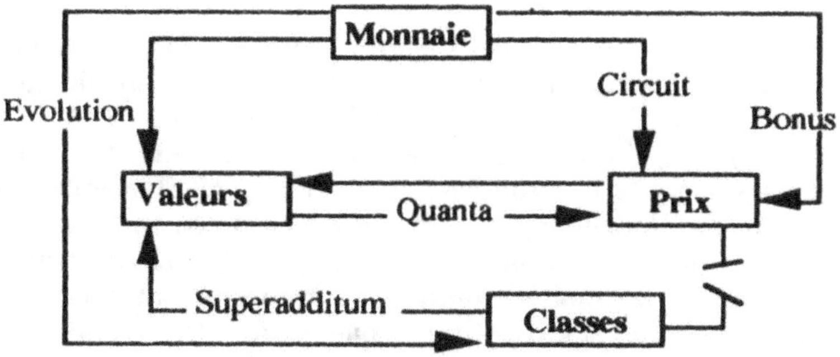

Certains de ces fléchages méritent un supplément d'explications. La liaison entre la monnaie et les valeurs indique que la hiérarchie des valeurs est perturbée par la nécessité de repasser continuellement par le maillon monétaire dans la poursuite d'un objectif. La liaison entre les prix et les valeurs signale l'existence d'un certain nombre de valeurs routinières qui se réfèrent simplement aux prix courants tandis que d'autres font l'objet de nouvelles appréciations qui se répercuteront sur les prix. La liaison brisée entre les classes et les prix résume la réfutation par Simmel de la thèse qui explique les prix directement par une relation d'exploitation entre les classes.

Dans la partie gauche du schéma qui exprime la dynamique je fais figurer "l'évolution" dont il n'a pas été question jusqu'ici mais qu'on trouve effectivement opposée au circuit à la page 176 de *Philosophie de l'argent*. Il s'agit surtout d'éviter le terme de croissance, car la monnaie ne fait jamais office de facteur productif chez Simmel et le commerce de l'argent n'est évoqué que dans son rôle destabilisant et non pas d'investissement. En outre, la façon dont fonctionne le superadditum (à travers une distribution inégale de la monnaie et le rôle innovateur des classes moyennes) a un petit parfum schumpeterien, même s'il faut se garder de confondre le concept du circuit qu'utilise chacun des deux auteurs. Le terme de "différenciation" serait peut-être mieux venu puisqu'il est propre à Simmel, mais l'analyse qu'il en propose dans la Revue Internationale de Sociologie en 1894 se situe dans un autre contexte, et il n'y est fait aucune référence dans son livre sur l'argent.

Simmel note que l'égalisation des taux de profit entre toutes les marchandises s'opère dans l'économie de façon "miraculeuse" grâce à la mobilité du capital (325). Mais on peut ajouter que c'est de façon assez mystérieuse que s'opère dans son texte l'accroissement de ce capital. Il semble que l'économie monétaire reste pour lui, jusqu'au seuil du XXè siècle, une économie de petite production marchande associée à un modèle rentier d'enrichissement (de nature beaucoup plus socio-politique que matériel). Ou du moins lui paraît-il illusoire de vouloir apprécier la croissance en économiste et de façon technique (619), plutôt qu'à l'aide de critères qualitatifs ou moraux. Ce qui permet d'attribuer à Simmel l'intuition du capital humain dont le concept s'élabore chez les économistes à la même époque.[30bis]

Le superadditum présente l'avantage de mettre l'accent sur les fondements qualitatifs de la croissance matérielle tout en faisant sortir l'analyse sociale de la pure égalité commutative des échanges. Un tel programme de recherche est irréalisable en théorie économique[31].

En France, ces dernières années, quelques tentatives hétérodoxes ont d'ailleurs proposé d'abandonner toute référence aux marchandises, pour réduire l'essence de l'économie à la formation et la transformation des comptes de quelques catégories d'agents préalablement définis et entre lesquels circulent des quantités d'unité monétaire, en déséquilibre renouvelé.[32] Cette optique facilite l'étude des

---

(30bis) Cf. Fisher, 1906. Dans le chapitre 5 du présent ouvrage, Martin Gorin développe cette interprétation par homologie avec la fécondité féminine.

(31) La compatibilité paraît plus grande dans le champ de la sociologie, où le concept de pouvoir peut se substituer à celui de valeur. Voir par exemple la récente analyse monétaire de Reddy,1987, p. 64, dont la thèse est que "les asymétries de l'échange engendrées par l'usage de la monnaie sont à la source des structurations du social". Voir aussi le compte-rendu de cet ouvrage par J.Y.Grenier dans *Annales E.S.C.*, 1989 (6), p. 1382-1385.

(32) Ce resumé caricature les apports très divers de : Fradin, (J), *Les fondements logiques de la théorie néoclassique* (Maspéro 1976) ; Benetti (C) et Cartelier (J), *Marché, salariat et capitalistes* (Maspéro 1980) ;

interactions entre l'individuel et le collectif. Mais ce qui est gagné au plan de l'analyse des contradictions du fractionnement social est sans doute perdu au plan des interactions entre objectif et subjectif dans l'analyse de la formation des sujets.

Très attaché à ce second projet, Simmel élude quelque peu le traitement du premier. Ses principales assertions concernant le stade ultime de l'économie monétaire permettent de dire cependant que l'auteur rend possible par avance l'énonciation du premier projet (dont il estime toutefois que la logique serait trop platonicienne, pages 164-165). Ces assertions sont au nombre de trois : la valeur des choses se proportionne au sacrifice qu'elles requièrent, et elles ne valent plus que ce qu'elles coûtent (62, 83) ; l'argent détruit toutes les formes particulières, et la coloration qualitative des choses disparaît (124, 330) ; la relation quantitative entre les choses s'autonomise et engloutit jusqu'aux personnalités individuelles (154, 494). Soit en tendance dans une économie monétaire, à la fois abolition des valeurs d'usage, réduction de la valeur au prix et quantification des sujets eux mêmes. Mais quand les conditions d'une telle économie seront réalisées, à la limite, on basculera hors du cadre historique dans lequel Simmel inscrit son analyse.

Les implications de la représentation du sujet social: quels enjeux?

Arrivé en ce point, on doit à la fois conclure, car il semble qu'on ait extrait de l'ouvrage de Simmel tout ce qui peut être dit au plan économique, et poursuivre, cependant pour justifier tout ce qui vient d'être dit et dont le contenu est en un sens tout-à-fait inadéquat du point de vue de Simmel. *Philosophie de l'argent* vient d'être disséqué au scalpel de l'économiste, mais la vérité (éventuelle) du schéma qu'on a extrait de 150 pages environ (cf. notre glossaire) est selon le

---

Aglietta (M) et Orléan (A), *La violence de la monnaie* (PUF, 1986) ; Boyer (M.T.), Deleplace (G) et Gillard (L), *Monnaie privée et pouvoir des princes* (FNSP/CNRS, 1986).

principe relativiste de l'auteur totalement dépendante des aspects non économiques de la question, dont l'exposé couvre un nombre de pages trois fois plus grand. Il reste donc à replacer le schéma de socialisation économique dans un cadre plus vaste, et singulièrement par rapport à la théorie de la connaissance.

Simmel reprend explicitement (65-66) l'épistémologie (kantienne) selon laquelle toute connaissance se constitue dans les mécanismes de la représentation. Il n'entend pas prendre parti dans la querelle entre idéalisme et réalisme sur l'existence ou non d'un réel indépendant du sujet qui le pense (605). Car ce réel n'est qu'une catégorie métaphysique (34) dont le sujet ne peut rien dire, sauf que le contenu (réel) de sa représentation n'a aucune chance de "coïncider" avec la représentation du contenu (29). Ce qui en somme n'a que peu d'importance puisque c'est par la construction qu'il s'en fait que l'homme donne sens au monde et se met en mesure de vivre par l'action qu'il exerce sur lui. C'est toujours à l'aune de son efficacité qu'est jugée la "vérité" des représentations (92) : le seul réel qui ait un sens *est* psychologique (56). L'homme n'a d'ailleurs pas d'autres choix que de se placer de son propre point de vue.

Ainsi la matière est-elle essentiellement la représentation que l'esprit se fait de la matière (542), tandis que "les conditions de l'expérience sont en même temps les conditions des objets de l'expérience" (66). Le processus qui conduit à la connaissance des choses est donc inséparable de celui qui mène à la connaissance de soi : "sujet et objet naissent d'un même acte" (29). En sorte que l'objet unifié ne sera constitué que dans la mesure où notre "moi" nous apparaîtra comme tel également (605). Disons, en quelques mots, comment s'élabore une représentation.

Deux temps sont logiquement distincts pour accéder à la connaissance : une dissociation préalable du sujet et de l'objet qui se trouvaient d'abord imbriqués dans un magna informe ; puis une réunification des deux éléments qui permettra au sujet de "se situer dans une unité d'un sens supérieur" (237). "La grande entreprise de l'esprit (consiste à) surmonter l'objet comme tel en se créant lui-même en tant qu'objet, pour ensuite revenir à lui-même enrichi de cette création"[33]. Ainsi l'objet de la représentation sert-il de médiation dans la constitution du sujet ; il permet que s'instaurent des relations de proximité et d'ordonnancement, dans l'espace (52), ainsi que des mémorisations et des intentions, dans le temps (237-38). Inversement, l'objet se charge de caractéristiques spatio- temporelles qui résultent de la "projection" en retour (604) des sensations (66), des sentiments (238) et des symbolisations (153) qu'ils inspirent au sujet. L'intimité de ce processus est tel qu'on prête volontiers aux objets des qualités intrinsèques (48) comme si on n'avait pas conscience de leur fondement véritable.

Le processus simmélien de la connaissance étant ainsi résumé, il convient de s'interroger sur le statut même de la représentation de l'agent que propose notre auteur, et plus particulièrement sur le type de sujet qui en émerge. Le sujet qui se constitue ici à travers l'objet-argent me semble comporter la triple dimension, pratique (l'agent économique), émotionnelle (l'individu croyant) et spirituelle (l'homme de culture), que j'envisagerai tour à tour.[34]

On peut sans doute expliquer en partie le regain d'intérêt qui se manifeste aujourd'hui pour Simmel par les possibilités qu'il offre de conforter une lecture économiciste de la société.[35] S'il en explique la nature en puisant dans les profondeurs du psychisme, il borne tout à la fois certaines prétentions à une interprétation trop psychanalytique. Distinguons trois moments dans la construction de l'agent économique. A l'origine, le sujet désirant est enfermé dans l'objet de sa jouissance, sans possibilité d'aucun lien social. L'échange de marchandises est impossible tant qu'on reste dans ce narcissisme primaire (50), où objet et sujet ne font

---

(33) Citation extraite de Simmel, 1988, p. 214.

(34) J'applique à Simmel la méthode épistémologique que j'avais utilisée pour tenter de résoudre quelques énigmes de l'oeuvre de Smith, cf. "Adam Smith et la représentation", *Revue de synthèse,* 1989 (2), p. 205-239. Au chapitre 8 qui précède, Bruno Théret propose une autre interprétation de la représentation en termes de "médiation symbolique".

(35) En France, on trouve quelques commentaires récents d'économistes à propos de Simmel dans : Laidler et Rowe, 1981 ; Haesler, 1986 ; Orléan, 1987 ; Aglietta, 1988 ; Scialom, 1989 ; Orléan, 1991, Orléan, 1992.

qu'un. Le besoin doit se différencier du désir instinctif (37) pour permettre au sujet d'entrer dans l'espace de la valeur (39), en surmontant les obstacles qui s'opposent à la satisfaction du désir (65). La valeur "découle d'un écart qui s'ouvre entre le sujet jouissant et la cause de sa jouissance" (35).

Mais cela ne suffit pas à constituer l'agent économique tant qu'on n'a pas l'assurance d'avoir bridé durablement les pulsions irrationnelles (235) et sans finalités (272) qui demeurent sous-jacentes en chacun. L'argent est alors cette construction merveilleuse de l'esprit humain qui réalisera l'évacuation de ces formes maléfiques. Il organise le refoulement des conflits interindividuels (267) en permettant leur sublimation dans la pureté du calcul rationnel, grâce à la comparabilité objective de toutes choses qui les fait accéder à l'échange pacifique (69, 122). A l'opposé de la représentation de Mandeville où la vertu sociale surgissait miraculeusement de l'interaction des vices individuels, c'est ici la rétention de tous les vices que réalise la société monétaire. L'argent "purifie" les affects (111) ; c'est un désinfectant. Que cela constitue une manière de révoquer l'anal(yse), Simmel ne l'évoque pas, mais il estime tout de même au passage que l'explication par l'inconscient n'est qu'un "sophisme" (168) qui n'explique rien.

Le troisième moment de la constitution de l'agent économique tient aux qualités que doit présenter la domestication des pulsions dont on parle. Il lui faut à la fois réussir, et ne pas laisser de traces. Alors seulement la logique du nombre peut s'autonomiser et fonctionner toute seule (48) sans risque d'être débordée par quelque soubresaut de l'énergie vitale (bien canalisée) et sans pour autant menacer de schizophrénie (98, 640) l'agent économique, bien calé dans son système d'ordre. En l'état idéal, la rotation perpétuelle du circuit économique intégré va de pair avec l'unité de la personnalité des agents qui l'animent.

Aucun sujet toutefois ne se laisse définir par une pure pratique ; il possède d'autres dimensions et celles-ci doivent être compatibles avec celle-là pour que se forme l'uniformité du moi conceptuel. Un certain type de croyance et une certaine acculturation constituent, me semble-t-il, les dimensions complémentaires qui concrétisent l'essence du sujet simmelien. Bien qu'on sorte ici du champ de l'économique, j'en dirai cependant quelques mots car ces caractéristiques établissent quelles sont les conditions de possibilité de l'agent calculateur lui même.(36) C'est en somme la question de la compatibilité entre être une valeur et avoir une valeur qui est ici posée (490).

***

Au début se trouve la valeur, une "substance absolue" (25) dont chacun de nous a l'intime conviction, sous la forme d'un sentiment échappant à toute démonstration logique (24). Cette valeur ne peut se traduire en acte qu'à condition de s'exprimer dans le "langage" monétaire. Celui-ci est une façon d'homogénéiser (donc de socialiser) tous les sujets en train d'homogénéiser pour leur compte tous les objets. L'argent est ainsi *l'outil* de la représentation monétaire du social en train de se faire. En même temps que chacun de nous s'approprie le système de valeurs, il en crée du même coup les conditions pratiques d'occurrence. C'est en construisant une représentation où il s'affirme comme un être social que le sujet peut le devenir in fine.

Dans cette épistémologie où objet et sujet se constituent l'un l'autre, c'est maintenant la représentation monétaire qui prend la place de l'objet. Ou du moins est-ce la vocation que Simmel assigne à son discours sur le social. Sa réussite (donc sa vérité) ainsi que sa reproduction dans le temps dépend donc essentiellement d'un acte de foi, qualifié par l'auteur de "psychosociologique", et qui s'apparente à la foi religieuse (198).La faculté qu'a l'argent de réconcilier toutes les oppositions explique la dévotion qu'on lui porte, par "analogie psychologique" (281) avec la croyance en Dieu. L'avènement de ces agents rationnels et unifiés par un même principe de relations marchandes repose d'abord sur la

(36) L'objet de *Philosophie de l'argent* est d'expliciter "les processus fondamentaux qui rendent l'économie possible", selon Léger, 1990, p. 52. Des poches de résistance à l'économie subsistent quand la distanciation nécessaire de l'objet et du sujet ne se fait pas. Philippe Simmonot et Jean Marie Baldner analysent ici aux chapitres 4 et 6 comment les figures de l'esthète et de l'avare perturbent les normes de l'économie monétaire.

croyance qu'on lui accorde tous ensemble. Les mots parlent suffisamment d'eux-mêmes (monnaie fiduciaire, crédit) pour signifier que l'économie monétaire est essentiellement basée sur la confiance que chacun y met et sur la croyance que cette confiance sera partagée (199, 616), même si la liberté reste entière de ne pas y souscrire.

On est parfois tenté de résumer tout l'apport de Simmel à cette conception fiduciaire de la monnaie. Et on proposera éventuellement de l'affiner en décomposant cette confiance en ses divers éléments, selon qu'elle porte : sur la solvabilité du partenaire, sur l'acceptation future de la créance, sur la stabilité de sa valeur et sur la capacité qu'aura la société de produire les contreparties(37). Mais on manque totalement la problèmatique de Simmel si on omet de replacer ces croyance partielles dans le cadre de leur représentation. Car la monnaie ne se donne pas d'elle même, intrinsèquement, comme ça Et de même que la croyance en Dieu a besoin de la Loi et des prophètes pour l'alimenter, de même la société monétaire a besoin de nombreux discours (économiques, sociologiques...) pour que "le moi puisse s'abandonner en toute sécurité sans résistance à cette représentation" (197).

A défaut de cette croyance essentielle, la liberté de l'économie monétaire pourrait bien s'interpréter plutôt comme un simple travestissement de la violence, tandis que le sens du social ne résulterait plus que de la moyenne de ce qui n'a pas de sens.(38) Mais fort opportunément, la représentation que propose Simmel peut susciter le désir de chacun, grâce à l'image égalitaire et libératrice qu'elle offre de la société monétaire (rappelons que les hiérarchies fonctionnelles laissent intacte l'égalité interpersonnelle, page 455, et que l'interchangeabilité des individus accroît leur liberté, page 367). Cette représentation est en outre

(37) Heinemann 1990, p. 279 ; dans le même sens, Orléan, 1987, p. 57,79.

(38) Deux traits caractéristiques de la société décrite par R. Musil, en 1930, soit une génération après cf. Musil, 1982, vol. 1, p. 585 et 608. Au chapitre 3 de cet ouvrage, Martine Grinberg attribue à un pouvoir manipulateur (non localisé chez Simmel) cette construction symbolique (i.e. culturelle) du social, obligé d'évacuer la nature (le corps) pour pouvoir opérer.

accessible et assimilable par chacun. Le caractère fraternel de l'économie monétaire se manifeste dans le désir partagé de dépasser les pulsions et de s'identifier à l'autre. Nous sommes tous des (alter) ego. L'argent homogénéise le tissu social (329) en élevant les antagonismes à un niveau qui les rend toujours solubles (552) et les conflits perdent leur caractère physique pour prendre un aspect de plus en plus symbolique (153). Toutes ces tendances pacifiantes s'élargissent d'ailleurs à la planète tout entière, à mesure que les droits et usages du commerce s'internationalisent (267).

Certains commentateurs ont insisté récemment sur deux éléments qui fragiliseraient l'économie monétaire selon Simmel : le paiement des salaires en argent, sans garantie de pouvoir d'achat, et l'attrait exercé par l'idéologie collectiviste(39). Les facteurs d'explosion me semblent cependant pouvoir être conjurés dans le texte de Simmel lui-même : par une régulation adéquate de la masse monétaire, et par une représentation harmonieuse du social à l'aide du discours économique.

Deux contre-tendances sont repérables chez Simmel qui sont par contre beaucoup plus dangereuses pour le fonctionnement idéal de l'économie monétaire : la tricherie, qui met de l'opacité dans les relations d'échange et en pervertit la nature libératrice (484-489) ; et le blasement par lequel s'introduit l'indifférence aux variations de valeur, qui ne stimulent plus les volontés d'agir (306-310). Le détachement à l'égard des objets résulterait à la fois (580, 596) de leur mode de production impersonnel (suite à la division du travail), et aussi (589) de la façon qu'on a de les consommer (en masse, standardisés). S'il s'agit vraiment là d'une attitude psychologique qui se généralise avec le développement de l'économie monétaire (306), on peut estimer que l'auteur nous fournit là une piste conduisant à l'idée d'une implosion probable de cette économie. Nous verrons que c'est du même coup l'historicité de la construction simmelienne qui se trouve posée.

Il reste qu'à côté d'une pratique et d'une conviction, le sujet se structure aussi au travers d'une symbolique. Simmel

---

(39) Laidler and Rowe, 1980, p. 100.

consacre tout son dernier chapitre à l'analyse de cette troisième dimension du sujet en train de se constituer dans sa représentation de l'argent. Il y revient dans un article de 1911, intitulé "*Le concept et la tragédie de la culture*", et qui forme une sorte d'appendice au dernier chapitre, selon ses traducteurs français. Les références croisées sont d'ailleurs explicites : Simmel parle déjà du tragique de toute conceptualisation dans son livre (259), et renvoie au livre quand il évoque dans l'article l'accablement du sujet face à la société monétaire.(40) L'acculturation, le sacrifice de son âme(41) y apparaît comme le prix à payer pour que se réalise le désir de cette société d'agents rationnels, tous unifiés dans la socialisation quantitative.

Résumons l'article de 1911. Si on définit la culture comme étant une représentation du monde par le sujet que guide un idéal de perfectionnement personnel (181), la tragédie de la culture est cette situation dans laquelle les produits de l'esprit humain tendent à échapper de plus en plus à leur créateur. Elle trouve son origine dans la division du travail et a pour effet d'empêcher les sujets de réaliser pleinement leur vérité intime par la médiation des objets. En ce sens, la modernité est aussi la tragédie des âmes mortes. Tel un démon impitoyable (208) le monde des objets acquiert cette autonomie funeste (205) où créations et corrélations suivent leur logique impersonnelle (199), uniquement guidées par des nécessités internes. Il est fatal (208) que le sujet se trouve bientôt empoigné par ses créatures qui le façonnent à son tour selon leurs exigences propres (200). "L'autojouissance d'une technique ayant perdu le chemin qui mène au sujet" (212) accélère cette dynamique de jour en jour (215). Du sujet égaré (209) il ne reste plus qu'une forme de vie sans contenu ni sens (190) ;

---

(40) Cf. Simmel, 1988, p. 211. Selon F.Léger, 1990, p. 45, *Philosophie de l'argent* est "essentiellement" une réflexion sur la culture.

(41) La référence faustienne n'est pas innocente : Goethe est pour Simmel l'expression la plus achevée de la culture. Cf. Simmel, 1988 p. 115. Dans Frankel, 1987, l'apport de Simmel est ainsi résumé: la belle dynamique du conflit entre rationalisation et croyance monétaire est en passe d'éclater par excès d'abstraction et oubli des valeurs qui la fondent.

ou bien le sens nouveau n'est-il plus que le fruit du hasard (203)

On trouve déjà les éléments principaux de cette analyse dans *Philosophie de l'argent*. S'il est conforme aux principes de la représentation qu'une distanciation préalable vis-à-vis de l'objet s'opère pour que puisse se construire le sujet, la mécanique monétaire empêche bientôt que s'effectue le retour (587). Entre sujet et objet c'est au contraire une tendance à l'accroissement du divorce qui émerge, à mesure que se développe la fragmentation du travail (598), la concentration-centralisation du capital (651) ainsi que la conscience collective des effets individuels que tout cela implique (610).

A l'horizon de l'économie monétaire, il y a des objets fonctionnant selon leurs propres normes (593), des relations humaines réifiées (363), des personnalités individuelles sans âme (598) ni caractère (550). Ayant mis au monde des objets sans couleur (repérables seulement par du plus ou du moins), le sujet de cette représentation se constitue très logiquement lui-même comme un homme sans qualité.(42) Et s'il en reste quelques bribes en lui, du moins n'ont-elles plus aucune portée socialisante (598). Cela tient à ce que l'homme reste désormais replié à l'intérieur de lui-même (602, 610), et ne cherche plus qu'à se protéger des objets (609) ou de ses semblables (613), car toute autre finalité lui paraît illusoire (618).(43) Désormais, l'économie monétaire déroule mécaniquement sa pure logique quantitative dans laquelle les valeurs perdent toute signification.

On se trouve ici en présence du modèle courant selon lequel une totalité est d'autant plus signifiante que ses éléments le sont moins (227, 637). La "transmutation des

---

(42) On pense de nouveau à Musil : "La froide raison de l'argent que rien ne pouvait souiller lui semblait, comparée à l'amour, une puissance merveilleusement pure", Musil, 1982, vol. 1, p. 470.

(43) Simmel note que la grande ville est le lieu privilégié pour analyser tous ces phénomènes (623,651). Cette piste, approfondie dans la *Soziologie* 1908, sera à la base de l'école de Chicago en sociologie urbaine.

valeurs" au niveau social, à savoir ce passage généralisé du qualitatif au quantitatif, signe ainsi la fin de la personnalité et de la responsabilité individuelle. Les choses font de l'homme un "esclave" qui perd progressivement toute spiritualité (620-621). A l'objet devenant fou correspond un sujet aliéné.Transposée dans notre schéma d'économie monétaire, la tragédie de la culture désigne l'éclatement de l'axiome central qui maintenait ensemble le circuit des prix et l'évolution des valeurs.

A la limite, l'homme se transforme en moyen dans la circulation de l'argent, seul véritable agent de l'histoire : "l'être humain devient maintenant le support de la contrainte par laquelle cette logique domine".[44] Même s'il emprunte un détour plus sophistiqué, il apparaît que l'argent-calcul produit in fine les mêmes résultats que ceux de l'argent-travail vis à vis desquels nous prévenait Simmel tout-à-l'heure (544). La solution qu'il envisageait un instant : une différenciation des prix de la même marchandise selon les catégories sociales (392-395), nécessiterait d'ailleurs des procédures administratives qui relèvent plus d'une économie centralisée que de l'économie monétaire.

* * *

La question ultime est alors de savoir quel type de sujet peut bien désirer cet objet que Simmel nous présente et quel est donc finalement le projet de l'auteur. Cette question a déjà fait l'objet de controverses, où il apparaît que la multiplicité des approches de Simmel a brouillé quelque peu le message, et multiplié surtout les réticences.[45] Il semble que l'on puisse schématiser les oppositions au moyen de deux lectures extrêmes, dont l'une relèverait du politique et l'autre de l'esthétique.

L'objectif de Simmel pourrait être de séduire au moyen d'une belle oeuvre littéraire qui emporte la conviction. Durkheim soupçonne le piège et avoue "ne pas attacher un très grand prix à ce genre de spéculation bâtarde où le réel

(44) Simmel, 1988, p. 209.

(45) Cette opinion d'abord énoncée par Altmann, 1906, p.67 est reprise par Frisby, 1978, p. 3.

est exprimé en termes nécessairement subjectifs, comme dans l'art, mais abstraits comme dans la science"(46). Pour d'autres, les paysages que fait apparaître ce voyage à travers les plus petits détails de la vie évoquent une transposition de l'impressionnisme dans la philosophie : notre auteur serait en quelque sorte le Monet de la monnaie (ou au choix, le Malher de la monnaie quand on préfère l'analogie musicale).(47)

Philosophie de l'argent séduit en effet par l'harmonie de ses proportions (deux parties composées chacune de trois chapitres contenant trois sections chacun), par l'esthétisme de ses développements (un jeu de perspectives qui sculpte des formes pures dans le réel), et par la symétrie de ses figures (l'interaction de la forme et du contenu, de l'objectif et du subjectif). L'harmonie, c'est d'abord la symétrie (628) qui est "au commencement de tous motifs esthétiques"(48) ; or qu'y a-t-il de plus symétrique que les deux figures quantiques qui se répondent harmonieusement dans le monde des valeurs ? Simmel se défend du reste de peindre un tableau qui serait déconnecté (objectivé) par rapport au réel social dont il parle. Car c'est la "machine" sociale elle-même qui se construit sur la base d'exigences esthétiques (635) : "la société en tant que tout devient une oeuvre d'art dans laquelle chaque partie prend un sens reconnaissable par sa contribution au Tout .... (dans) une absolue harmonie des travaux" (131).

L'optique de cette première lecture est assurément intemporelle. Rares sont les occasions où Simmel intervient dans le texte à la première personne, et notamment pour affirmer que ce qu'il avance ne fait pas de doute : la conception du temps est de celles-là (659). Il s'agit de définir toutes choses dans l'opposition de leurs deux extrémités : l'agitation concrète qui ne dure aucun temps, et le contenu idéel qui dure absolument tout le temps. Comme si l'auteur émergeait de sa propre représentation pour indiquer au final le sens de la pièce : la totalité de l'être s'inscrit dans

---

(46) Durkheim, 1900-1901, p. 145.

(47) Dans Boudon, 1990, p. 409, pour la musique et dans Lukacs, pour la peinture cité par Frisby, 1978, p. 6.

(48) Simmel, 1988, p.127.

l'abolition du temps. Ultime raffinement d'esthète : les deux substantifs que Simmel place aux deux extrémités de son texte sont l'ordre et le mouvement !

Mais pour être esthétique, ce scénario du social unitaire possède aussi ses dangers, et Simmel pourrait avoir aussi comme autre objectif de nous mettre en garde contre ceux-ci. L'analyse de la modernité monétaire du point de vue de son concept indique immédiatement à quelle extrémité nous sommes logiquement conduits. Et il s'agit là d'un danger de *tous* les instants qui, du moment où il est apparu au XVIème siècle, n'a plus besoin d'être daté. Le projet de la représentation dramatique serait alors de provoquer la réaction du lecteur contre cette humanité de clones (494) ayant tous la même foi dans la communion unifiante autour du calcul rationnel.

On ne trouvera certes pas dans Simmel les quelques propositions utopiques qui permettraient d'envisager une autre construction du social. Car il importe d'abord de décrocher du monde pour retrouver la vie. On doit donc admirer la beauté romantique de l'individualiste qui s'isole de la masse sociale : sa réaction est salutaire, même si (au regard des critères de jugement actuels) son éthique est condamnable.(49) Il va du moins remplir la première condition pour qu'autre chose survienne : retrouver d'abord l'élan vital, sans concept. La révolte se pose ainsi comme un premier pas nécessaire. Qu'il s'agisse bien d'un pas et non d'impasse c'est au lecteur d'en décider(50), et non à l'auteur lui-même qui s'est seulement chargé de montrer de façon lumineuse les préconditions du choix.Tout comme la monnaie fut une force libératrice, il faut maintenant se libérer de la monnaie. En un sens, on pourrait parler d'un message libertaire de Simmel, à condition de le définir non pas par un idéal d'égalitarisme supprimant tout pouvoir

(49) Simmel, 1988, p. 134.

(50) L'analyse d'Haesler, par exemple, aboutit au constat d'élitisme : quel est donc ce "fond mystérieux de subjectivité" qui reste intact dans la tourmente ? Voir Haesler, 1986a, p. 136 et 1986b, p. 127 ; également Haesler, 1986c, p. 18 à 19, où l'auteur insiste sur le manque d'articulation entre l'intersubjectivité empirique des microstructures et l'abstraction quantitative de la société globale.

(418), mais par un idéal d'être-pour-soi, opérant une "socialisation négative" (366). Quel que soit le nom qu'on lui donne (V.Jankelevitch préfère parler de "vitalisme") ce message peut aussi bien s'alimenter à l'énergie du désespoir qu'à la conscience du futur qui s'annonce. D'une part il esquisse une réponse individuelle à l'angoisse collective de la fin du siècle[51], caractérisée selon Simmel par "un sentiment de tension, d'attente, comme si le principal était encore à venir, le définitif..." (618) et qui aurait d'ailleurs quelque chose à voir avec le militaire.

Ce message laisse par ailleurs entrevoir la suite de l'Histoire : l'explosion des objets et le blasement des sujets auront bientôt raison du circuit des échanges marchands. Cette belle harmonie des proportions qui se présentait tout-à-l'heure comme l'axiome fondamental de l'économie monétaire n'a plus maintenant de pertinence, puisque le système des prix ne s'organise plus qu'en fonction des nécessités de la production, débarrassé de toute référence aux nécessités (aux valeurs) humaines. S'il est bien vrai que l'équation des échanges conditionne "l'équilibre organique" de la société monétaire depuis trois siècles, et s'il est vrai aussi que le sixième chapitre de Simmel démolit l'axiome de base qu'avaient consolidé les cinq chapitres précédents, il semble qu'on puisse annoncer la fin d'une époque.

Outre cette invitation à périodiser le concept d'économie monétaire, l'apport de Simmel à l'analyse économique d'aujourd'hui me paraît tourner autour d'un double programme de recherches. Poser d'abord que la socialisation est un processus intersubjectif *sans* pour autant recourir pour l'analyser à de l'individualisme méthodologique. Générés dans la réciprocité des échanges, il existe des catégories supra-subjectives qui s'autonomisent par rapport aux individus pour exercer des fonctions objectives dans la dynamique sociale : telles sont chez Simmel les catégories de circuit, de classe sociale et bien sûr de monnaie, dont le rôle socialisant eclipse totalement celui que l'analyse économique subjectiviste attribue généralement au marché.

Second apport programmatique de Simmel : on doit pouvoir penser dans une même analyse la quantification

(51) Sur ce thème, voir Le Ridder, 1990.

économique par les prix et *aussi* les transformations qualitatives du social. Pour lui, la problématique du changement ne passe pas par une analyse des imperfections déséquilibrantes de la concurrence mais par une représentation de la façon dont s'engendre le consensus social à propos des valeurs. Au-delà des apparences de l'égalité marchande, un autre type d'échange se déroule sur la scène des valeurs. Sans doute l'auteur nous annonce-t-il que la référence aux valeurs prend fin avec le XXe siècle et qu'une autre économie monétaire se prépare. Son message subsiste cependant, à l'usage notamment des partisans moderne d'une économie des "conventions", car une telle catégorie n'aura d'efficacité qu'à la condition de permettre le traitement des échanges inégalitaires en économie. En faisant notamment la part belle à l'équivoque et au camouflage.

REFERENCES

AGLIETTA, M., 1988, L'ambivalence de l'argent, *Revue Française d'Economie* , 3, p. 87-133.

ALTMANN, S.P., 1906, Simmel's Philosophy of money, *The American Journal of Sociology* , 1 p.46-68.

BOUDON, R., 1990, *L'art de se persuader*, Paris, Fayard.

CAPLOW, T, 1984, *Deux contre un. Les coalitions dans les triades*, (1968), Paris, E.S.F.

DURKHEIM, E., 1900-1901, Compte rendu de Philosophie des Geldes, *l'Année sociologique,* p. 140-145.

FISHER, I., 1906, *The nature of capital and income,* New York, Mac Millan.

FRANKEL, S.H., 1977, *Money : two philosophies. The conflict of trust and authority,* Blackwell, Oxford.

FRANKEL, S.H., 1987, Simmel, Georg (1858-1918) in *New Palgrave dictionary of economics (vol. 4),* Mac Millan Press Limited, p.333.

FRISBY, D., 1978, *Introduction to the Traduction*, in Georg Simmel, *Philosophy of money*, Routledge and Kegan Paul, p.1-49.

HAESLER, A.J., 1986a, Les parcours de la monnaie et de l'échange dans la "Philosophie des Geldes" de Georg Simmel, *Bulletin du MAUSS,* 18, p. 105-137.

HAESLER, A.J., 1986b, Les parcours de la monnaie et de l'échange dans la "Philosophie des Geldes" de Georg Simmel, *Bulletin du MAUSS,* 20, p. 121-140.

HAESLER, A.J., 1986 c, La monnaie réenchantée, *Sociétés,* 11, p.18-19.

HEINEMANN, K., 1990, Geld und Vertrauen, *Jahrbuch für Sozialwirtschaft,* 3, p. 275-288.

JANKELEVITCH, V., 1925, Georg Simmel, philosophe de la vie,. *Revue de métaphysique et de morale,* p.213-257 et 303-386.

LAIDLER, D. & ROWE, N., 1980, Georg Simmel's Philosophy of money : a review article for economists, *Journal of Economic Literature*, 1, p.97-105 (traduit dans *Problémes Economiques* , n°1714, 1981).

LEGER, F., 1990, *La pensée de Georg Simmel ; contribution à l'histoire des idées au début du XXè siècle,* Paris, Kiné.

LE RIDDER, J., 1990, *Modernité et crises d'identité,* Paris, PUF.

MARSHALL, A., 1890, *Principles of economics,* London Mac Millan.

MAYNTZ, R., 1968, Simmel, Georg in *International Encyclopedia of Social Sciences* (vol. 14) Mac Millan, p. 251-258.

MEEK, R., 1956, Some notes on the "transformation problem", *Economic Journal* , 1, p.94-107.

MILLER, D., 1987, *Modern mass consumption,* Oxford Blackwell.

MUSIL, R., 1982, *L'homme sans qualité*, (1930), Paris, Seuil.

ORLEAN, A., 1987, *The origin of money,* Stanford, 1987, working paper.

ORLEAN, A., 1991, L'origine de la monnaie, *La Revue du MAUSS, 14, p.126-152.*

ORLEAN, A., 1992, La monnaie comme lien social : étude de Philosophie de l'argent de Georg Simmel, *Genèses*, 8, p. 86-107.

REDDY, W.R., 1987, *Money and liberty in modern Europe*, Cambridge U.P..

SCHMOLLER, G., 1901, Georg Simmel's Philosophie des Geldes, *Jahrbuch für Gesetzgebung, Verwaltung und Volkwirtschaft*, 3, p.1-18.

SCHUMPETER, J., 1983, *Histoire de l'analyse économique*, (1954), Paris, Gallimard.

SCIALOM, L., 1989, A propos de Philosophie de l'argent de Georg Simmel, *Revue Economique, 5, p.899-901.*

SERVET, J.M., 1981, *Genèse des formes et pratiques monétaires,* Lyon II, thèse de Sciences Economiques.

SIMMEL, G., 1897, Comment les formes sociales se maintiennent, *L'année sociologique*, p.71-109.

SIMMEL, G., 1907, *Philosophie des Geldes*, Leipzig, Duncker und Humblot, 1907 (2e édition).

SIMMEL, G., 1908, *Soziologie.Untersuchungen über die Formen der Vergesellschaftung,* Leipzig, Dunker & Humblot.

SIMMEL, G., 1988, *La tragédie de la culture*, Paris, Rivages.

WALRAS L., 1898, *Eléments d'économie politique appliquée*, Lausanne, F Rouge.

WIESER, F. von, 1971, *Natural Value,* (1888), New York, Kelley.

Glossaire de circonstance

www.ingramcontent.com/pod-product-compliance
Lightning Source LLC
LaVergne TN
LVHW050807061126
851857LV00012B/714

* 9 7 8 2 7 3 8 4 1 6 5 2 0 *